Alois Berger

Föhrenwald – das vergessene Schtetl

ALOIS BERGER

Föhrenwald – das vergessene Schtetl

Ein verdrängtes Kapitel deutsch-jüdischer Nachkriegsgeschichte

Mit 15 Schwarz-Weiß-Abbildungen

PIPER

Mehr über unsere Autorinnen, Autoren und Bücher:
www.piper.de

Inhalte fremder Webseiten, auf die in diesem Buch (etwa durch Links) hingewiesen wird, macht sich der Verlag nicht zu eigen. Eine Haftung dafür übernimmt der Verlag nicht.

Unser Versprechen für mehr Nachhaltigkeit
• Klimaneutrales Produkt
• FSC®-zertifiziertes Papier
• Hergestellt in Deutschland

MIX
Papier | Fördert gute Waldnutzung
FSC® C014496

ISBN 978-3-492-07106-2
3. Auflage 2024

Satz: Eberl & Koesel Studio, Kempten
Gesetzt aus der Garamond Premier Pro
Litho: Lorenz & Zeller, Inning am Ammersee
Druck und Bindung: GGP Media GmbH, Pößneck
Printed in Germany

Inhalt

Einleitung

Wir waren mittendrin und ahnungslos

Über das lange Vergessen und das späte Erinnern

»Die jüdische Welt kennt Föhrenwald als Ort der jüdischen Regeneration. Wir haben die besten Erinnerungen. Da muss man sich nicht schämen in Wolfratshausen.«

Abraham Ben, aufgewachsen in Föhrenwald

Der Einfachheit halber haben wir Priesterseminar gesagt zu unserer Schule. Aber es war kein Priesterseminar, wir hatten ja auch Mädchen in der Klasse und sogar einen evangelischen Mitschüler. Doch für sie war die Schule nicht gemacht. Sie war gemacht für junge katholische Männer wie mich, die schon einen Beruf hatten und das Abitur nachmachen wollten, um danach in ein richtiges Priesterseminar einzutreten und Theologie zu studieren. Aber mit den paar Priesteramtskandidaten, die es noch gab, konnte man schon damals keine ganze Schule mehr machen. Deshalb wurden auch andere Schüler aufgenommen. Zur Einschreibung mussten wir ein Glaubensattest des Heimatpfarrers mitbringen, dass wir es ernst meinten mit Gott. Jeden Morgen beteten wir das Vaterunser, im ersten Jahr auf Lateinisch, danach in Alt-Griechisch.

Ob ich damals wirklich Priester werden wollte, weiß ich nicht mehr. Selbst so etwas vergisst man. Ich sage das deshalb, weil es in diesem Buch ums Vergessen geht, ums Vergessen und Verdrängen und um den schmalen Grat dazwischen. Aber es wäre nicht ungewöhnlich gewesen, wenn ich mich damals noch als künftigen Priester gesehen hätte. Dreißig Jahre nach dem Krieg spielte die

Religion in einem Ort wie Wolfratshausen noch eine wichtige Rolle, der Katholizismus hatte sich tief eingebrannt. Meine Eltern jedenfalls waren sehr religiös, ich bin streng katholisch aufgewachsen, alle Männer in meiner Familie waren irgendwann Messdiener. Auch alle meine Freunde waren Ministranten, wie man in Bayern sagt. Mit Ausnahme natürlich aller Frauen und Mädchen. Der Altarraum war Männern vorbehalten, ausschließlich. Frauen durften dort putzen, vor der Zeremonie Kerzen anzünden und nach der Zeremonie die Kerzen wieder löschen. Aber während der Messe war die Anwesenheit von Frauen im Altarraum unvorstellbar.

Der Rhythmus meiner ersten Jahre war bestimmt von Morgenmessen und katholischen Feiertagen, von täglichen Gebeten morgens, mittags, abends und zweimal wöchentlich Gesangsübungen im Kirchenchor. Ich erinnere mich an regelmäßige Bittgänge über taunasse Felder im frühen Morgennebel, meist vorneweg als Kreuzträger im violett-weißen Talar. Hinter mir zwei weitere Ministranten sowie der Pfarrer und dahinter vierzig oder fünfzig ältere Frauen und ein paar Männer, die immer und immer wieder den Rosenkranz beteten und das »Vaterunser« vor sich hin brummten. Und an die prächtigen Prozessionen in rotem Rock und weißem Chorhemd durch die Marktstraße, an gelegentliche Feldmessen in den Bergen und an genau festgelegte Fasttage: Kein Fleisch am Freitag, keine Süßigkeiten in den 40 Tagen vor Ostern, am Karfreitag wie am Aschermittwoch nur Erbsensuppe, und am 2. November hat mein Vater in der Bäckerei salzlose Allerseelen-Zöpfe geflochten. Jeden Samstagnachmittag gingen wir zur Beichte in die Kirche, knieten in der düsteren Holzkabine des Beichtstuhls und erzählten dem Kaplan durch ein Holzgitter hindurch, dass wir die Eltern nicht ausreichend geehrt hätten, dass wir beim Nachbarn Johannisbeeren gestohlen hätten und dass wir in Gedanken, in Worten und in Taten unkeusch gewesen seien. Das meiste war erfunden, wir hatten in der Woche einfach nicht genug angestellt, und was unkeusch war, das wussten wir, so katholisch wie wir erzogen waren, sowieso nicht. Wir haben uns einfach an die Sünden-Vorschläge des Beichtspiegels aus dem Religionsunterricht gehalten. Irgendwas muss man doch beichten, wenn man schon mal da ist. Vor Gott sind wir schließlich alle Sünder. Die innerlich gebeugte Haltung war Kern unserer religiösen Erziehung, sie hat mich bis weit in mein Erwachsenenleben geprägt.

Als Kinder haben wir alte Vorhänge zu Messgewändern zurechtgeschneidert und im Garten des Nachbarn Prozessionen und Feldmessen nachgespielt, weil das eben die Welt war, in der wir lebten, und vielleicht auch, weil wir den Eltern gefallen wollten. Mein Bruder war immer der Priester. Er ist später im richtigen Leben tatsächlich Pater geworden, also Priester und Mönch.

Am 5. Januar jeden Jahres, dem Tag vor Heiligdreikönig, schleppten wir Dutzende von leeren Wasserflaschen in die Kirche, um sie mit frisch geweihtem Wasser zu füllen. Das Weihwasser wurde dann das ganze Jahr über in die kleinen Schälchen gefüllt, die auf Schulterhöhe neben jeder Tür hingen. Wer durch eine Tür ging, der tippte mit dem Finger ins Weihwasser und zeichnete sich damit ein Kreuz auf die Stirn. Wenn ein Gewitter aufzog, stellte meine Mutter geweihte Gewitterkerzen aus schwarzem Wachs aufs Fensterbrett, zündete den Docht an und betete mit uns Kindern, dass Gott nicht versehentlich einen Blitz in unser Haus schicke. Gott spielte in unserer Familie die Hauptrolle, seit Generationen, zwei Tanten waren im Kloster, zwei meiner Geschwister gingen ins Kloster. Gott war auch der einzig denkbare Grund für ein Studium. Ansonsten war Gott nicht so für Bildung. Meine Mutter fürchtete, dass Bildung arrogant machen und uns von Gott entfernen könnte. Mein Vater stimmte ihr zu, schon weil er für die Bäckerei einen Nachfolger brauchte, der sich nicht zu schade war, früh aufzustehen und mit beiden Händen anzupacken. Schon die Mittelschule wäre zu viel Ablenkung und eine unnütze Zeitverschwendung gewesen. Ich habe damals nur die Volksschule absolviert. Die einzige Schulnote, die wirklich zählte, war die aus dem Religionsunterricht.

Alle meine Freunde von damals sind ähnlich aufgewachsen.

Manche nicht so katholisch wie bei uns, aber ganz ohne katholischen Gott war keiner. Der Kirchenkalender gab den Rhythmus vor: Advent, Weihnachten, Lichtmess, vierzig Tage vor Ostern karge Mahlzeiten, und ab St. Georg durfte man nicht mehr über die Wiesen und Weiden gehen, weil sonst das Gras nicht mehr ordentlich wächst. Der ganze Ort lebte katholisch, der Pfarrer war wichtiger als der Bürgermeister, was in dieser Geschichte später noch einiges erklären wird. Dabei war Gott zu dieser Zeit auch in Wolfratshausen längst auf dem absteigenden Ast. Noch nicht im freien Fall, wie ein paar Jahre danach, aber es ging eindeutig nach unten. Bei den vier Messen am Sonntag war die barocke Pfarrkirche noch voll, aber während der Woche waren die Bänke von Jahr zu Jahr spärlicher besetzt. Auch unsere kleine Welt wurde immer weltlicher.

Juden kamen in diesem Leben nur am Rande vor, genauer: um Ostern herum. Da erinnerten die Pfarrer daran, dass es Juden waren, die vor knapp 2000 Jahren unseren Herrn Jesus ans Kreuz schlagen ließen. Und dann gab es noch Moritz, den Herrenausstatter, den jeder kannte und der immer vor seinem kleinen Laden darauf wartete, jeden in ein lustiges Gespräch zu verwickeln, auch uns Kinder. Ob er Moritz mit Vor- oder mit Nachnamen hieß, weiß ich nicht, alle sagten nur Moritz zu ihm. Er hatte einen eigenartigen Akzent und trug zu allen Jahreszeiten eine graue Pelzmütze. Manchmal raunten die Leute, dass Moritz Jude sei, aber, fügten sie entschuldigend hinzu, er sei ein gutmütiger Kerl. Der lustige Moritz war beliebt, niemand unterstellte ihm, dass er mit der Sache mit Jesus etwas zu tun gehabt hätte.

Als ich mit 19 Jahren meinen Beruf als Elektroniker bei Siemens aufgab, um das Abitur nachzumachen, nickten meine Eltern. Sie waren nicht glücklich darüber, aber sie nahmen es hin. Ein Jahr vorher hatte die Regierung beschlossen, dass Jugendliche nicht mehr erst mit einundzwanzig, sondern schon mit achtzehn volljährig wurden. Ich durfte also von Rechts wegen über mich selbst bestimmen. Dass ich mich am Spätberufenen-Kolleg einschrieb, machte meine Eltern endgültig wehrlos. Sie ahnten zwar, dass ich nie Priester werden würde, aber sie konnten es nicht mit Sicherheit sagen. Mein älterer Bruder war bereits seit einem Jahr im Spätberufenen-Kolleg, er hatte die Backstube verlassen, was für meinen Vater die Katastrophe war. Bei meinem Bruder waren die Eltern sicher, dass er Priester werden würde. Gegen die göttliche Berufung konnte mein Vater nichts ausrichten, er konnte sich nicht einmal seine Wut und seine Verzweiflung über den Verlust eines Bäckernachfolgers eingestehen.

Im fünften und letzten Jahr vor dem Abitur bekamen wir im Seminar eine junge Aushilfslehrerin in Geschichte. Eva Greif war in Waldram aufgewachsen, keine 150 Meter vom Seminar entfernt. Ihre Mutter arbeitete im Sekretariat der Schule. Eva wurde Teil meines Freundeskreises. Wir waren ungefähr gleich alt. Als ich nach dem Abitur nach München ging, haben wir uns aus den Augen verloren. Erst 35 Jahre später sind wir uns wieder begegnet. Anlass war ein Zeitungsartikel, in dem stand, dass Eva Greif mit drei anderen Frauen im Badehaus in Waldram eine Erinnerungsstätte zu »Föhrenwald« aufbauen würde.

Den Ortsnamen Föhrenwald hatte ich schon mal gehört, konnte aber nichts damit verbinden. Das Badehaus kannte ich, weil dort drei Mitschüler gewohnt hatten. Warum es Badehaus hieß, das wussten wir nicht. Das hat mir Eva Greif genau fünfunddreißig Jahre nach meiner Schulzeit in Waldram erzählt, 2017 war das. Sie hat es selbst erst einige Jahre vorher erfahren, so wie sie die ganze Geschichte von Föhrenwald erst Jahrzehnte nach unserer Zeit in Waldram herausgefunden hat und auch die Geschichte der Thora-Schule in ihrem Wohnzimmer. Von ihr weiß ich, dass ich meine gesamte Jugend in einer Art Theaterkulisse verbracht habe, einer sehr schönen, fast kitschigen Theaterkulisse mit verschneiten Bergen am Horizont, glasklaren Seen, mit malerischen Bauerndörfern und barocken Kirchen. Natürlich war das alles real, aber die Bilder im Kopf bekamen zerschlissene Ränder und fadenscheinige Stellen, als ich erfuhr, dass mitten in dieser friedlichen Landschaft ein blinder Fleck war, eine sehr große undurchsichtige Leerstelle, über die nie geredet worden war.

Hinweise auf das jüdische Schtetl Föhrenwald hatte es schon früher gegeben, vage Andeutungen und schnell wieder zugedeckte Spuren. Bei Eva Greif war das vor allem der Davidstern hinter der Tapete. Als sie zehn Jahre alt war, kam der blaue Stern bei Renovierungsarbeiten im Wohnzimmer zum ersten Mal zum Vorschein, dreißig Zentimeter groß, knapp überm Klavier, und einen Meter höher hebräische Schriftzeichen quer über die ganze Wand. »In diesem Ort haben mal Juden gewohnt«, habe ihr Vater damals knapp erklärt, »das war's, mehr wurde nicht darüber geredet und ich war zu klein, um die richtigen Fragen zu stellen.«

Eva hatte den Davidstern längst vergessen, als um die Jahrtausendwende eine kleine Fotoausstellung über die Vorgeschichte Waldrams im Spätberufenenseminar sie wieder daran erinnerte. Die Bilder stammten aus dem Stadtarchiv und zeigten lang gezogene Häuser mit vielen Haustüren, Siedlungshäuser aus den Vorkriegsjahren, grau in grau, schmucklos und mit sichtbar feuchten Außenwänden. Auf den ungeteerten Straßen standen einzelne Menschen in ärmlicher Kleidung herum. Auf einigen Fotos sah man grobkörnig Familienfeiern, eine ganz normale Schulklasse, einen einsamen Lastwagen am Straßenrand, Vorkriegsmodell. Föhrenwald habe die Siedlung geheißen, so die Erläuterung unter den Bildern, die US-Armee habe hier jüdische Überlebende des Holocaust untergebracht.

Auf dem Nachhauseweg sah Eva die Straßen, in denen sie aufgewachsen war, mit anderen Augen: Was war hier mal los? Obwohl die Häuschen inzwischen allesamt hell gestrichen sind und in den hübsch angelegten Vorgärten mit Blumen Büsche und Obstbäume blühen, ist die alte Siedlungsstruktur noch immer klar erkennbar. Und plötzlich entdeckte sie Spuren, die ihr vorher nie aufgefallen waren: Den Schatten der Menora zum Beispiel am Giebel eines Hauses in der Rupertstraße, an dem sie seit ihrer Kindheit jeden Tag immer wieder vorbeigegangen war. Die vermutlich schmiedeeiserne Menora war schon vor langer Zeit abgeschraubt und die dunklen Rostspuren an der Wand mehrfach überstrichen worden, doch die sieben Arme des Leuchters blieben bis vor wenigen Jahren erkennbar.

Die große Überraschung kam wenig später, als Evas Tochter Sophie für ihre Abschlussarbeit am Gymnasium ihre Oma über die Vergangenheit des Ortes ausfragte. Eva Greif kam aus dem Staunen nicht mehr heraus: »Ich wusste, dass meine Mutter schon während des Krieges einige Jahre hier war, als Dienstverpflichtete unter Hitler«, erinnert sich Eva, »aber sie hat nie darüber geredet.« Ein halbes Jahrhundert lang hatte die Frau geschwiegen, erst als die Enkelin mehr wissen wollte, brach es aus ihr heraus. Sie erzählte, was sie ihrer Tochter nie erzählt hatte: Dass sie als junge Frau 1941 nach Föhrenwald geschickt worden war, einer NS-Siedlung für Fremd- und Zwangsarbeiter der beiden Munitionsfabriken im benachbarten Forst. Dass sie als Dienstverpflichtete in dieser Zeit unter Menschen aus sechzehn Ländern lebte, dass sie unter anderem französischen Arbeiterinnen das karge Gehalt auszahlen musste. Dass diese Siedlung nach 1945 dann zum Auffanglager für heimatlose Juden wurde, dass nicht ein paar Dutzend, auch nicht ein paar Hundert, sondern Tausende von Juden hier gelebt haben, dass dieses Lager zwölf Jahre lang bestand, länger als alle anderen Lager in Deutschland. Und dass die katholische Kirche diese Siedlung dann komplett aufgekauft und die Häuser ausschließlich an katholische und meist kinderreiche Familien weitergab, bevorzugt aus dem Sudetenland. Evas Vater hat 1958 eines der Häuschen gekauft, mitsamt den Insignien der Thora-Schule im Erdgeschoss.

»Ich glaube, die Oma war sogar erleichtert, dass jemand nachgefragt hat«, erzählt Evas Tochter Sophie Scholz. »Ich habe das alles auf Kassette aufgenommen, und die höre ich mir auch jetzt noch gerne an, weil das so die einzigen Aufnahmen sind, die ich von meiner Oma habe.« Kurz danach ist die alte Frau in der Demenz verschwunden: »Es war der letzte Moment, mit ihr über die Vergangenheit zu sprechen.«

Sophie Scholz hat für diese Facharbeit dann auch Kontakt zu einigen Juden aufgenommen, die in Föhrenwald aufgewachsen sind und jetzt in Frankfurt, in Israel oder in Berlin leben. Eva und Sophie setzten das Puzzle zusammen und bekamen eine vage Vorstellung von der jüdischen Siedlung Föhrenwald. Das Thema ließ sie nicht mehr los. Die Geschichtslehrerin Eva Greif begann zu recherchieren, im Internet, in Büchern, in historischen Archiven, reiste nach Berlin, Jerusalem, Washington, sie begann Jiddisch zu lernen. Und als das Erzbistum München-Freising 2010 für den Umbau des Spätberufenen-Seminars Geld brauchte und deshalb die Grundstücke mitsamt dem Badehaus verkaufen wollte, da wusste Eva längst, warum das Gebäude Badehaus heißt: Weil im Keller die Mikwe untergebracht war, das jüdische Ritualbad. Mit Nachbarn und Freunden und einer erfahrenen Historikerin gründete sie 2012 den Verein »Bürger fürs Badehaus«, gemeinsam gelang es ihnen, den geplanten Abriss des wuchtigen Gebäudes zu verhindern. Die Kirche stellte das Badehaus schließlich sogar für die Einrichtung eines Erinnerungsortes zur Verfügung. Auch in der Katholischen Kirche hat sich offenbar viel verändert seit 1955, seit das Erzbistum die ganze Siedlung aufgekauft hatte und den Namen Föhrenwald verschwinden ließ.

Dass ausgerechnet Schüler die verdrängten Geschichten wieder ins kollektive Gedächtnis zurückholen, ist nicht ungewöhnlich. Auch der für lange Zeit aus dem öffentlichen Bewusstsein verdrängte Dachauer Todesmarsch wurde von einem Gymnasiasten ausgegraben, der 1985 eine Facharbeit über den jüdischen Friedhof in Gauting bei Starnberg geschrieben hat. Ihm war aufgefallen, dass viele der dort Begrabenen denselben Todestag hatten, den 27. April 1945. In den Archiven fand er die Erklärung: Dass an diesem Tag Tausende von ausgemergelten und halb verhungerten KZ-Häftlingen aus Dachau über Gauting in den Süden getrieben wurden und viele diesen Gewaltmarsch nicht überlebt haben. Die Facharbeit des Gautinger Schülers schaffte es erst in die Lokalzeitung und in den Gemeinderat, dann in die überregionalen Zeitungen. Alte Menschen begannen sich wieder zu erinnern und darüber zu reden. Das Thema beschäftigte bald alle Gemeinderäte entlang der Route des Todesmarsches, die meisten

Gemeinderäte lehnten es ab, sich ernsthaft mit diesem Teil der Geschichte auseinanderzusetzen. Aber sechsundzwanzig Orte stellten in den darauffolgenden Jahren Mahnmale auf, die seither an den Weg der KZ-Häftlinge erinnern, der für viele der letzte war.

Für Eva Greif, für mich, für unsere Generation sind Krieg und Nachkriegszeit immer eng verknüpft mit der unmittelbaren Familiengeschichte, mit dem Verhalten unserer Eltern: Was habt Ihr zu dieser Zeit getan? Wo wart Ihr? Wie standet Ihr zum Nationalsozialismus? Was habt Ihr gewusst, was habt Ihr mitbekommen, und warum habt Ihr den Juden nicht geholfen? Alle diese Fragen sind auch Fragen nach persönlicher Schuld und Verantwortung der Befragten. Genau das aber macht jedes Gespräch schwierig, sperrig für alle Seiten. Was kann und was will man Familienmitgliedern zumuten? Welche Traumata wird man mit den Fragen ausgraben? Und was ist, wenn wir bei den Nachforschungen über die eigene Familie Schreckliches zutage fördern? Wie würden wir damit umgehen? Nicht jeder ist stark genug.

Für unsere Kinder ist diese Kriegs- und Nachkriegszeit bereits weit zurückliegende Geschichte, auch das kann man aus den Facharbeiten herauslesen: Das Staunen darüber, in welcher Welt die Großeltern oder die Urgroßeltern gelebt haben, einer aus heutiger Sicht unfassbaren Welt aus Krieg und Leid und Brutalität und inneren und äußeren Konflikten. Für Eva Greifs Mutter war es ganz offensichtlich um vieles leichter, sich der Enkelin zu öffnen als der eigenen Tochter. Die Tochter hätte ein paar Fragen mehr gehabt.

Als mir Eva Greif ihre Geschichte von Föhrenwald erzählte, die so ähnlich auch meine Geschichte ist, meines Heimatortes und meiner Schule, da waren sofort Fragen im Kopf: Warum haben meine Eltern nie davon erzählt, hatten sie etwas zu verbergen? Warum haben die Lehrer nichts gesagt, die Verwandten? Spätestens als ich mich im Seminar in Waldram eingeschrieben habe, wäre doch genug Anlass gewesen, darüber zu reden. Weißt du eigentlich, was da in Waldram vor ein paar Jahren war? Das wäre doch die logische Einleitung gewesen. Aber niemand hat auch nur ein Wort über Föhrenwald verloren.

Nicht einmal im Geschichtsunterricht, als es um Nationalsozialismus und Judenvernichtung ging, nicht einmal da wurden wir darüber aufgeklärt, dass noch zwanzig Jahre vorher Juden in diesen Räumen ein und aus gingen. Kein Wort darüber, dass damals in der Küche nebenan koscher gekocht wurde, dass die Kirche, wo wir unsere Schulgottesdienste feierten, eine der meistbesuchten Synagogen Europas war, dass an manchen jüdischen Feiertagen unten im Schulhof die israelische Flagge wehte.

Vielleicht war ich, als Eva Greif mich auf die Geschichte von Föhrenwald gestoßen hat, sogar ganz froh darüber, dass ich meine Eltern nicht mehr fragen konnte. Ich habe dann angefangen zu recherchieren und nachzuforschen – und komme aus der Fassungslosigkeit nicht heraus. Es ist nicht nur die erdrückende Dimension des Verschwiegenen, die sprachlos macht: Die vielen Tausend Juden, die nur ein paar Jahre vor uns in Waldram gelebt, geliebt und gelitten hatten, die hier auf den Trümmern ihres bisherigen Lebens ein neues begonnen hatten und deren Spuren durch die nachfolgenden Bewohner ausgelöscht worden waren. Es ist auch die unglaublich dünne Decke, unter der Föhrenwald fast ein halbes Jahrhundert lang verborgen lag, die mich erschüttert hat. So dünn ist diese Decke, dass ein paar Zufälle gereicht hätten, um sie schon viel früher zu zerreißen. Es gab sicher keine Absprache: Wir reden nicht über Föhrenwald! Aber die gemeinsame Entschlossenheit einer ganzen Generation, zu schweigen über das »Judenlager«, wie sie es nannten – diese unausgesprochene gemeinsame Entschlossenheit muss es wohl gegeben haben.

Es ist seltsam: Die wichtigsten Daten über Föhrenwald sind schon im Stadtarchiv in Wolfratshausen zu finden. Die weitergehenden Informationen in den historischen Archiven in München, Berlin, Washington und Jerusalem füllen viele Aktenordner. Dutzende von Wissenschaftlern haben das Thema Föhrenwald bearbeitet: die Verbindungen zu Palästina und Israel, der Einfluss des Kalten Krieges auf Föhrenwald und der Einfluss Föhrenwalds auf die Beziehungen zwischen Deutschland und den USA, ja, selbst auf das Verhältnis der USA zu Großbritannien, all das ist wissenschaftlich längst aufgearbeitet. Nur in Föhrenwald selbst und in der Umgebung von Föhrenwald und eigentlich in ganz Deutschland ist die seltsame Geschichte des letzten jüdischen Schtetls in Europa noch immer weitgehend unbekannt.

Juden kamen und gingen. Es müssen mehrere Zehntausend gewesen sein, die in Föhrenwald gelebt haben. Manche blieben ein paar Wochen, manche ein paar Monate. Viele blieben Jahre, bis sie ihre entwurzelten Leben wieder etwas im Griff hatten und eine Möglichkeit sahen auszuwandern, nach Palästina, nach Amerika, nach Argentinien, nach Südafrika. In Deutschland bleiben, das konnte sich in den ersten Jahren nach dem Krieg kaum ein Jude vorstellen. Und doch blieben einige, weil sie zu krank, zu schwach, zu arm waren für die Emigration. Oder weil sie einfach keinen Sinn darin sahen, noch einmal weiterzuziehen. Und es kamen immer wieder neue Bewohner dazu, Holocaust-Überlebende aus Polen, aus Ungarn, aus Rumänien, aus dem ganzen Osten Europas und selbst aus Israel. Jiddisch wurde die Umgangssprache, Jiddisch in vielen osteuropäischen Akzenten. Die zerstörte jüdische Kultur Osteuropas blühte hier für ein paar Jahre wieder auf.

Die deutschen Behörden gaben sich viel Mühe, die Juden loszuwerden. Im Februar 1957 wurden die letzten siebenhundert Föhrenwalder Juden nach München, Frankfurt und Düsseldorf umgesiedelt, zum größten Teil gegen ihren Willen. Acht Monate später taufte die Regierung von Oberbayern die Siedlung offiziell in Waldram um, nach dem Mitbegründer und ersten Abt des nahen Klosters Benediktbeuern. Aus dem jüdischen Föhrenwald wurde das katholische Waldram. Alle Straßen bekamen neue, katholische Namen. Föhrenwald wurde von der Landkarte gestrichen und existierte von da an nur noch in den Archiven und in der Erinnerung derer, die sich erinnern wollten: In den jüdischen Gemeinden in München, in Frankfurt, in Düsseldorf und in New York, in Kanada und in Israel lebte Föhrenwald fort, blieb ein

Code-Wort für das Ende des Schreckens, für den Neubeginn jüdischen Lebens in Deutschland, für Hoffnung und jüdischen Kindersegen. Föhrenwald war eine Zeit lang die geburtenstärkste jüdische Gemeinde der Welt.

Offiziere der späteren israelischen Armee hatten hier ihre ersten und illegalen militärischen Übungen gemacht, Rabbiner in aller Welt erinnern sich an ihre Studien an der Föhrenwalder »University for Rabbis«. Mancher Musiker hatte auf der Bühne in Föhrenwald zum ersten Mal wieder freiwillig ein Instrument in die Hand genommen. Nach den erzwungenen Auftritten vor KZ-Wärtern hatten sich viele geschworen, nie wieder Musik zu machen. Doch es war ein Ort, den es viele Jahrzehnte nur noch in den Köpfen gab und in Geburtsurkunden. Zum Beispiel in der von Helene Roumani: 1974 hat sie sich von Israel aus auf den Weg gemacht, ihren Geburtsort zu suchen, doch in ganz Deutschland fand sie kein Dorf und keine Stadt und auch keinen Stadtteil, der Föhrenwald hieß. 42 Jahre lang lebte sie danach mit dem seltsamen Gefühl, an einem Ort geboren zu sein, den es gar nicht gibt. Erst im Jahr 2016 gelang es ihr, über den Verein »Bürger fürs Badehaus« dieses Föhrenwald zu finden. Den Kontakt hatte eine israelische Organisation hergestellt, die sich um Holocaust-Überlebende kümmert.

Seit 2018 ist das kleine Museum im ehemaligen Badehaus geöffnet. In kurzer Zeit ist der Erinnerungsort zu einer Anlaufstelle für Juden aus aller Welt geworden, die hier aufgewachsen sind oder deren Eltern oder Großeltern hier eine Zeit lang gelebt hatten. Zunehmend kommen auch Einheimische, die wissen wollen, was da war, in Föhrenwald. Aber es gibt immer noch viele, die es nicht wissen wollen. Einer meiner ehemaligen Geschichtslehrer wurde richtig ungehalten, als ich ihn nach seinen Erinnerungen an die Juden gefragt habe. Die Juden, die Juden, alle würden nur noch über die Juden reden, schimpfte er, als ob Deutsche nichts Schlimmes erlebt hätten.

Eine kleine oberbayerische Stadt mitten in der Weltgeschichte

Aber keiner hats gemerkt

»Ich verstehe immer noch nicht,
dass uns die Juden ihre Kinder anvertraut haben.
Warum hatten die keine Wut auf uns?«
Amalie Gehring, Bewohnerin der benachbarten
Föhrenwaldstraße und ehemalige Shabbes-Goya

Zwölf Jahre lang, von 1945 bis 1957, lebten in meiner Heimatstadt Wolfratshausen zeitweise bis zu 5800 Juden[1] – *nach* dem Krieg wohlgemerkt, nach Auschwitz, nach Treblinka und Dachau. Hätten sie bei den Lokalwahlen mitgewählt, hätte Wolfratshausen einen jüdischen Bürgermeister und eine jüdische Zwei-Drittel-Mehrheit im Gemeinderat haben können. Die Siedlung Föhrenwald, eng bebaut auf einem halben Quadratkilometer, lag etwas außerhalb des Ortskerns, direkt an der Isar. Die Juden nannten sie Ferenwald oder auch Fernwald, weil sich das auf Jiddisch besser aussprechen lässt. Es war ein jüdisches Schtetl, sagen sie, das letzte jüdische Schtetl in Europa.

Auf alten Luftaufnahmen kann man die Siedlungsstruktur gut erkennen. Um die wuchtigen Gemeinschaftshäuser in der Mitte gruppieren sich rundherum, fast sternförmig, die lang gezogenen, niedrigen Wohngebäude mit den steilen Satteldächern. Ganz hinten schlängelt sich die Isar vorbei, und vorne, gut hundertfünfzig Meter von den Wohngebäuden entfernt, steht ein einzelner kleiner Bauernhof neben einer Gruppe von Föhren.

Der Hof war schon vor der Siedlung da. Amalie Gehring ist hier 1936 geboren und aufgewachsen und wohnt heute immer noch da. Als dreijähriges Kind hat sie vom Küchenfenster aus zugesehen, wie Föhrenwald gebaut wurde. Sie hat kurz danach gesehen, wie die ersten deutschen Arbeiter der nahen Munitionsfabrik in diese Häuser einzogen. Sie hat gesehen, wie wenig später immer mehr ausländische Zwangsarbeiter einquartiert wurden, und als sie neun war, da hat sie erlebt, wie die deutschen Arbeiter überstürzt ihren Hausrat aus den Häusern zerrten und wie »die Juden« dann dort einzogen. Wenig später ist sie regelmäßig am Freitagabend zu jüdischen Familien gegangen, hat den Ofen angeheizt und am Samstag für die Kinder Suppe und Mus gekocht. Auch ihre Mutter und ihre Schwestern haben am Shabbat bei Juden geheizt und gekocht, weil strenggläubigen Juden solche Tätigkeiten am Shabbat untersagt sind. Als 1957 die letzten siebenhundert Juden Föhrenwald verlassen mussten, war Amalie Gehring bereits eine junge Frau. Sie hat das alles aus nächster Nähe miterlebt, hat aber nie darüber geredet. Sie kann sich auch nicht erinnern, dass in ihrer Familie jemals darüber gesprochen wurde, was da rund um den kleinen Hof passierte. Das war halt so, sagt sie: »Man hat nicht darüber geredet, man hat nicht mal darüber nachgedacht.«

Amalie Gehring ist eine wache und freundliche alte Frau. Als ich ihr am Telefon meinen Namen sage, und dass ich über Föhrenwald reden will, ist sie sofort bereit. Man kennt sich, ohne sich je gesehen zu haben. Sie kennt meine Familie, das reicht, um Vertrauen zu haben. So ist das immer noch in diesen Orten. Sie erzählt gerne von Föhrenwald, sie hat kein Problem damit. Sie hatte nie ein Problem damit, sagt sie. Es hat bloß niemand gefragt. Erst in den letzten Jahren kommen öfter junge Leute vorbei und wollen etwas über Föhrenwald wissen. Als das kleine Museum im Badehaus eingerichtet wurde, da hat sie eine Munitionskiste beigesteuert. Die Kiste war noch im Speicher. Ihr Vater hatte sie vor vielen Jahren aus der Munitionsfabrik mitgebracht, als die Arbeit dort zu Ende ging.

Als ihr Vater 1929 am Rande des Föhrenwaldes ein Tagwerk Land gekauft und das Haus und den Stall für die Hühner und die Ziegen gebaut hatte, waren rundherum nur Wiesen und Wälder. Um die Familie zu ernähren, hat der Vater nebenher noch auf anderen Bauernhöfen gearbeitet, und als er einen besser bezahlten Job in München fand, da ist er jeden Tag knapp 30 Kilometer mit dem Fahrrad zur Arbeit geradelt und am Abend zurück. Die Isartalbahn, die Wolfratshausen mit München verband, war zu teuer. Ende der 30er-Jahre wurden dann direkt vor dem Haus Bahnschienen verlegt, da wurde er Gleisbauer. Die neuen Gleise führten zu zwei Großbaustellen ein paar Kilometer südlich. Hitler ließ dort zwei Munitions- und Sprengstofffabriken in den Wald bauen und kam auch selbst vorbei, um den Baufortschritt zu begutachten.

Kurz danach entstand auch hinterm Haus von Amalie Gehring eine Großbaustelle. Hunderte von Maurern und Zimmerleuten zogen in Rekordzeit eine nationalsozialistische Mustersiedlung für die Arbeiter der beiden Fabriken hoch. Großküche, Speiseräume und Versammlungssäle sollten das Zusammenleben der arischen und ideologisch-sattelfesten Menschen fördern. Die dreihundert Wohnhäuser unter den langen Satteldächern waren für die damalige Zeit großzügig und komfortabel ausgestattet.

Am Abend und an den Sonntagen, wenn die Bauarbeiter weg waren, gingen Amalie und ihre Geschwister öfter rüber zu den Rohbauten. Es war etwas unheimlich in den leeren Häusern, aber sie konnten dort wunderbar Versteck spielen. Im Herbst 1940 zogen die ersten Arbeiter ein, am Anfang waren es nur Deutsche. Später kamen zunehmend ausländische Arbeiter dazu, vor allem Arbeiterinnen aus Frankreich. Seit über einem Jahr stand Deutschland damals bereits im Krieg mit Polen, Frankreich und Großbritannien, seit ein paar Monaten auch mit Belgien und den Niederlanden. Auf der Bahnstrecke, die der Vater selbst mitgebaut hatte, fuhr er jetzt selbst jeden Tag ein paar Kilometer nach Süden und stieg am Eingang der Munitionsfabrik Werk I aus. Schon an der Haltestelle warnten Plakate vor Spionen, hielten die Arbeiter an, auf der Hut zu sein und darauf zu achten, ob sie beobachtet und bei ihren Gesprächen belauscht würden. »Feind hört mit!« Am streng bewachten Eingang zeigte Amelias Vater den Uniformierten vom Werkschutz seinen Ausweis und ging dann zu einem der vielen Bunker, die teils im Boden vergraben, teils mit Gestrüpp überpflanzt waren, damit man sie aus der Luft nicht sehen konnte. Gut viertausend Menschen arbeiteten in den beiden Fabriken. Ihre Werksausweise berechtigten immer nur zum Zutritt von einem, höchstens zwei oder drei Bunkern. Niemand sollte mehr sehen als unbedingt nötig. Amalia Gehrings Vater hatte als Vorarbeiter ein paar Sonderrechte. Er überwachte das Verpacken von Geschosskapseln, die dann an die Front geschickt wurden.

Je länger der Krieg dauerte, desto mehr Sprachen wurden in den Bunkern und auch auf den Straßen gesprochen. Anfangs hörte man vor allem Französisch, Niederländisch, Kroatisch und Italienisch. Meist waren es junge Frauen, die in ihrer wirtschaftlich gebeutelten Heimat mit dem Versprechen auf ein geregeltes Einkommen angeworben worden waren. In der Kirche St. Andreas wetterte der Pfarrer von der Kanzel gegen die kurzen Röcke und die geschminkten Gesichter, die jetzt überall in der Marktstraße zu sehen waren und die Sitten im Ort gefährdeten.

Mit dem Vormarsch der deutschen Truppen im Osten änderte sich auch der Sprachenmix in Föhrenwald. Die Wehrmacht brauchte Nachschub, immer mehr deutsche Arbeiter wurden eingezogen und durch junge Männer und vor allem durch junge Frauen aus Polen, Ukraine, Belarus ersetzt. Die Menschen aus dem Osten wurden nicht mehr durch falsche Versprechen angelockt, sie wurden einfach von der Feldarbeit weggeholt, auf Lastwagen gezwungen und nach Deutschland gebracht.

Die Verhärtung der Umgangsformen konnte Amelie Gehring auch vom Küchenfenster aus beobachten. Rund um die Siedlung wurde ein massiver Zaun gezogen, zweieinhalb Meter hoch und oben mit einer Stacheldrahtkrone bewehrt. Regelmäßig patrouillierten nun Wachmänner, und am Eingang der Siedlung wurde jeder kontrolliert, der hinein oder heraus wollte. Die Fremdarbeiterinnen aus dem Westen hatten zwar nach wie vor mehr Freiheiten als die Zwangsarbeiterinnen aus dem Osten. Doch auch sie gerieten unter Druck; eine Rückkehr wurde ihnen verboten. Wer sich krankmeldete, riskierte eine Haftstrafe wegen Arbeitsverweigerung. Über allem hing stets die Drohung, nach Dachau zu kommen. Doch Föhrenwald blieb trotz allem ein halbwegs offenes Lager, die Bewohner durften zum Einkaufen in die Marktstraße nach Wolfratshausen und am Wochenende in die Natur gehen. Die russischen Zwangsarbeiter und vor allem die russischen Kriegsgefangenen dagegen wurden woanders eingesperrt. Sie hausten in streng abgeriegelten zugigen Baracken unmittelbar bei den Fabriken, sie bekamen schlechteres Essen und für ihre Arbeit nur ein paar Pfennige. Lohn, Essen, Unterbringung – alles war abgestuft entlang der Rassenideologie.

Ursprünglich sollten die beiden Munitionsfabriken in Forstenried am Münchner Stadtrand gebaut werden, aber in München gab es wegen der möglichen Gefahren durch die Sprengstoffe Proteste in den Parteigremien. Also planten die Nationalsozialisten um und bauten die Fabriken im Wolfratshauser Forst. Außer dem Förster, der um die Bäume fürchtete, hat niemand protestiert. Die Menschen hier waren gewohnt, dass über ihre Köpfe hinweg entschieden wurde. Weil sie sich nicht vorstellen konnten, dass eine Regierung Rücksicht auf ihre Befindlichkeiten nehmen könnte, beschäftigten sie sich erst gar nicht mit der »Schokoladenfabrik«. Schokoladenfabrik, das war der offizielle Tarnname, mit dem die Nazis die Munitionsfabriken geheim halten wollten. Natürlich wusste jeder in der ganzen Gegend, dass in den Bunkern keine Schokolade gekocht wurde. Aber es gab dort Arbeitsplätze, und außerdem, was hätten sie machen sollen. Sie haben die Schultern hochgezogen und noch weniger gesprochen als sonst.

Wie gefährlich die Fabriken wirklich waren, das merkten die Einheimischen erst, als es in den Bunkern regelmäßig zu Explosionen kam und hinter vorgehaltener Hand von vielen Toten geredet wurde. Und dann tauchten im Ort immer öfter Fremd- und Zwangsarbeiterinnen mit gelben Haaren und gelb gesprenkelten Gesichtern auf. Giftige Bestandteile der Sprengstoffe hatten Haut und Haare grell verfärbt. Das ging nicht mehr weg, da half auch Waschen und Schrubben nichts. An diese gelben Gesichter erinnert sich auch Amalie Gehring noch gut. Sie war damals gerade sieben, acht Jahre alt. »Kanarienvögel« haben die Leute gesagt, nicht abschätzig, eher mitleidig. Man sah die seltsamen Gesichter bald überall, auf dem Weg in die Fabriken, beim Einkaufen in der Marktstraße, beim sonntäglichen Spazierengehen im Wald oder im Sommer an der Isar. Betroffen waren fast nur junge ausländische Frauen, die an die besonders gefährlichen Arbeitsplätze gestellt wurden. Die Wehrmacht brauchte Munition, die Gesundheit der Zwangsarbeiterinnen war nicht einmal eine Randnotiz wert im großen Plan.

Amalie Gehring legt Wert auf die Feststellung, dass ihr Vater nicht in der NSDAP war und zu den Zwangsarbeiterinnen seiner Abteilung ein gutes Verhältnis pflegte. Das sei alles andere als selbstverständlich gewesen, sagt sie. In den Munitionsfabriken habe es viele stramme Nazis gegeben, hinterhältige Typen, die später die Ersten gewesen seien, die sich aus dem Staub machten, als sich die Niederlage abzeichnete. Schon Monate vor dem Ende des Krieges war die Produktion drastisch zurückgefahren worden, weil Munition und Sprengstoffe nicht mehr bis an die Front durchkamen. Die Alliierten kontrollierten bereits viele Bahnstrecken. Anfang April 1945 standen auf einem Nebengleis im Wolfratshauser Bahnhof 18 Waggons mit hochexplosivem Sprengstoff, die zurückgeschickt worden waren, damit sie nicht den amerikanischen Truppen in die Hände fielen.

Als die beiden Munitionsfabriken am 9. April 1945 zum ersten Mal bombardiert wurden, waren die Menschen in Wolfratshausen nicht überrascht. Sie wunderten sich eher, dass die Bomber so spät kamen. München, Köln, Hamburg, Berlin, die Großstädte waren zu diesem Zeitpunkt längst zerstört, und auch in vielen kleineren Städten waren die Fabriken, die Bahnhöfe und die wichtigen Verkehrsknoten zerschossen. Dass die Alliierten ausgerechnet zwei kriegswichtige Munitionsfabriken übersehen haben sollten, war kaum vorstellbar. Wussten die britischen und amerikanischen Militärs, dass sie hier vor allem ausländische Arbeiterinnen treffen würden? Nahmen sie vielleicht deshalb Rücksicht? Am Vorabend verdichteten sich die Gerüchte, dass der Fliegerangriff unmittelbar bevorstünde. Es gab Warnungen, an diesem Tag besser nicht zur Arbeit zu kommen. Irgendjemand wusste offenbar mehr als andere.

Der Angriff dauerte nur drei Minuten. 76 Flugzeuge warfen gegen Abend gut 2000 Brand- und Sprengbomben auf die Bunkeranlagen der Dynamit Aktiengesellschaft und der Deutschen Sprengchemie AG. Der Lärm der Explosionen und die riesigen Rauchpilze gaben den Menschen der Gegend eine Vorstellung, wie der Krieg aus der Nähe aussah, der anderswo seit fast sechs Jahren tobte und von dem sie bisher weitgehend verschont geblieben waren. Die Wirkung war erstaunlich gering: ein Toter, kaum Sachschäden. Die Munitionsproduktion war schon vorher fast zum Stillstand gekommen, es waren nur noch wenige Arbeiterinnen und Arbeiter in den Fabriken.

Abgesehen von diesem kurzen Fliegerangriff auf die Munitionsfabriken, gab es in der ganzen Gegend noch ein paar versehentlich abgeworfene Bomben, die kaum Schaden anrichteten. Kein Vergleich zu dem Elend der zerstörten Landschafen im Osten oder den zerklüfteten Großstädten. Die meisten Menschen hier kannten den Krieg nur vom Hörensagen, aus den verzerrten Propagandabildern der Wochenschauen und den Briefen und den Erzählungen ihrer Männer und Söhne von der Front. Auch die Brutalität des Nationalsozialismus war hier nur in ihrer etwas weichgespülten Form angekommen. Wer nicht auf der Nazi-Linie war, verlor seine Arbeit, wurde von SA-Leuten bedroht und von Parteigängern schikaniert. Zwei jüdische Familien wurden gezwungen, ihre Häuser zu verkaufen, und mussten wenig später den Ort verlassen. Auch die Mädchen der jüdischen Hauswirtschaftsschule wurden in der Reichspogromnacht vertrieben. Aber es gab so gut wie keine offene Gewalt und keine Deportationen. Die Grausamkeiten fanden woanders statt. Wer wegsehen wollte, konnte wegsehen.

Am 28. April konnte niemand mehr wegsehen. Genau zehn Tage vor Kriegsende brach die Grausamkeit des Nationalsozialismus über den Ort herein. Nichts ist den Menschen hier vom Dritten Reich stärker in Erinnerung geblieben als der Schlussakkord: als die SS das Konzentrationslager Dachau auflöste und die zu Tode erschöpften Häftlinge ziellos in die Berge trieb. Die Erzählungen vom Todesmarsch kenne ich seit meiner Kindheit. »Wou, wou, wou«, das Geräusch der im Gleichschritt schlurfenden Holzschuhe habe ich heute noch im Ohr, so oft wurde es mir von meiner Mutter und meinen Tanten erzählt. Die grausamen Bilder von den vollkommen erschöpften Gestalten, die auf der Straße zusammenbrachen und von gnadenlosen SS-Bewachern mit Gewehrkolben totgeschlagen wurden, von Begleithunden, die sich in Häftlinge verbissen, diese Bilder gehen auch aus meinem Kopf nicht mehr hinaus. Die Geschichten endeten immer damit, wie schlimm der Anblick gewesen sei. Was mit den Überlebenden passiert ist, das habe ich erst aus den Archiven erfahren. Und von Amelie Gehring, die den Todesmarsch als neunjähriges Mädchen erlebt hatte.

Als die KZ-Häftlinge an ihrem Elternhaus verbeizogen, da war der Gleichschritt bereits verloren gegangen. Auf den zwei Kilometern von der Marktstraße bis Föhrenwald hatte sich ein Großteil der Bewacher abgesetzt. Sie hatten erfahren, dass die US-Panzer nur noch wenige Stunden hinter ihnen waren. Einige rissen den Häftlingen die gestreiften Hosen und Hemden vom Leib und zogen sie selbst an, in der Hoffnung, die Amerikaner würden nicht so genau hinschauen. Andere suchten Unterschlupf in den Wäldern, manche bei Bauern.

Es sei nicht nur *ein* Todesmarsch gewesen, erinnert sich Amalie Gehring, sondern eine Reihe von Todesmärschen. Immer wieder seien lange Holzschuhkolonnen vorbeigetrieben worden, jedes

Mal Tausende von Elendsgestalten. Dazwischen seien oft mehrere Stunden vergangen. Einige Häftlinge hätten es im wachsenden Chaos geschafft, sich abzusetzen und ins Haus zu kommen. Im großen Waschzuber habe die Mutter Kartoffeln gekocht. Selbst der Eimer mit dem Hühnerfutter sei von den ausgehungerten Gefangenen sofort gierig leer gegessen worden. Zum ersten Mal, sagt Amalie Gehring, habe sie ihren Vater weinen sehen.

Warum die SS die KZ-Häftlinge von Dachau in die Berge treiben wollte, ist bis heute umstritten. Bei den vorangegangenen Todesmärschen aus den Konzentrationslagern im Osten und im Norden war es immer darum gegangen, die Gefangenen vor den anrückenden feindlichen Armeen in andere Konzentrationslager zu bringen, um sie dort weiterhin auszubeuten und zu verhindern, dass sie den Alliierten als Zeugen für die Gräueltaten der Nationalsozialisten zur Verfügung stünden. Südlich von Dachau aber gab es kein weiteres Konzentrationslager. Wohin die Häftlinge marschieren sollten, ist bis heute unklar. Die oft erwähnte »Alpenfestung« im Ötztal, wohin sich die NS-Kader angeblich zurückziehen und dort verschanzen wollten, diese Alpenfestung gab es nie. Sie ist über vage Planungen am Anfang des Krieges nicht hinausgekommen. Sie spielte allerdings gerade zum Ende hin eine erstaunliche Rolle als Mythos in US-amerikanischen Zeitungsberichten. Es gibt auch Hinweise, dass SS-Reichsführer Himmler die Juden als Faustpfand für eventuelle Friedensverhandlungen in der Hinterhand behalten wollte.

Die Quellenlage bleibt vage. Sicher ist, dass dieser allerletzte KZ-Elendszug ein paar Hundert Meter hinter Föhrenwald von den US-Truppen eingeholt wurde. Die US-Militärs nahmen die wenigen noch nicht geflohenen SS-Bewacher fest und kümmerten sich um die Gefangenen. Sie beschlagnahmten Bauernhöfe, Villen, Turnhallen, Schulen, den Rathaussaal und auch das Lager Föhrenwald. In den 300 Häusern dort fanden sie noch etwas mehr als tausend deutsche Arbeiter und einige hundert Zwangsarbeiter, vor allem Ukrainer, Polen, Franzosen, Belgier. Es sei dann alles sehr schnell gegangen, erinnert sich Amalie Gehring.

Der US-Kommandant habe den deutschen Arbeitern achtundvierzig Stunden Zeit gegeben, um ihre Häuser zu räumen.

In den Tagen nach Kriegsende befanden sich mehr als sieben Millionen Ausländer in Deutschland: Zwangsarbeiter und Kriegsgefangene aus ganz Europa, Befreite aus den Konzentrationslagern, Befreite aus Bonzenhaushalten und Bauernhöfen, wo sie meist als Sklaven zum Wohle Nazi-Deutschlands und seiner Parteigänger gehalten worden waren. Die Alliierten, die UNO und die Hilfsorganisationen sprachen von »Displaced Persons« (DP), Menschen, die aus ihrer Heimat verschleppt worden waren. Juden machten unter den Entwurzelten zu diesem Zeitpunkt nur eine Minderheit aus, die meisten Quellen sprechen von 50 000 bis 70 000, die jeden Tag weniger wurden. Fast ein Drittel der KZ-Überlebenden starb nach der Befreiung an den Folgen von Folter und Auszehrung. Ein Militärkaplan aus Bergen-Belsen berichtete von 23 000 Bestattungen in den ersten Monaten nach Kriegsende.

In wenigen Wochen stampften die alliierten Truppen in Deutschland, Österreich und im Norden Italiens Hunderte von Auffangstellen für die Displaced Persons aus dem Boden. Kasernen, Krankenhäuser, Klöster, Hotels und Schulen, selbst die früheren Konzentrationslager wurden für die notdürftige Unterbringung genutzt. Föhrenwald war eines der größeren, aber bei Weitem nicht das größte dieser Lager. In Bergen-Belsen in der Lüneburger Heide, in Landsberg am Lech und in Pocking an der bayerisch-österreichischen Grenze lebten in den ersten Monaten nach dem Krieg deutlich mehr DPs, wie die Hilfsorganisationen sie knapp nannten. Doch Föhrenwald war das Lager, das noch viele Jahre weiterbestand, als alle anderen längst Geschichte waren. Föhrenwald war auch das Lager, das sich am stärksten mit der Umgebung verflochten hat.

Die ehemaligen Zwangsarbeiter und die Kriegsgefangenen verließen Deutschland, so schnell sie konnten. Mit Zügen und Lastwagen brachten die Alliierten die Menschen nach und nach in ihre Heimat zurück. Viele wollten nicht mehr warten und machten sich auf eigene Faust auf den Weg. Mit überladenen Handkarren, mit vollgestopften Kinderwagen, mit meterhoch bepackten Fahrrädern stapften sie los. In alle Himmelsrichtungen waren die Trecks unterwegs, säumten die Landstraßen auf beiden Seiten. Niederländische und belgische Frauen aus Föhrenwald erzählten später, sie hätten sich aus farbigem Stoff Nationalflaggen genäht und sich um die Schultern gelegt, damit ihre Landsleute sie unterwegs erkennen und sich ihnen anschließen konnten.

Doch einige wussten nicht, wohin sie gehen sollten. Von den 2,3 Millionen Russen, Ukrainern, Georgiern, Weißrussen und Balten wollten viele auf keinen Fall in die Heimat zurück. Stalin hatte sich auf der Konferenz von Jalta im Februar 1945 von Briten und Amerikanern zusichern lassen, dass alle Sowjetbürger ausnahmslos in die Sowjetunion zurückgebracht würden. Als Faustpfand hatte er 350 000 britische, französische und amerikanische Kriegsgefangene in der Hinterhand, die noch von der Wehrmacht gefangen genommen worden waren und in ostdeutschen Kriegsgefangenenlagern festsaßen.[2] Um zusätzlichen Druck zu machen, ließ Stalin wochenlang keine Polen oder Tschechoslowaken durch die sowjetisch besetzte Zone durchreisen – zuerst müssten alle Sowjetbürger in die UdSSR geschafft worden sein.

Und die Westalliierten lieferten. Viele der von britischen und amerikanischen Soldaten befreiten sowjetischen Zwangsarbeiter und Kriegsgefangenen wehrten sich mit Händen und Füßen, in die Züge nach Ostdeutschland gesetzt zu werden, wo die Sowjets auf sie warteten. Zu Beginn dachten amerikanische und britische Soldaten, die Ängste seien übertrieben. Also verfrachteten sie die Verzweifelten mit Gewalt in die Züge nach Osten. Auch aus Föhrenwald wurden am 30. Mai 1945 250 Russen zum Weitertransport nach München gebracht, mit Reiseproviant für zwei Tage. Wenig später wurden noch einmal 1000 russische Zwangsarbeiter aus den Munitionsfabriken in die Züge verfrachtet.[3] Ob sie Widerstand leisteten, ist nicht bekannt. Doch aus anderen Lagern gibt es Berichte, dass sich Dutzende Russen unmittelbar nach dem Krieg das Leben nahmen, um der erzwungenen Heimreise zu entgehen. Sie ahnten, was sie erwartete. Schon an der Grenze zum sowjetischen Besatzungssektor wurden sie an sieben Übergabezentren vom sowjetischen Geheimdienst in Empfang genommen. Wer als Zwangsarbeiter oder als Kriegsgefangener in Deutschland gewesen war, stand bei Stalin unter dem Generalverdacht der Kollaboration mit dem Feind und galt in jedem Fall nicht mehr als zuverlässig. Fast die Hälfte wurde zu erneuter Zwangsarbeit verdonnert, Hunderttausende nach Sibirien verfrachtet, vom deutschen KZ direkt in den sowjetischen Gulag. Stalin ließ lieber tausende Unschuldige zu viel deportieren, als einen Kollaborateur zu wenig. Unter den sowjetischen DPs waren in der Tat einige, die sich von den Nazis als SS-Soldaten und KZ-Wärter hatten einspannen lassen. Doch das war eine verschwindende Minderheit. Als sich immer mehr US-Soldaten weigerten, verzweifelte Russen mit Gewalt in die abfahrenden Züge zu sperren, durften 300 000 Osteuropäer, vorwiegend Balten, Ukrainer und Weißrussen, in Deutschland bleiben.

Schon nach wenigen Monaten hatten mehr als sechs der sieben Millionen Verschleppten Deutschland verlassen. Und auch von der letzten Million sollten die meisten in den Jahren danach den Weg aus Deutschland finden. Übrig blieben die Jüdinnen und Juden, die keine Heimat mehr hatten, in die sie hätten zurückkehren können, sowie die Kriegsgefangenen und Zwangsarbeiter, die Angst vor der Rückkehr in die Sowjetunion hatten. Weil auch unter den Kriegsgefangenen und Zwangsarbeitern viele Antisemiten waren, häuften sich die Klagen der Juden. Die US-Regierung nahm diese Klagen ernst und ließ Juden bald in getrennten Lagern unterbringen. Föhrenwald wurde ein reines DP-Lager für Juden.

Amalie Gehring konnte auch das aus dem Küchenfenster beobachten. Statt der Russen in ihren abgewetzten Arbeitsklamotten gingen nun immer öfter bärtige Männer in langen schwarzen Mänteln vorbei, die aus anderen DP-Lagern gekommen waren. Unter ihnen waren viele junge Männer, deren Bärte noch nicht grau waren und deren Schläfenlocken unter den schwarzen Hüten oft blond und manchmal sogar rotblond leuchteten. Es kamen auch immer mehr Frauen mit Kindern an, Kinder hatte es anfangs überhaupt nicht gegeben im Lager.

An einem Freitagnachmittag wurde Amalie Gehring von ihrer Mutter in den Wintermantel gepackt und an die Hand genommen. Gemeinsam gingen sie den kleinen Pfad quer über die Wiese und dann am Zaun entlang zum Haupteingang, einem zweistöckigen Gebäude mit einem Tordurchgang. Sie gingen an der Schranke vorbei auf zwei amerikanische Soldaten zu, die dort warteten. Die Mutter sagte etwas von Rabbiner und nannte einen Namen, bevor sie weitergehen durften. Gleich in der ersten Straße klopften sie an eine der vielen Haustüren. Die Wohnung war offenbar von mehreren Familien bewohnt. Am Tisch saßen schwarz gekleidete Männer und Frauen mit Kopftüchern. Die Kommunikation dieser fremden Menschen mit ihrer Mutter war knapp und in einem eher schwer verständlichen Deutsch. Die Mutter begann den Ofen anzuheizen, und als es draußen dunkel wurde, machte sie in allen drei Räumen das elektrische Licht an. Bevor sie wieder nach Hause gingen, legte die Mutter im Ofen noch einmal zwei Scheite nach.

Am nächsten Morgen ging die neunjährige Amalie allein über die Wiese zu diesen Leuten, schaltete das Licht aus und heizte den Ofen erneut an. Dann ging sie nach Hause und kam alle zwei Stunden wieder, um Holz nachzulegen. Bis zum Sonnenuntergang, bis der Shabbat vorbei war. Die Woche darauf war ihre ältere Schwester dran, danach die jüngere und dann wieder die Mutter und dann wieder Amalie. Bald kamen noch weitere Familien dazu, bei denen sie jeden Shabbat das Licht anmachten, heizten und irgendwann auch kochten. Sie bekamen Geld dafür, wie viel, das weiß Amalie heute nicht mehr, nur dass sie eben jeden vierten Samstag die Schule schwänzte, um bei gut 20 strenggläubigen jüdischen Familien für Licht und Wärme zu sorgen und gelegentlich auch Kleinigkeiten für die Kinder zu kochen. Manchmal sah sie, wie ein Bauer aus dem benachbarten Dorf Gelting die

Nevjerski-Street entlangging und mit dunkel gekleideten Juden redete, bei denen sie heizte und kochte. Die Nevjerski-Street hieß eigentlich New Jersey Street, aber die Juden sagten Nevjerski, das klang jüdischer. Früher hatte die Straße Saarpfalzstraße geheißen. Als die Amerikaner die Juden hier einquartiert hatten, haben alle Straßen amerikanische Namen bekommen. Die Ostmark-Straße hieß jetzt California-Street, und der Adolf-Hitler-Platz trug den Namen Roosevelt Square, so wie auf dem Schild an der Danziger Freiheit jetzt Independence Place stand.

Die Nevjerski war bekannt dafür, dass hier die Strenggläubigen um den Oberrabbiner Yekusiel Yehuda Halberstam wohnten. Auch eine Thora-Schule für Jungen war hier und eine strengjüdische Beth-Jakow-Schule für Mädchen und die Jeschiwa, die Rabbinerschule. Es sprach sich herum in der Umgebung, dass die Rabbiner-Familien sogenannte Shabbes-Gojim suchten, Nichtjuden, die am Shabbat all die Dinge erledigten, die strenggläubigen Juden an diesem Tag verboten waren. Alles, was mit Feuer zu tun hatte, fiel unter das Verbot, auch das Licht-Anschalten. Leicht verdientes Geld, sagten die Leute, aber die meisten wollten es trotzdem nicht machen, »bei den Juden arbeiten«. Der Bauer aus Gelting wollte, und weil es so einfach war, wollte er auch mit den Rabbiner-Familien ins Geschäft kommen, die von den Gehrings bedient wurden. Er habe es immer wieder versucht, erinnert sich Amalie.

Irgendwann durften sich Amalie und ihre ältere Schwester auch während der Woche um die jüdischen Kinder kümmern, gingen mit ihnen spazieren, machten kleine Ausflüge an die Isar, besserten ihr Taschengeld auf. Heute wundert sie sich, dass ihnen die Juden ihre Kinder anvertraut haben, nach allem, was ihnen von Deutschen angetan worden war. Immer öfter kamen auch andere Wolfratshauser nach Föhrenwald. Täglich rollte ein Bäcker mit seinem Verkaufswagen durch die Straßen. Haushaltshilfen, Handwerker, fahrende Händler, Krankenschwestern und Kindermädchen kamen meist mit dem Fahrrad. Max Roderer, ein Bekannter meiner Familie, hat im Lager Kartoffeln ausgefahren.

Immer wenn ein Eisenbahnwaggon der US-Armee mit Lebensmitteln ankam, hat er seinen Leiterwagen die Bahnschienen entlang nach Föhrenwald gezogen und für gutes Trinkgeld die Säcke an die Haustüren geliefert. Sein Musiklehrer hat ihn dann irgendwann beim jüdischen Kinderorchester eingeführt. Sie hatten nur Geigenspieler und brauchten einen Trompeter. Einmal war er sogar bei einem öffentlichen Auftritt auf der Bühne des Lagertheaters dabei. Man habe sich bei den Proben gut verstanden, sagt er. Aber Freundschaften sind daraus nicht entstanden.

Amalie Gehring erinnert sich an Chanukka-Feiern und an jüdische Hochzeiten, zu denen sie eingeladen wurde. Sie denkt zurück an die Vorbereitungen, die sie miterleben durfte, an die Braut, die bittere Tränen um ihre Haare vergoss, die ihr vor der Hochzeit abrasiert wurden. Sie bekam eine Perücke, wie das bei orthodoxen Familien üblich ist. Und obwohl das alles sehr spannend und aufregend war, kann sich Amalie Gehring nicht erinnern, dass sie zu Hause jemals über die Arbeit und den Umgang in den jüdischen Familien gesprochen hat. Das war halt so, sagt sie, da wurde nicht drüber geredet. Da saßen dann beim Essen vier Frauen und Mädchen am Tisch, die bei jüdischen Familien ein und aus gingen, aber man hat sich nicht darüber ausgetauscht. Auch die Mitschüler hatten keine Ahnung. Nur die Klassenlehrerin wusste, warum Amalie alle vier Wochen am Samstag nicht zur Schule kam. Warum hat sie nicht einmal mit ihren Freundinnen darüber gesprochen? Weil es nicht üblich war, zu Juden zu gehen? Schämte sie sich? Sie weiß es nicht mehr, sagt sie, es habe so vieles gegeben, über das nicht gesprochen wurde: »Jeder war in dieser Zeit mit sich selbst beschäftigt.« Vielleicht habe man generell nicht so viel geredet wie heute, »wir wussten ja nicht einmal, wo die Juden herkamen, ob die alle von Dachau kamen oder auch von woanders. Ich weiß es heute noch nicht.«

Man lebte mit den Juden, aber irgendwie auch wieder nicht. Die Gehrings waren sogar regelmäßig in der Synagoge, Woche für Woche, um Licht zu machen und um zu heizen. »Wir waren die einzigen Frauen, die jemals in dieser Synagoge waren, vielleicht die einzigen Frauen, die überhaupt im Hauptraum einer Synagoge waren«, erzählt sie stolz, »da durften ja keine Frauen rein, auch keine jüdischen. Nur wir.« Sie staunt heute noch über diese fremde Welt, die sich da für sie eröffnete, so anders als alles in den Dörfern und Städten rundherum. Das Lager vor der Haustür war wie ein fremder Planet, den Amalie regelmäßig besuchte. Aber sobald sie zurückgekehrt war auf die Erde, war dieser Planet wieder ganz weit weg. So fern von ihrem Leben wie die Besucher, die dort manchmal eintrafen. Eisenhower, Ben Gurion, das sind Namen, die ihr damals nicht viel gesagt haben und die ihr auch heute noch nicht wichtig sind. Die konnten sicher ins Lager reingehen, meint sie, ansonsten wurden ja Fremde am Haupteingang gar nicht durchgelassen.

Nach der Gründung Israels im Mai 1948 dünnte das Lager spürbar aus. Vor allem die Kräftigen, die Lebensmutigen, die Engagierten unter den Juden reisten jetzt in Scharen nach Palästina aus. Der Fußballklub Makkabi Föhrenwald verlor seine besten Spieler, bei den Konzertabenden fehlten plötzlich die Solisten und immer mehr Musiker, die Lagerzeitung *Bamidbar* (»In der Wüste«) beklagte den Verlust vieler Mitarbeiter, der kleinen Krankenstation kamen immer wieder Krankenschwestern abhanden und der Lagerfeuerwehr die mühsam trainierten Einsatzkräfte. Als dann auch die USA ihre strikten Einreisebestimmungen lockerten, sah es für kurze Zeit so aus, als würde das Lager ganz austrocknen.

Aber Föhrenwald trocknete nicht aus, es bekam sogar neuen Zulauf. Es wurde nur immer trauriger und schwermütiger. In ganz Deutschland wurden nach der Staatsgründung in Tel Aviv immer mehr DP-Lager geschlossen, die verbliebenen Juden wurden in andere Lager geschickt, bis 1952 nur noch Föhrenwald übrig war. Hier waren nun all die versammelt, die es wieder nicht geschafft hatten, Deutschland zu verlassen, die nun schon die zweite große Enttäuschung erleben mussten.

Unmittelbar nach der Befreiung aus KZ und Arbeitslagern hatten viele Juden erwartet, dass die Welt über die deutschen Verbrechen entsetzt sein würde und die Juden nun überall voller Mitgefühl und mit offenen Armen empfangen würden. Aber dem war nicht so. Kaum ein Land öffnete seine Türen. Die Briten sperrten Palästina ab, die üblichen Einreiseländer Argentinien, Südafrika und Kanada verhielten sich gegenüber den befreiten Juden sehr zurückhaltend, und selbst die Vereinigten Staaten hielten an ihren strikten Einreisequoten für Juden aus Europa fest. Es war leichter für polnische Nichtjuden, in die USA zu kommen, als für jüdische Polen. Die osteuropäischen Juden standen in Washington unter dem Generalverdacht einer ideologischen Nähe zum kommunistischen Sowjetregime. Hatten nicht viele ausgerechnet in der Sowjetunion Zuflucht gesucht? Selbst Slowaken und Tschechen, die noch vor der kommunistischen Machtübernahme in ihren Ländern 1948 in den Westen geflohen waren, bekamen von den US-Geheimdiensten den unsichtbaren Stempel »kommunistisch« aufgedrückt, wie manche Juden später in den Archiven herausfanden.[4] Sowohl im US-Senat als auch im Kongress wurde die befürchtete kommunistische Infiltration der jüdischen Flüchtlinge als Argument gegen die Lockerung der US-Einreisebestimmungen in Stellung gebracht. Einige Abgeordnete vermuteten, dass die polnischen und ukrainischen Juden vom sowjetischen Geheimdienst angeworben und ausgebildet worden seien und nun als Spione in die USA einwandern wollten.[5] Die Anti-Kommunismus-Hysterie der McCarthy-Ära warf ihre langen Schatten voraus.

Als dann ab Mitte 1948 viele Jüdinnen und Juden nach Israel einreisen konnten, lockerten auch andere Länder ihre Einwanderungsbedingungen. Doch nun erlebten viele Juden die zweite große Ernüchterung. Vor der Einreiseerlaubnis stand der Gesundheitstest. Wer an Tuberkulose (TBC) litt oder irgendwann gelitten hatte, wurde praktisch überall ausgeschlossen. Tuberkulose, die typische Kriegs- und Lagerkrankheit, war zwar seit der Entdeckung des Antibiotikums nicht mehr in jedem Fall tödlich. Doch der Schrecken dieser hoch ansteckenden Lungenkrankheit hatte sich bei den Gesundheitsbehörden aller Länder tief eingegraben.

Eine weit zurückliegende Ansteckung oder ein kleiner Schatten auf dem Röntgenbild, der bloße Verdacht reichte, damit die ganze Familie ohne Perspektive in Deutschland festsaß. Selbst Israel wies in den ersten Jahren Juden mit TBC-Verdacht ab. Zu groß war die Furcht vor Ansteckung, zu groß auch die Angst, die wenigen Krankenhäuser würden überlastet.

Föhrenwald wurde zum Sammelbecken für Tuberkulose-Kranke und Tuberkulose-Verdachtsfälle. Der Rest vom Rest der Geretteten, wie die Juden selbst sagten, oder wie es der ehemalige Föhrenwalder Majer Szanckower bitter ausdrückte, der Kaffeesatz, der ganz zum Schluss übrig bleibt und den keiner haben will. Bereits Ende 1951 hatten die US-Militäradministration und die UN-Flüchtlingsorganisation IRO, Nachfolgerin der UNRRA (» United Nations Relief and Rehabilitation Administration «) ihre Aufgabe für erledigt erklärt. Sie übergaben das Lager Föhrenwald in die Verantwortung der deutschen Behörden, die als Erstes ein Schild aufstellten: Regierungslager für heimatlose Ausländer.

Die zweitausend Juden, die zu dieser Zeit noch in Föhrenwald lebten, bebten vor Wut. Auf keinen Fall wollten sie in ihrem Leben noch einmal unter der Aufsicht deutscher Behörden stehen. Ohne den Schutz der Amerikaner befürchteten sie das Schlimmste. Sie protestierten in Föhrenwald, sie protestierten in Wolfratshausen, sie protestierten in München. Aber für die US-Regierung war die Akte Displaced Persons in Deutschland abgeschlossen. Sie hatte andere Sorgen. In Korea ging der Krieg ins dritte Jahr, in Osteuropa war ein Land nach dem anderen unter die Herrschaft der kommunistischen Sowjetunion gefallen, das Verhältnis zum ehemaligen Kriegsverbündeten Moskau hatte sich längst in einen Kalten Krieg gedreht. Washington war entschlossen, Westdeutschland vom Paria zum Partner umzuformen. Westdeutschland sollte an den Kosten des Kalten Krieges beteiligt werden. Die Übertragung der politischen wie auch der finanziellen Verantwortung für Föhrenwald war nur ein kleiner Teil dieser Strategie.

Wenige Wochen vor der Übergabe räumten die US-Militärs

noch ein paar Altlasten weg. An einem frühen Morgen im Oktober rollte eine kleine Kolonne US-Armeelastwagen vor die Wisconsin Street 8 und hob dort eine Geldfälscherwerkstatt aus. Zeichenwerkzeug, Druckmaschinen, Behälter mit verschiedenen Druckfarben, alles wurde von den Soldaten auf die Ladeflächen der Lkws gehievt und abtransportiert. Wie viele Druckmaschinen beschlagnahmt wurden, wie lange die Werkstatt in Betrieb gewesen war, ob es Festnahmen gab, das alles ist bis heute weitgehend unbekannt. Die ganze Geschichte ist im Wesentlichen mündlich überliefert. Der damalige Lehrer an der Föhrenwalder Volksschule, Rudolf Baumgartl, erzählt im Interview geradezu begeistert von der Blütenwerkstatt in der Wisconsin Street und ihrer atemberaubenden Vorgeschichte.[6] Die Fälscherbande habe ihr Handwerk im Konzentrationslager Sachsenhausen gelernt. Dort habe Hitler 144 jüdische Spezialisten aus anderen KZs einsammeln und in einer gesonderten Baracke unterbringen lassen – Drucker, Grafiker, Zeichner, Druckfarbenchemiker, Papierexperten und einen einschlägig vorbestraften Geldfälscher. Ziel der Aktion sei es gewesen, den US-amerikanischen und den britischen Markt mit Blüten zu überschwemmen und damit die Währung und die Wirtschaft der Kriegsgegner empfindlich zu schwächen. Dieser Teil der Geschichte, von Sachsenhausen bis zum Währungskrieg, ist historisch belegt und in einem Oscar-prämierten Film von 2007 (»Der Fälscher«) festgehalten.

Die »Operation Bernhard« lief 1942 in Sachsenhausen an und dauerte bis kurz vor Kriegsende. Insgesamt stellten die KZ-Häftlinge um den jüdischen Pass- und Notenfälscher Salomon Sorowitsch 132 Millionen britische Pfund her, immer unter der Drohung, sonst umgebracht zu werden. Das Fälschen von US-Dollar gelang erst ganz zum Schluss, als die SS bereits fünf Häftlinge ausgesucht hatte, die erschossen werden sollten, wenn die Dollar-Produktion nicht sofort anliefe. Den größten Teil der 132 Millionen Pfund tauschten Nazi-Agenten in der Schweiz in andere Devisen um, was einerseits die britische Inflation ankurbelte und andererseits den Kauf von Rohstoffen für die deutsche

Waffenproduktion ermöglichte. Als das KZ Sachsenhausen am 23. April 1945 von der Roten Armee befreit wurde, endete auch die größte Geldfälscheraktion der Geschichte. Die Bank of England zog wenig später sämtliche 5-Pfund-Noten aus dem Verkehr, echte wie falsche, weil sie nicht zu unterscheiden waren.

Einige der 142 Falschgelddrucker von Sachsenhausen trafen sich nach Jahren in verschiedenen DP-Camps zufällig in Föhrenwald wieder. Sie erinnerten sich an ihre Blütenzeit und trieben tatsächlich Papier, Druckerschwärze und Druckmaschinen auf. Die Geldfälscherei hatte für sie den Vorteil, dass sie persönliche Einkommen erzielen konnten, ohne der deutschen Wirtschaft nützlich zu sein, ganz im Gegenteil. Denn das war einer der größten inneren Konflikte vieler DPs: Fast alle hatten sich nach den Jahren der Zwangsarbeit für deutsche Unternehmen geschworen, dass sie nie wieder für die deutsche Wirtschaft nützlich sein wollten. Doch wie sollten sie in den DP-Lagern Geld verdienen, ohne dass auch Deutschland davon profitierte? Geld zu fälschen war eine der Lösungen.

In den deutschen Polizeiakten und auch in deutschen Archiven ist zu der ganzen Geldfälschergeschichte nichts zu finden. In den Polizeiakten kann man aber nachlesen, dass am 6. Oktober 1951 gegen 19:30 Uhr ein schwarzer Mercedes V170 das hölzerne Brückengeländer der Behelfsbrücke über die Loisach durchbrochen hat und ins Wasser gestürzt ist. Auch *der Isar-Loisachbote* berichtete damals darüber. Der Fahrer des Wagens, ein gewisser »staatenloser Ausländer Manasewics aus München«, habe sich retten können. Seine beiden ebenfalls staatenlosen Beifahrer aus Föhrenwald seien ertrunken. Alle Rettungsversuche der örtlichen Feuerwehr seien zu spät gekommen, obwohl einer der Feuerwehrmänner, der neben der Brücke wohnte, sofort und in voller Kleidung zu dem Wagen hinuntergetaucht sei. Der Wagen sei dann mit einem Seil ans Ufer gezogen worden, die beiden staatenlosen Föhrenwalder hätten jedoch nur noch tot geborgen werden können.

Weder in den Polizeiakten noch im Zeitungsartikel steht allerdings, dass der Kofferraum des schwarzen Mercedes randvoll gefüllt war mit britischen Pfund, die sehr echt aussahen, es aber nicht waren. Vermutlich haben die US-Militärs, die den Wagen sicherstellten, die örtlichen Polizeikräfte zum Stillschweigen verdonnert und der Lokalzeitung über die durchweichten Geldbündel erst gar nicht Bescheid gesagt. Der *Isar-Loisachbote* war zu dieser Zeit bekannt für seine offene Verachtung aller Juden im Allgemeinen und der Föhrenwalder im Besonderen. Er hätte sich die Häme und die Verallgemeinerung der jüdischen Falschmünzerei nicht entgehen lassen. Die Geschichte sprach sich trotzdem herum, versichert der damalige Föhrenwalder Lehrer Rudolf Baumgartl. Ein lokaler Musiker habe sogar ein Spottlied komponiert. An die Aushebung der Gelddruckerei ein paar Tage später erinnern sich auch jüdische Zeitzeugen wie der heute in Frankfurt/Main lebende Boris Gerczikow: »Ich seh noch die Kolonne der Armeelastwagen in der Wisconsin-Straße«, erzählt er, »in den Tagen danach wurde natürlich viel drüber geredet im Lager.«

Dass die US-Militärs die Blüten-Affäre bewusst unterm Deckel hielten, passt durchaus ins Bild. Die Militäradministration bemühte sich, dem Misstrauen der bayerischen Bevölkerung gegenüber den Föhrenwalder Juden möglichst wenig Nahrung zu geben. Deshalb war sie von Beginn an rigoros gegen Schwarzschlachterei und auch gegen Schwarzmarktaktivitäten vorgegangen. Besonders der Sonntagsmarkt vor dem Tor von Föhrenwald stand bei der umliegenden Bevölkerung immer wieder im Fokus der Kritik. In den ersten Jahren lagen dort vor allem amerikanische Zigaretten und sehr viel gebrauchte Haushaltswaren auf den ausgebreiteten Tüchern im Gras. Lebensmittel waren in den Monaten nach dem Krieg knapp, auch bei den Displaced Persons. Kaum jemand im Lager bekam die von den US-Militärbehörden verordnete Kalorienzahl auf den Teller.

Was auf dem Sonntagsmarkt gehandelt wurde, waren vor allem Töpfe, Besteck, Tischtücher und Teppiche. Es waren die Waren, die auf allen deutschen Schwarzmärkten angeboten wurden, überall in der Republik. Ein beträchtlicher Teil stammte aus den

Hamsterkäufen, bei denen die Städter vom Silberlöffel bis zur Türklinke alles aufs Land schleppten, was sich dort gegen Kartoffeln, Eier und Speck eintauschen ließ. In vielen Bauernhöfen stapelte sich die Tauschware – und landete auf verschlungenen Wegen auf den Schwarzmärkten der Republik. Schwarzhandel war die dominierende Wirtschaftsform der Nachkriegsjahre. Das deutsche Wirtschaftswunder startete weitgehend unversteuert. Die Sonntagsmärkte vor den DP-Lagern waren statistisch völlig unbedeutend. Der Fingerzeig vieler Bürger auf die schachernden Juden diente vor allem der eigenen Entlastung.

Auf dem Sonntagsmarkt in Föhrenwald waren mindestens so viele Nichtjuden wie Juden unterwegs. Wer in Wolfratshausen und Umgebung etwas zu tauschen hatte, erzählt ein Bekannter meiner Familie, der sei am Sonntag dort gewesen. »Man hat viele Einheimische gesehen, und zwar Sonntag für Sonntag.« Beide Seiten profitierten davon, über viele Jahre. Der Rufschaden aber blieb nur bei den Juden hängen. Die uralten Klischees von den schachernden Juden saßen tief und sind bis heute nicht verschwunden. Schachern, das Wort taucht zuverlässig in allen Erzählungen über diese Zeit auf, und immer hört es sich doppelt einseitig an: Der Jude kommt auf den Bauernhof zum Schachern, und der Bauer verkauft ihm sein Huhn.

Als das DP-Lager Ende 1951 in deutsche Hände überging, wurde der Wind in Föhrenwald bald rauer. Zwar zeigte sich die vom Freistaat eingesetzte deutsche Lagerleitung als verständnisvoll und einfühlsam und wurde nach anfänglichen Protesten schnell von den Jüdinnen und Juden akzeptiert. Materiell änderte sich für die Bewohner erst einmal wenig. Statt Lebensmittellieferungen der US-Armee und finanzieller Unterstützung durch die verschiedenen jüdischen Hilfsorganisationen bekamen die Föhrenwalder nun deutsche Sozialhilfe. Die Schule, die bislang von den jüdischen-amerikanischen Hilfsorganisationen geleitet wurde, unterstand nun dem deutschen Bildungssystem. Beamtete Lehrkräfte übernahmen die Arbeit der bisher meist aus dem Lager rekrutierten Lehrkräfte. Die bayerische Schulbehörde achtete darauf, keine belasteten Lehrer zu schicken, und die neuen Lehrer lernten schnell, dass Grundkenntnisse in Jiddisch für den Umgang mit den Kindern nützlich waren. Das System der sogenannten ORT-Schulen, einer Art Berufsschule, wurde vom Landratsamt trotz sinkender Besucherzahlen reibungslos fortgeführt und aus deutschen Mitteln finanziert. Auch die jüdische Selbstverwaltung des Lagers wurde beibehalten. In den knapp sieben Jahren seit Kriegsende hatte sich in Teilen der deutschen Verwaltung die Einsicht durchgesetzt, dass Deutschland gegenüber den Juden in der Verantwortung stehe und dass da einiges gutzumachen sei. Dazu kam, dass die US-Besatzungsmacht deutlich zu verstehen gab, dass sie Deutschlands Umgang mit den Juden sehr genau verfolgte. John Jay McCloy, Nachfolger von General Eisenhower als US-Militärgouverneur, hatte bereits 1949 wissen lassen, dass die Entstehung einer neuen jüdischen Gemeinschaft in Deutschland der Maßstab sein werde, an dem man die Rückkehr des Landes in die zivilisierte Welt ablesen werde: » Es wird meiner Ansicht nach einer der wirklichen Prüfsteine für den Fortschritt Deutschlands sein. «[7]

Die deutschen Behörden drängten trotzdem auf die rasche Auflösung des Regierungslagers und waren bei der Wahl der Mittel nicht zimperlich. Der in München für die DP-Lager zuständige Staatssekretär Theodor Oberländer, ein weltgewandter und umgänglich auftretender Politiker mit tiefbrauner Vergangenheit, wollte die Föhrenwalder Juden so schnell wie möglich ins Ausland abschieben. Anfangs setzte er auf seine internationalen Kontakte, versuchte vor allem nordeuropäische und südamerikanische Regierungen zur Aufnahme von Familien aus Bayern zu überreden. Ein paar Hundert Jüdinnen und Juden konnten dann tatsächlich nach Schweden und Norwegen auswandern, trotz Tuberkulose-Verdachts. Argentiniens Präsident Juan Peron soll sich persönlich um die Visa für Föhrenwalder Familien gekümmert haben.

Während also einige Juden das Regierungslager verließen, mühten sich die bayerischen Behörden, den anderen das Leben ungemütlich zu machen. Sie sollten von sich aus größere Anstrengungen unternehmen, das Lager zu verlassen. Immer öfter patrouillierten nun deutsche Polizeikräfte durch das Schtetl. Die jüdische Lager-Polizei, die vom Selbstverwaltungskomitee noch unter US-Schirmherrschaft eingesetzt worden war, sorgte zwar nach wie vor für Sicherheit und die Einhaltung der Gesetze. Doch der bayerischen Polizei ging es nicht unbedingt um die Sicherheit. Es ging um die Demonstration von Macht und deutscher Ordnung.

Am Vormittag des 28. Mai 1952, ein halbes Jahr nach der Übergabe des Lagers in deutsche Hände, eskalierte das gegenseitige Misstrauen. Die bayerische Zoll- und Steuerbehörde war mit 115 Beamten in Föhrenwald eingerückt, begleitet und beschützt von 33 Polizisten. Ein beachtliches Aufgebot, um die Steuermoral von ein paar Dutzend kleinen Geschäften im Lager zu kontrollieren. Manche Juden fühlten sich an die Übergriffe der deutschen Einsatzgruppen in den Gettos erinnert, andere nutzten die Gelegenheit, ihre Wut auf die Deutschen herauszuschreien. Steine flogen, ein junger Mann warf sich pathetisch vor einem der Wagen auf die Straße, es hagelte Flüche und Beschimpfungen, und als sich einige Beamte zu lautstarken Antworten hinreißen ließen, gefror das Blut in vielen Adern. Verbürgt sind Sätze wie: »Die Gaskammern warten auf euch« und »Die Krematorien gibt es noch«.[8] Als dann auch noch ein Schuss aus einer Dienstwaffe loskrachte, stoppte der Einsatzleiter die Aktion und ordnete den Rückzug an.

Das jüdische Lagerkomitee beschwerte sich direkt beim US-Präsidenten Truman per Telegramm in Washington und bat um Fluchthilfe. Der Präsident der Vereinigten Staaten solle seinen Einfluss bei den US-Einreisebehörden und bei denen anderer Staaten geltend machen, damit die in Deutschland verbliebenen Juden endlich dieses Land verlassen könnten.

Die überzogene Steuerprüfung belegte zwar, dass es im deutschen Staatsapparat noch sehr viele gut konservierte Nationalsozialisten gab. Gleichzeitig aber zeigte das Scheitern der Aktion auch, dass sie sich nicht mehr durchsetzen konnten. Es gab inzwischen genügend Leute in der Bevölkerung und auch in den Behörden, die nicht mehr einfach wegschauten. Menschen, denen nicht bloß unwohl war, wenn Juden schikaniert wurden, sondern die auch den Mund aufmachten. Die deutsche Regierung unter Konrad Adenauer war außerdem auf gutem Weg, mit einer Reihe von internationalen Abkommen und nationalen Gesetzen Deutschlands Ruf in der Welt wieder zu verbessern. Störgeräusche wie Kritik oder gar Proteste jüdischer Organisationen konnte die Bundesregierung in dieser Phase überhaupt nicht brauchen.

Mit Israel und mit der Jewish Claims Conference wurde gerade das Luxemburger Abkommen ausgehandelt, das die Entschädigungszahlungen für die Holocaust-Opfer festlegte. Die Bundesrepublik Deutschland war also mit jüdischen Repräsentanten im Gespräch und wurde von der israelischen Regierung nach langem Zögern akzeptiert, was von vielen anderen Regierungen als wichtiger Schritt bei der Normalisierung der Beziehungen mit der Bundesrepublik gesehen wurde. Bereits im Jahr davor hatte die Bundesregierung im Gesetz zur Rechtsstellung heimatloser Ausländer geregelt, dass Displaced Persons in der Bundesrepublik dieselben Rechte hatten wie deutsche Staatsbürger. Dieses Gesetz betraf in erster Linie die Jüdinnen und Juden in Föhrenwald und bedeutete unter anderem, dass sie bei der Vermietung oder beim Verkauf von Wohnungen und Häusern nicht benachteiligt werden durften.

Für den bayerischen Flüchtlingsstaatssekretär Oberländer war deshalb klar, dass er für Föhrenwald eine Verwendung finden musste, in der Juden keine rechtlichen Ansprüche haben würden. Eine Kaserne zum Beispiel, oder eine Polizeischule. In der Tat war eine Zeit lang geplant, in Föhrenwald eine Ausbildungskaserne des Bundesgrenzschutzes einzurichten. Die Pläne zerschlugen sich, als deutlich wurde, dass der Zeitplan nicht einzuhalten war. Die Umsiedlung der Displaced Persons verzögerte sich immer weiter.

Oberländer fädelte schließlich den Verkauf der gesamten Siedlung Föhrenwald an Einrichtungen der katholischen Kirche ein. In den Hauptgebäuden sollte eine Schule für künftige Priester einziehen, die Siedlungshäuser wurden für kinderreiche katholische Familien reserviert. Die Kirche fühlte sich nicht an das Gesetz zur Rechtsstellung der heimatlosen Ausländer gebunden. Kein Jude würde in Föhrenwald bleiben können. Als der Verkauf 1954 schließlich über die Bühne ging, war Oberländer nicht mehr Staatssekretär in München. Er war inzwischen Bundesminister für Vertriebene, Flüchtlinge und Kriegsgeschädigte in der Regierung Adenauer in Bonn. Föhrenwald fiel wieder in seinen Aufgabenbereich.

1955 begann das Katholische Siedlungswerk der Erzdiözese München und Freising die ersten Häuser zu renovieren und die noch aus Kriegszeiten stammende Tarnfarbe von den Dächern und Außenwänden zu entfernen. Als die ersten Vertriebenen-Familien einzogen, legten sie in Gemeinschaftsarbeit hübsche Vorgärten an und freuten sich, dass alles gleich viel freundlicher aussah. Die verbliebenen Juden wurden in den hinteren Teil der Siedlung verbannt, die Häuser vorne mussten nach und nach für die Vertriebenen frei gemacht werden. Die Stimmung zwischen den beiden Volksgruppen war von Beginn an eisig und wurde mit den Jahren auch nicht besser. Beide Seiten sahen sich als Opfer der Geschichte und rivalisierten wortlos darum, wem übler mitgespielt worden war.

Amalie Gehring war inzwischen 20 Jahre alt. Die jüdischen Familien, bei denen sie geheizt und gekocht hatte, waren längst weg, mit den neuen Besitzern hatte sie nichts zu tun. Sie hatte jung geheiratet, war mit ihrem Mann nach München gezogen und hatte dort ein Lebensmittelgeschäft geführt. Aber sie hatte Probleme mit der Gesundheit, und so kamen sie zurück nach Föhrenwald und bewarben sich um eines der frei werdenden Häuschen. Doch die Kirche lehnte ab. »Sie haben uns gesagt, das Bistum verkauft nur an katholische Vertriebene, aber wenn wir schnell viele Kinder bekämen, dann hätten wir vielleicht eine kleine Chance.«

Die Juden hatten keine Chance. Einige wären gerne geblieben, hätten genügend Kinder gehabt und auch das Geld zusammenbekommen. Aber katholisch war Grundbedingung, über alles andere konnte man reden. Irgendwann ist dann alles sehr schnell gegangen, erinnert sich Amalie Gehring, die Synagoge wurde zur Kirche, über Nacht sei auch der Davidstern auf dem großen Mast am Independence Place verschwunden, irgendjemand habe ihn abgesägt, und dann seien auch die letzten jüdischen Familien weggezogen. Wohin, das wisse sie nicht. Nur der Moritz, der sei nach Wolfratshausen gegangen und habe dort ein Geschäft für Herrenkonfektion aufgemacht, in der Marktstraße. Der Moritz sei fast schon ein Teil der Familie gewesen, sagt Amalie Gehring. Seit Jahren sei er fast jeden Tag gekommen und habe auf der Nähmaschine ihrer Mutter Herrenhosen genäht. Die Familie hat auch später den Kontakt gehalten: »Wenn wir etwas zum Anziehen gebraucht haben, dann sind wir immer zum Moritz gegangen.«

Moritz, das ist der einzige Jude in Wolfratshausen, an den auch ich mich erinnere. Dass er aus Föhrenwald kam, wusste ich nicht, dass es Föhrenwald gab, wusste ich nicht. Seit einigen Jahren, seit wieder über Föhrenwald geredet wird, seitdem taucht auch das Gerücht wieder auf, dass es noch einen anderen Juden gegeben haben soll, der es geschafft hatte zu bleiben. Dieser Jude soll sogar unter falschem katholischem Namen ein Haus in Föhrenwald gekauft und lange dort gelebt haben, vielleicht sogar noch immer dort leben. Niemand habe bisher herausfinden können, welcher katholische Waldramer in Wirklichkeit ein Jude war. Es ist eine dieser komplizierten Legenden, die entstehen, wenn die einfache Wahrheit lange zugedeckt und verdrängt wird.

Das Schtetl Föhrenwald

Das Paradies, die Hölle

> *»Meine Mutter hatte nichts gegen Deutsche. Auch nach dem ganzen Grauen nicht. Sie hat zu mir gesagt, sei höflich zu den alten Leuten, aber gib keinem alten Mann die Hand. Du weißt nicht, ob er deine Großeltern ermordet hat.«*
>
> Anton Jakob Weinberger,
> ehemaliger Bewohner von Föhrenwald

Die ehemaligen Föhrenwalder sind ein Netzwerk, das sich über die ganze Welt spannt, von Israel über die USA bis Neuseeland, Südafrika, Argentinien. Die intensivsten Erinnerungen an Föhrenwald aber trifft man in Deutschland, weil die Jüdinnen und Juden, die in Deutschland geblieben sind, in aller Regel am längsten in Föhrenwald gelebt haben, manche fünf Jahre, manche zehn, manche zwölf Jahre. Für sie war es eine prägende Zeit. Die meisten von ihnen kamen als kleine Kinder an oder wurden im Lager geboren. Wer als Erwachsener nach Föhrenwald kam, ist inzwischen gestorben. Die Zeitzeugen, die gern von Föhrenwald erzählen, sind heute in der Regel zwischen 70 und 80 Jahre alt. Sie sind nach 1945 oder höchstens kurz vorher geboren. Für die etwas Älteren, die die Judenverfolgung als Kinder oder Jugendliche noch am eigenen Leib erlebt haben, ist Föhrenwald Teil einer traumatischen Geschichte, über die sie nicht reden wollen. Jedenfalls haben mir das viele so gesagt.

»Schalom und Grüß Gott« begrüßt mich Abraham Ben in

seiner Wohnung im Zentrum von Frankfurt. Er ist 1947 in einem DP-Lager in Bamberg geboren, 1950 kam er mit seinen Eltern nach Föhrenwald. Er fühle sich als bayerischer Jude, sagt er. Nach der Zeit in Föhrenwald habe er lange und gern in München gelebt, bevor er aus beruflichen Gründen nach Frankfurt am Main umgezogen sei. Wenn er über seine Kindheit an der Isar redet, dann schießt ihm manchmal das Wasser in die Augen:[9]

> »Föhrenwald war eine große Familie. Föhrenwald war für uns Kinder der Himmel auf Erden, für die Erwachsenen war's die Hölle. Weil, sie wussten ja nicht, wie es für sie weitergehen wird. Sie hatten das Schlimmste erlebt und steckten jetzt fest im Land der Täter, wo sie nie sein wollten. Die meisten hatten ihre ganze Familie verloren, die Eltern, die Kinder, die Ehepartner. In den DP-Lagern kamen sie nun wieder zu sich. Sie wollten wieder eine Familie haben, sie wollten Kinder haben, und sie waren wild entschlossen. Manche kannten sich gerade einmal zwei, drei Wochen und haben sofort geheiratet und Kinder gekriegt. Das war der Hunger nach Leben, nach Zukunft. Die DP-Lager waren nach dem Krieg die geburtenstärksten Gemeinden der Welt, und Föhrenwald war keine Ausnahme. Wir Kinder waren das Heiligste, was die Juden in dieser Zeit hatten, wir waren mehr als nur gut behütet. Föhrenwald war unser Schtetl, in dem überall jiddisch gesprochen wurde und in dem wir Kinder machen durften, was wir wollten. Es gab einen jüdischen Kindergarten und eine jüdische Schule, aber das Lernen war nicht so wichtig. Die Lehrer und Lehrerinnen waren teils jüdisch, teils nichtjüdisch, aber sie waren alle nett, und sie sprachen alle jiddisch. Wer es nicht konnte, hat es schnell gelernt, weil er sonst in Föhrenwald nicht zurechtgekommen wäre. Im Rückblick bin ich erstaunt, wie gut und meist akzentfrei auch die nichtjüdischen Lehrerinnen jiddisch gesprochen haben. Dabei gab es ja viele verschiedene Dialekte. Die Menschen kamen aus Polen, Ungarn, Rumänien, Griechenland, aus Kasachstan, aus Galizien und

Bessarabien, und überall wird das Jiddische etwas anders gesprochen. Aber man verstand sich, Jiddisch war das Esperanto im DP-Lager.

Wir hatten alle Freiheiten und konnten uns austoben, wie wir wollten. Besonderer Wert wurde allerdings auf die religiöse Erziehung gelegt. Die Religionsschule, der Cheder, hat mich für mein ganzes Leben geprägt, und das gilt für viele von uns, auch für solche, deren Eltern mit Religion nicht viel anfangen konnten. In Föhrenwald wurde nach der jüdischen Tradition gelebt. Viele haben koscher gekocht, am Freitag gab's gefilte Fisch, und wenn am Shabbat jemand mit einem Fahrrad durch die Siedlung gefahren ist, dann wusste man, das muss ein Goi sein, ein Nichtjude, der hier irgendwo den Shabbat-Haushalt macht.

Für die Erwachsenen war die Zeit in Föhrenwald schwierig, viele waren krank, und wir waren alle, wirklich alle, sehr arm. Die Menschen waren ja aus ihrem Leben gerissen worden und hatten auf ihrer jahrelangen Odyssee nichts mitnehmen können. Meine Mutter hat im DP-Lager zum ersten Mal nach Jahren wieder an einem Tisch mit Tischdecke und Besteck gegessen. Wir haben alle von der Fürsorge gelebt und von dem, was uns jüdische Organisationen aus Amerika gegeben haben: Essen, gebrauchte Kleidung, Bücher zum Lernen und Papier und Bleistift zum Schreiben. Die gebrauchte Kleidung wurde vom örtlichen Schneider umgenäht, ich hab' zum Beispiel eine Knickerbocker bekommen, die aus einem zerlegten Mantel genäht war. Ich mochte keine Knickerbocker, und diese Hose aus Mantelstoff hat auch noch furchtbar gekratzt, und dann bekam ich aus demselben Stoff noch eine passende Mütze, die auch gekratzt hat.

Man hat sich in Föhrenwald eingerichtet, manche haben kleine Geschäfte aufgemacht, andere haben Uhren repariert und wieder andere haben Kleider umgenäht. Für die Hochzeiten gab es übrigens ein Hochzeitskleid für alle, für die Männer gab's eine Offiziershose, ein weißes Hemd und Reitstiefel. Wer geheiratet hat, hat das für einen Tag oder ein paar Stunden getragen, dann warteten schon die nächsten. Später haben dann alle noch mal geheiratet, weil die deutschen Behörden eine jüdische Heirat durch einen Rabbiner nicht anerkannten. Meine Eltern haben im Rathaus von Wolfratshausen nachgeheiratet, und nicht nur sie, sondern alle haben dort nachgeheiratet, auch die, die schon viele Jahre verheiratet waren. In diesem Rathaus sind Hunderte von jüdischen Ehen noch einmal amtlich geschlossen worden, damit die Leute die offiziellen Papiere bekamen, die man in Deutschland für alles braucht.

Mein Vater hatte Tuberkulose, wie so viele im Lager, und war deshalb lange in der Lungenklinik in Gauting bei Starnberg. Eines Tages hat der Chefarzt meine Mutter gerufen und gesagt, befassen sie sich mit dem Gedanken, dass ihr Mann nur noch drei bis vier Monate zu leben hat. Aber es gibt in Amerika ein Medikament, das noch in der Erprobung ist. Vielleicht haben Sie jemanden in Amerika, der dieses Streptomycin schicken kann. Wir haben dann alles versucht. Eine Woche später hat der Chefarzt gesagt, dass er das Mittel selbst besorgen konnte. Streptomycin war noch nicht zugelassen, aber da mein Vater ein Todeskandidat war, hat sich der Arzt bereit erklärt, das Mittel an ihm zu testen. Streptomycin hat tatsächlich sofort angeschlagen und in ganz Föhrenwald Hoffnung verbreitet. Denn es gab viele alleinerziehende Frauen in Föhrenwald, weil ihre Männer mit TBC im Krankenhaus waren, und es gab viele alleinerziehende Männer, deren Frauen mit TBC im Krankenhaus lagen. Das war ein riesiges Problem, das man nur gemeistert hatte, weil der Zusammenhalt in Föhrenwald sehr groß war und jeder jedem geholfen hat.

Streptomycin hat dann auch bei uns vieles verändert. Manche familiären Probleme verschwanden einfach. Ich sollte ja lange Zeit in ein Kinderheim umziehen, damit ich mich nicht anstecken würde. Meine Mama hat mich sogar versteckt, damit ich nicht von der deutschen Fürsorge abgeholt werden konnte, wie das in vielen anderen Familien passiert ist. Mein Vater wurde gesund, blieb aber schwächlich. Er ist dann Lehrer an der Berufsschule für Schneider geworden, obwohl er kein guter Schneider war. Er war ein sehr guter Zuschneider, aber nähen konnte er nicht. Solche Berufsschulen gab's im Lager auch für Elektriker und Schreiner und andere Berufe.

Die Eltern haben mit uns nicht über den Holocaust geredet. Aber in Föhrenwald gab es einen Platz mit einer langen Holzstange in der Mitte, und ganz oben drauf war der Davidstern. Auf diesem Plätzl, wie man gesagt hat, haben sich die Männer jeden Tag getroffen und über Politik geredet, über Adenauer und über Israel, über die UNO, über Amerika, über Russland und natürlich über die Judenvernichtung, die sie gerade mit knapper Not überlebt hatten. Wenn sie vom Schießen und von 30 Kilometer langen Märschen gesprochen haben, dann hat sich das für uns Kinder immer angehört wie Geschichten aus Cowboyfilmen. Wie brutal die Wirklichkeit gewesen war, das haben wir erst sehr viel später begriffen.

Als Kinder haben wir das nicht mitbekommen. Man wollte uns da nicht belasten. Wir sollten so normal wie möglich leben. Die Komplikationen kamen erst später. Ich wollte lange Zeit keinen deutschen Pass und brauchte deshalb mit meinem Staatenlosenausweis selbst für Österreich ein Visum. Ich wollte nicht Deutscher sein, obwohl ich in Deutschland immer gern gelebt habe, aber Deutscher, das war schwierig für mich. Das ging vielen Juden in Deutschland so. Aber irgendwann wurde mir das mit dem Visum für Österreich zu blöd. Deshalb habe ich 1984 dann doch den deutschen Pass beantragt, aber das war nicht so einfach. Ich bin zwar in Deutschland geboren, aber meine Eltern waren Polen, und so war ich polnischer Staatsbürger und brauchte eine polnische Zustimmung, dass sie mich aus dieser polnischen Staatsbürgerschaft entlassen. Das hat mich viel Zeit und viel Geld für Übersetzungen gekostet. Später habe ich erfahren, dass es auch anders gegangen wäre. Meine Eltern bekamen ihren deutschen Pass ohne polnische Zustimmung, da stand dann bloß drin, dass sie mit diesem

Pass nicht nach Polen fahren dürfen, weil die deutschen Behörden im Fall einer Festnahme nichts hätten machen können. Das war noch zu Zeiten des Eisernen Vorhangs. Die Zeiten ändern sich zum Glück.

Ich fahr öfter mal nach Föhrenwald, und ich werde jedes Mal von meinen Gefühlen übermannt. Ich geh' durch die Straßen und erinnere mich an meine Eltern, an die Nachbarn, die Freunde, an die vielen Menschen, die nicht mehr leben. Ich bin mit Föhrenwald noch lange nicht fertig. Wir sind 1957 weggezogen, weil wir mussten. Die bayerische Regierung wollte uns sogar nach Norwegen verschicken, weil die Norweger sich bereit erklärt hatten, einige Familien trotz Tuberkulose-Verdachts aufzunehmen. Aber meine Mutter hat sich geweigert, selbst als sie gedroht haben, die Sozialhilfe zu streichen und die Wohnung wegzunehmen. In Norwegen gibt's keine Juden, hat meine Mama gesagt, die Kinder werden älter, wen sollen sie einmal heiraten. Nach Norwegen geh ich nicht, nehmt mir die Sozialhilfe, nehmt mir die Wohnung, aber nach Norwegen gehe ich nicht.

Die Behörden haben nicht ernst gemacht, wir durften bis zum Ende von Föhrenwald bleiben und wären gerne länger geblieben. Wenn schon Deutschland, dann hier.«

Die Familie Ben wurde in eine Sozialwohnung in München gebracht. Als Abraham Ben Jahrzehnte später aus beruflichen Gründen nach Frankfurt umgezogen ist, hat er gleich wieder Kontakt zu anderen Föhrenwaldern aufgenommen, auch zu Boris Gerczikow, der sich als Kind Richard nannte. Richard war fünf Jahre älter als Abraham, was den Fokus der Erinnerung etwas verändert:[10]

»In Föhrenwald hatten viele ihre Radiogeräte auf *Kol Israel* eingestellt, und ich erinnere mich, dass ich immer gewartet habe, bis die Nachrichten auf Jiddisch kamen. *Kol Israel* sendete nacheinander in vielen Sprachen. Israel spielte eine große

Rolle in Föhrenwald. Man hat mitgelitten und mitgehofft, wenn dort Krieg war. Wir wussten immer Bescheid, was in Israel passierte. An israelischen Feiertagen, vor allem an den Jahrestagen der Staatsgründung am 14. Mai, hingen in der ganzen Siedlung überall die weißen Fahnen mit dem blauen Davidstern. Ich bin selbst am Unabhängigkeitstag mit anderen Kindern und Jugendlichen durch Föhrenwald marschiert und hab die Fahne geschwungen. Es gibt Bilder, da sieht man, wie stolz wir waren.

Wir wollten nach Israel. Meine Mutter hat die Einreise beantragt. Das muss schon etwas später gewesen sein, weil ich als kleines Kind Tuberkulose hatte und wir deshalb lange nicht nach Israel konnten. Aber irgendwann muss es dann doch möglich gewesen sein, jedenfalls hat meine Mutter den Antrag gestellt und auch schon Kisten mit Geschirr und Decken vorausgeschickt. Aber dann hat meine Tante aus Tel Aviv geschrieben, dass das Leben in Israel sehr hart ist und dass es dort sehr viel Sand und Staub gibt und dass der Staub schlecht für die Augen meiner Mutter sein könnte. Meine Mutter hatte immer Probleme mit den Augen und hat deshalb gezögert und sich aus Angst um ihre Sehkraft gegen Israel entschieden. Sie hat der Tante geschrieben, sie soll die Kisten abholen und auspacken und die Sachen behalten. Kurz danach hat meine Mutter einen Einreiseantrag für Amerika gestellt. Der wurde abgelehnt, wegen meiner früheren Tuberkulose. Die war zwar längst ausgeheilt, aber die Amerikaner sind in Gesundheitsfragen bekanntlich sehr übervorsichtig.

So sind wir in Deutschland geblieben. In Föhrenwald hatte ich sogar einen deutschen Freund, was ziemlich ungewöhnlich war. Die lokale Bevölkerung und die Juden sind sich zwar nicht aus dem Weg gegangen, es gab viele geschäftliche Kontakte, aber Freundschaften sind nicht entstanden. Juden blieben unter sich, und die Deutschen blieben unter sich. Das hat sich auch auf uns Kinder übertragen. Aber einmal war ich mit meiner Mutter einkaufen, vorne an den Bahnschienen. Ein ehemaliger Sprengmeister der Munitionsfabrik hatte sich nach dem Krieg im aufgelassenen Bahnhof eingerichtet. Die Familie wohnte da und hatte ein Geschäft für Haushaltswaren. Vom Laden aus sah man in den Garten, und da saß ein Junge in meinem Alter und spielte mit einem Hund und einer Schildkröte. Ich muss ziemlich große Augen gemacht haben, jedenfalls hat mich die Verkäuferin eingeladen mitzuspielen. Meine Mutter hat mich tatsächlich bei diesem Jungen zum Spielen dagelassen. So sind wir Freunde geworden, ziemlich beste Freunde. Wenn es wieder mal Reibereien zwischen den deutschen und den jüdischen Kindern gab, hat Martin mich bei seinen deutschen Freunden in Schutz genommen, und ich hab' ihn gegenüber meinen jüdischen Freunden verteidigt. Wir waren fast jeden Tag zusammen, ich bin meist gleich nach der Schule zu seiner Familie zum Essen gegangen. Sein Vater hat offen darüber geredet, dass er Nazi war, Sprengmeister und Nazi und beides aus Überzeugung. Er sagte, das war ein Fehler, damit muss er leben. Das haben auch meine Eltern akzeptiert. Die Freundschaft mit Martin hielt ein Leben lang, bis er vor ein paar Jahren gestorben ist.

Ich bin Jahrgang 1942. Ich bin einer der wenigen, die schon im Exil in Russland geboren sind. In Deutschland, in Polen, in allen Ländern, die im Krieg von den Deutschen besetzt waren, haben so gut wie keine jüdischen Kinder überlebt. In Föhrenwald war ich ein bisschen älter als die meisten Kinder, die fast alle erst nach dem Krieg geboren sind. In der Schule im Lager gab es deshalb auch nur sieben Klassen, für die achte musste ich in die Volksschule nach Wolfratshausen. Auf den zwei Kilometern zur Schule habe ich mir regelmäßig Prügel eingefangen, einfach so. Wir Judenkinder waren an der Kleidung zu erkennen. Ich hatte einen abgewetzten Trainingsanzug und war barfuß, Schuhe bekam ich erst ab Oktober. In dieser Schule hatten wir auch nette Lehrer und einen ganz schlimmen. Einmal haben ein paar Rabauken den Gummibaum am Fenster umgeworfen. In dem Moment kam dieser Lehrer herein. Er ging sofort auf mich zu und sagte, Richard, benimm dich, wir sind hier nicht in der Judenschule. Für ihn waren die Juden an allem schuld, immer noch. So war das, was sollte man auch anderes erwarten. Die meisten deutschen Lehrer waren ein paar Jahre vorher noch in der Hitler-Partei, manche, weil sie sonst ihre Arbeit verloren hätten, manche, weil sie überzeugt waren. Der war offensichtlich überzeugt. Wir sind dann zu dritt zum Direktor, zwei Mitschüler und ich, und haben uns beschwert. Am nächsten Tag hat sich der Lehrer bei mir entschuldigt. Er hat sich tatsächlich entschuldigt. Ich weiß nicht, ob er gezwungen worden war. Das war 1956, es hatte sich also schon was verändert in den elf Jahren seit dem Krieg.

Natürlich gab's auch Missverständnisse, die mit der Sprache zu tun hatten. In Föhrenwald wurde in der Schule nur deutsch gesprochen, aber wenn der Lehrer zur Tür raus war, haben alle jiddisch geredet. Wir hatten die ersten Jahre keinen einzigen Deutschen in der Klasse. Nur die Lehrerinnen und Lehrer waren deutsch, und einmal habe ich am Sonntag meinen Lieblingslehrer beim Spaziergang mit seiner Freundin gesehen, der wird so um die 30 gewesen sein. Am Montag bin ich ganz stolz zu ihm hin, Herr Lehrer, ich hab' Sie gestern mit Ihrer Schickse gesehen. Er hat mir eine geklebt, und ich wusste nicht, wieso. Schickse kommt von schick und hat im Jüdischen nicht so einen negativen Klang wie im Deutschen. Aber das habe ich erst später begriffen.

In den ersten Jahren wurde das Essen für alle in einer Gemeinschaftsküche neben der Synagoge gekocht. Das haben die Hilfsorganisationen besorgt, die DPs hatten kaum Geld, und auf dem Lehmboden zwischen den Häusern ist nichts gewachsen. Das sieht man auch auf alten Fotos, da ist kaum ein Grashalm, geschweige denn irgendetwas, das man essen könnte. Das Gemeinschaftsessen war natürlich koscher. Nach und nach haben die Leute angefangen, bei sich zu Hause zu kochen, haben Hühner gehalten und irgendwo Gemüse angepflanzt. Ich erinnere mich vor allem an den Tscholent am Freitag. Das war ein Eintopf mit Fleisch und allem, was so da war. Der große Topf wurde dann am Nachmittag nach dem Brotbacken in die Restglut im Ofen geschoben, und am Shabbat war der Tscholent immer noch schön warm und gut zu essen. Juden dürfen am Shabbat nicht arbeiten, also auch nicht kochen. Fast alle Föhrenwalder haben das so gemacht, obwohl höchstens 20 bis 25 Prozent wirklich religiös waren.

In den letzten Jahren, die wir in Föhrenwald lebten, hatten wir dann immer mehr nichtjüdische Deutsche in der Schule. Viele Juden sind ausgewandert, und in die Häuser zogen Familien aus dem Sudetenland ein. Da gab's dann schon Spannungen, auch Prügeleien zwischen den Jugendlichen. Ich hatte Glück, ich war der beste Schwimmer in Föhrenwald und bin immer am Kanal von der Brücke ins Wasser gesprungen. Das hat mir Respekt verschafft bei den gleichaltrigen Deutschen. Ich habe dann sogar eine Zeit lang bei einem Bauern im nächsten Dorf gearbeitet, und als Belohnung habe ich ein altes Fahrrad bekommen. Viele in Föhrenwald haben gesagt, wie kannst du nur zu den Deutschen gehen, wir würden das nie tun. Sie haben das nicht gesagt, weil sie Angst hatten, sondern weil man das einfach nicht machte. Aber ich mochte die Gegend, und ich kam mit den Leuten gut zurecht. Als meine Mutter beschloss, dass wir nach Frankfurt ziehen würden, habe ich geheult wie ein Schlosshund. Ich wäre gerne in Föhrenwald geblieben, und ich habe auch später immer wieder überlegt, zurückzuziehen in diese Gegend. Ich bin Deutscher geworden. Ich liebe dieses Land, das es uns nie leicht gemacht hat. Ich war immer der Judenjunge, auch später in Frankfurt, und es war nicht nett gemeint. Aber ich bin zurechtgekommen. Dieser Lehrer in Wolfratshausen hat mir übrigens einmal gesagt, du musst doch wissen, wie man sich als Jude benimmt. In der Religionsstunde hat er dann die Geschichte von Jona erzählt, der vom Walfisch verschluckt wurde und dann irgendwie wieder rauskam. Das ist typisch Juden, hat er gesagt, die schaffen das.«

Als Boris Richard Gerczikow die Geschichte mit dem Lehrer erzählte, wusste ich sofort, wen er meinte. Der Lehrer war zehn Jahre später mein Klassenleiter. Schon mein Vater saß vor ihm in der Schulbank. Damals, vor dem Krieg, da war dieser Lehrer ein strammer Parteigänger. Ich selbst habe ihn als ziemlich gewalttätig in Erinnerung. An der Schule galt er bis weit in die 70er-Jahre wegen seines unermüdlichen Einsatzes für Disziplin und Ordnung als Respektsperson und Stütze des Hauses.

Boris Gerczikow konnte das Schuljahr nicht zu Ende bringen. Seine Familie musste im Februar 1957 umziehen. Nach Jahren der Verzögerungen wollten Kirche und auch bayerische Behörden keinen Aufschub mehr zulassen. Das Schtetl wurde nun endgültig geschlossen. Andere Familien waren deshalb schon ein paar Monate früher umgezogen. Helene Berger empfängt mich in ihrer Wohnung in Düsseldorf. Sie sprudelt vor Erinnerungen. An den Abschied von Föhrenwald denkt sie mit Grauen[11]:

> »Eigentlich bin ich erst durch Föhrenwald zur Jüdin geworden. In meiner Familie war ich die einzige Jüdin. Das hört sich komisch an, aber das ist so. Mein Vater ist vor dem Krieg in München und Wien in halb-jüdischen und völlig assimilierten Verhältnissen aufgewachsen. Das war alles ein bisschen unübersichtlich, jedenfalls war mein Vater nicht beschnitten und wohl sogar evangelisch getauft. In Wien hat er sich fast nur in Kaffeehäusern rumgetrieben, er war Künstler, Lebemann und ein sehr schwieriger Mensch. Als die Nazis nach Österreich kamen, musste er wegen seiner jüdischen Wurzeln fliehen. Er war zwar als evangelisch eingetragen, aber nach den Nürnberger Gesetzen Jude. Jedenfalls ist mein Vater nach Belgrad geflohen und hat dort Zlata kennengelernt, meine spätere Mutter. Sie hat für die katholische Kirche gearbeitet und konnte ihm falsche Papiere besorgen. 1942 haben sie katholisch geheiratet und kurz darauf meine Schwester katholisch getauft. Mein jüdisch-evangelischer Vater hat also als Katholik überlebt. Als der Krieg zu Ende war, ist in Belgrad gleich wieder eine jüdi-

sche Gemeinde entstanden. Meine Mutter wurde Ehrenjüdin, weil sie einem Juden das Leben gerettet hatte. Sie war sehr stolz auf diese Auszeichnung, und als ich im Juli 1945 zur Welt kam, haben mich meine Eltern ins jüdische Geburtsregister eintragen lassen. Vater evangelisch, Mutter katholisch, meine Schwester katholisch, die ganze jugoslawische Verwandtschaft stockkatholisch, nur ich bin jüdisch. Weil meine Mutter Ehrenjüdin war.[12]

Meinem Vater ist die Familie meiner Mutter und das ganze Katholische dann zu eng geworden, und so sind wir über Bari nach Wien gereist und dort in einem DP-Camp gelandet. Irgendwann sind wir nach München in die Funkkaserne gekommen, die war damals auch ein DP-Lager. 1952 kamen wir nach Föhrenwald. Hier habe ich dann angefangen, jüdisch zu leben, das hat mich gerettet. Ich hatte bis dahin eine schreckliche Kindheit, meine Eltern haben dauernd gestritten. In Föhrenwald war für mich alles schön. Ich hatte ganz schnell ganz viele jüdische Freunde, unter denen ich mich richtig wohlgefühlt habe. Seit dieser Zeit in Föhrenwald habe ich das sichere Gefühl, dass ich zum Judentum gehöre. Ich bin nicht religiös, aber ich gehöre dazu.

In dem Haus neben uns wohnten sehr fromme Juden, die haben beim Laubhüttenfest dann immer so eine Hütte vors Haus gebaut. Das fanden wir Kinder total romantisch, ich habe das geliebt. Bei dieser frommen Familie habe ich am Shabbat das Licht an- und ausgemacht. Als Jüdin kann man eigentlich nicht Shabbes-Goya sein. Shabbes-Gojim sind Nichtjuden, die am Shabbat kleine Arbeiten für Juden erledigen, die diese selbst nicht machen dürfen. Aber in Föhrenwald ging es dann doch, ich hab's einfach gemacht, und die fromme Familie hat das gerne angenommen. Die Frau hatte eine rotblonde Perücke, das weiß ich noch ganz genau. Es gab ja viele Frauen mit Perücken in Föhrenwald. Bei den strenggläubigen Juden dürfen verheiratete Frauen keine eigenen Haare mehr auf dem Kopf haben, weil über ihrem Kopf nichts anderes sein soll als

Gott. Ich weiß, das klingt komisch, aber das hat mir ein Jude in England mal so erklärt.

In Föhrenwald konnte jeder sein, wie er wollte. Da waren die Frommen und die weniger Frommen und die, die an gar nichts mehr glaubten. Und da waren die »Mischlinge«. Es gab ja viele Nicht-Jüdinnen, die mit Juden verheiratet waren. Die nichtjüdischen Frauen haben ihr eigenes Netzwerk geknüpft, wo man sich ausgetauscht hat. Ich glaube, manche haben dann auch ihre christlichen Feiertage gefeiert, meine jugoslawische Mutter ganz sicher, auch wenn ich mich da jetzt nicht an Einzelheiten erinnern kann. Aber die war so katholisch, die hat bestimmt im Wald einen Weihnachtsbaum geholt. Wir haben sogar in der Schule Weihnachten gefeiert. Ich habe ein Foto aus dieser Zeit, wo lauter jüdische Kinder vor einer Wandtafel sitzen und stehen, und auf der Tafel steht ganz dick: »Frohe Weihnachten«. Wir hatten deutsche Lehrer, die meist sehr viel Verständnis für alles Jüdische mitbrachten. Aber in der Schule haben sie trotzdem die christlichen Feiertage gefeiert. Die konnten nicht anders.

Einmal die Woche bin ich am Nachmittag in den Hebräisch-Unterricht gegangen – zu einem sehr kleinen und sehr strengen Lehrer, der uns Hebräisch mit dem Rohrstock eingebläut hat. Ich habe da nicht sehr viel gelernt, aber das war sowieso eher für die, die nach Israel gehen wollten, und das hatte bei uns niemand vor. Mein Vater wollte irgendwann nach Amerika, aber er hat das nicht sehr konsequent betrieben, und so wurde auch nichts daraus.

Zu Hause war alles schwierig. Mein Vater war entweder auf Reisen, oder er saß am Küchentisch und hat Briefmarken und Kleeblätter gezeichnet und kein Geld verdient. Meine Mutter hat den ganzen Tag Hosen gebügelt. In Föhrenwald haben viele Männer für Schneiderwerkstätten gearbeitet und in Heimarbeit Hosen genäht. Meine Mutter hat diese Hosen gebügelt, um Geld reinzubringen. Sie trug immer eine kleine Muttergottes-Figur mit sich, die sie von Zeit zu Zeit in die

Hand nahm und anschaute und dabei wahrscheinlich betete. Drinnen war bei uns alles katholisch und draußen alles jüdisch. Ich war meistens draußen.

Wenn meine Mutter Zeit hatte, dann sind wir oft zu Fuß in umliegende Dörfer gegangen und immer in die katholischen Kirchen. Das war meiner Mutter wichtig. Ich mochte die barocken bayrischen Kirchen und Kapellen und die Messfeiern, mit Weihrauch und Orgelmusik, das war immer so feierlich. Aber in der katholischen Kirche redet nur der Priester und macht seine Sachen, und alle anderen hören und schauen still zu. Bei den Juden ist viel mehr los. Da wird geredet und geschwätzt, und alles ist lebendiger.

Ganz wichtig war unser Kino im Schtetl. Ich erinnere mich an tolle amerikanische Filme und an das Geknutsche in den hinteren Reihen. Es gab halt einige, die schon etwas älter waren, und die sind dann zum Knutschen ins Kino gegangen. Ich war damals noch zu klein dafür, und deshalb habe ich mehr von den tollen Filmen mitgekriegt. Einmal lief ein Film, in dem Elefanten in Afrika ein Dorf niedergetrampelt haben, das war schrecklich und laut, und ich hatte furchtbar Angst und muss wohl auch geschrien haben. Jedenfalls hat mir meine Schwester die Augen zugehalten und meine Freundin meine Ohren, damit ich das nicht sehen und hören musste. Wir Kinder von Föhrenwald haben uns immer gegenseitig geholfen.

1956 war dann alles vorbei. Wir sind nach Düsseldorf umgezogen, und ich habe fast alle Freunde verloren. Warum wir nach Düsseldorf sind, weiß ich nicht. Jede Familie konnte wählen, wo sie hinziehen wollte, und mein Vater hat offensichtlich Düsseldorf ausgewählt. Am Anfang haben wir in den Kellerräumen eines Hotels am Bahnhof gewohnt, da waren noch einige Föhrenwalder Freunde im selben Hotel. Aber dann wurden wir in Sozialwohnungen über die Stadt verteilt. In anderen Städten sind die Föhrenwalder Familien gemeinsam in Mietshäuser gezogen, aber die Düsseldorfer Stadtverwaltung wollte die Juden lieber über die Stadt verstreuen. Für mich war dann die schöne Zeit endgültig vorbei. Ich habe in meiner neuen Schule nie erzählt, dass ich in einem DP-Lager war. Lager hört sich für die meisten Menschen einfach nicht gut an, obwohl es sich für mich nie wie ein Lager angefühlt hat, sondern wie Heimat. Föhrenwald war das Schtetl, in dem ich die schönste Zeit meines Lebens hatte.«

In Offenbach bei Frankfurt treffe ich den langjährigen Redakteur der *Frankfurter Allgemeinen* Anton Jakob Weinberger. Wie alle früheren Föhrenwalder legt er erst einmal ein Fotoalbum auf den Tisch. Aber Weinberger geht es nicht darum, eine fröhliche Kindheit zu belegen. Er sucht in den Bildern Hinweise darauf, warum er die Zeit im DP-Lager bis heute als bedrückende Zeit im Kopf hat.[13]

»Ich habe gespaltene Erinnerungen an Föhrenwald. Wir sind im Sommer 1950 dort angekommen. Davor waren meine Eltern in zehn anderen DP-Lagern, die nach und nach geschlossen wurden. Meine Eltern wurden jedes Mal weitergereicht ins nächste DP-Camp. Das war nicht ihre Entscheidung, das haben die Behörden gemacht. In Feldafing kam ich auf die Welt, ein Jahr später sind wir wieder umgesiedelt worden, diesmal nach Föhrenwald. Da sind wir sieben Jahre geblieben, bis auch dieses Lager geschlossen wurde. Meine eigenen Erinnerungen fangen um 1952 an, da habe ich das Bild von einem Dorf im Kopf, wo jeder jeden kannte. Es waren noch etwa 1700 Bewohner dort, das war nicht wenig, aber man konnte in diesem Dorf nicht verloren gehen. Ich durfte schon als Dreijähriger allein im Ort herumlaufen, mit meinem Stoffelefanten auf Rädern. Meine Mutter hat mich immer rausgelassen, es konnte ja nichts passieren. Überall waren Kinder, und wenn ich mich verlaufen habe, fand sich immer ein Erwachsener, der mich nach Hause brachte. Föhrenwald war für uns ein großer Abenteuerspielplatz. Es gibt Fotos aus dieser

Zeit, auf denen ich als fröhliches Kind zu sehen bin, lachend, ganz offensichtlich glücklich.

Aber das ist nur die eine Seite der Erinnerung, die andere ist, dass ich in meiner Kindheit in Föhrenwald immer das Gefühl hatte, eingesperrt zu sein. Um das Lager herum war ein übermannshoher Stacheldrahtzaun, und wenn man rein oder raus wollte, dann musste man am Haupteingang an einer Schranke vorbei und sich bei den Wachen dort ausweisen. Auch als Kind musste man sagen, wie man heißt und wo man hinwill. Das hat sich in meinem Gedächtnis festgesetzt. Ich habe erst viele Jahre später begriffen, dass die Erinnerung an eine eingesperrte Kindheit mit diesem Stacheldrahtzaun und dem Schlagbaum zu tun hatte. Ich kann das bis heute in meinem Kopf nicht zusammenbringen, diese Bilder von dem glücklichen Kind und die Erinnerung an das Gefühl des Eingesperrtseins. Es war vor allem das Gefühl, ausgeschlossen zu sein von dieser Welt da draußen auf der anderen Seite des Stacheldrahtzauns.

Man kam ja mit dem Leben außerhalb des Zauns in Berührung, allein schon auf dem Sonntagsmarkt unmittelbar vor dem Lagertor. Sonntagsmarkt haben wir gesagt, die draußen haben Judenmarkt gesagt. Da kamen die Wolfratshauser und die Geretsrieder und andere und haben günstig bis billig eingekauft. Wo die Waren herkamen, weiß ich nicht. Von der Tischdecke bis zum Kinderwagen gab es alles, Besteck, Teller, Kochgeschirr, was man halt im Haushalt so braucht. Juden haben verkauft, Nichtjuden haben eingekauft, man kam zusammen. Es gab mit der Zeit ja auch viele Föhrenwalder, die in Wolfratshausen in den kleinen Läden gearbeitet haben. Mein Vater hatte eine Zeit lang sogar eine kleine Kürschnerwerkstatt in München, wo auch mein älterer Bruder gearbeitet hat. Meine Schwester ging in Wolfratshausen in die Berufsschule für Kosmetik, weil es in Föhrenwald zwar eigene Berufsschulen gab, aber eben nicht für Kosmetik.

Wir kannten die Welt draußen, aber wir waren nicht Teil

von ihr. Die meisten Bewohner von Föhrenwald empfanden den Zaun als Schutz und legten Wert auf die Abgrenzung. Viele waren in jüdischen Schtetln aufgewachsen, waren danach in Arbeitslagern und hatten ihr ganzes Leben fast ausschließlich unter Juden verbracht. Sie fühlten sich in dieser jüdischen Welt sicherer und wollten mit den Deutschen rundherum möglichst wenig zu tun haben. Für die war Föhrenwald ihre neue Heimat. In meiner Familie war das anders. Meine Mutter ist in Czernowitz unter Deutschen aufgewachsen. Czernowitz liegt in der heutigen Ukraine und war vor dem Krieg so etwas wie das Wien des Ostens, eine multiethnische Großstadt, in der Kunst und Kultur eine große Rolle spielten und viele Sprachen gesprochen wurden. Czernowitz war eine Ansammlung von Minderheiten, keine groß genug, um die anderen zu dominieren, keine so klein, dass sie hätte übergangen werden können. Meine Mutter wuchs inmitten der großen deutschen Minderheit auf, unter jüdischen und christlichen Familien, die eng zusammenlebten. Sie hatte nichts gegen Deutsche, auch später nach dem ganzen Grauen nicht. Sie sagte zu mir: Sei höflich zu alten Menschen, aber gib keinem alten Mann die Hand. Er könnte deine Großeltern ermordet haben. Trotzdem wollte sie so schnell wie möglich raus aus diesem Föhrenwald, das sie immer nur das Loch nannte. Von ihr hatte ich die Sehnsucht nach der bunten Welt da draußen. Doch auch bei ihr war Tuberkulose diagnostiziert worden, wir konnten nirgendwohin.

Die Stimmung im Lager wurde mit den Jahren nicht besser. Über allem hingen die Schatten der Konzentrationslager. Man hat ja immer wieder die KZ-Nummern gesehen, die bei vielen auf den Arm tätowiert waren. Viele schlurften tagtäglich durch die unbefestigten Straßen, waren schwerst traumatisiert und deprimiert. Es waren gebrochene Seelen, keine Spur von aufrechtem Gang. Solange das Lager von den Amerikanern und von UN-Organisationen geführt wurde, wurden diese Menschen in Ruhe gelassen. Aber als die Verwaltung Ende 1952 in deutsche Verantwortung überging, da häuften sich die Zwischenfälle. Die deutsche Polizei, die bis dahin das Lager nicht ohne ausdrückliche Erlaubnis der Militärverwaltung betreten durfte, war plötzlich präsent. Da gab es immer wieder Razzien und auch Patrouillen ohne Anlass. Die sind dann einfach mal durchs Lager gegangen, nicht um irgendwem irgendwas anzuhängen, sondern einfach um zu zeigen: Wir sind da, wir beobachten euch. Die deutsche Polizei wurde da nicht als Schutzmacht gesehen, um es mal so zu sagen.

Die deutschen Behörden haben dann auch bald angefangen, den Juden das Leben schwer zu machen. Man wollte sie loswerden, deshalb wurde die ganze Siedlung an die katholische Kirche verkauft, und die hat die Häuser kinderreichen katholischen Familien aus dem Sudentenland angeboten. Wenn ein Haus frei wurde, dann wurde es renoviert und kurz danach zog eine katholische Familie ein. Die Juden wurden in den hinteren Teil von Föhrenwald abgedrängt, vorne waren die Volksdeutschen, hinten die Juden. Die einen wurden mehr, die anderen weniger. Wir hatten Glück, wir konnten bis zum Schluss in unserer Wohnung bleiben, aber ich weiß von jüdischen Familien, die im letzten Jahr mehrfach umziehen mussten, immer ein Stück weiter nach hinten, weil ihre Wohnungen von Katholiken gekauft worden waren. Man wollte es den Juden so ungemütlich wie möglich machen, damit sie gehen. Je näher die Sudetendeutschen rückten, desto unwohler fühlten sich die Juden. Zwischen den beiden Gruppen herrschte eine eiskalte Atmosphäre, um es vorsichtig zu sagen.

Die bayerische Regierung bemühte sich mit großer Energie, die letzten 700 Juden loszuwerden. Man wollte sie auf die deutschen Großstädte verteilen. Ich habe mir im bayerischen Staatsarchiv und im Frankfurter Institut für Stadtgeschichte den Briefwechsel der bayerischen Behörden mit der Stadt Frankfurt angesehen. Das waren grobe Argumente mit unverhüllt antisemitischem Zungenschlag. Die Bayern wollten uns abschieben, die Hessen wollten uns nicht haben.

In einer Nacht- und Nebel-Aktion haben Vertreter der

katholischen Kirche dann die Hauptsynagoge ausgeräumt und in einen Kirchenraum umgewandelt. Die jüdischen Sakralgegenstände wie die Thora-Rollen und auch das ewige Licht waren verschwunden, zerstört oder auf dem Müll gelandet. Der alte Synagogendiener, auf Jiddisch Schammes, der oft auf einer Bank in der Synagoge übernachtet hat, ist in dieser Nacht wahnsinnig geworden. Im Wortsinn. Er war danach ein physisches und psychisches Wrack. Er hat nur noch gezittert und dieses Trauma nie überwunden. Er konnte nicht mehr klar reden, sondern hat beim Gehen vor sich hin gebrabbelt.

Ein paar Wochen später mussten wir ausziehen und sind nach Frankfurt in eine Sozialwohnung gebracht worden. Die Juden, die nicht freiwillig gingen, und das waren einige, wurden aus ihren Häusern hinausgetragen. Man hat sie ins Auto gesetzt und ihre Koffer und ihre Habseligkeiten neben sie gestellt. In Frankfurt hat man sie dann zum Glück alle zusammen in der Waldschmidtstraße in zwei Sozialwohnungsblocks untergebracht. Judenviertel haben die Frankfurter gesagt. Die Juden selbst haben Klein-Föhrenwald gesagt und waren froh, dass sie wenigstens nicht allein waren. Aber meine Eltern wollten so nicht leben, nicht wieder nur unter Juden bleiben. Wir sind ans andere Ende der Stadt gezogen, als Deutsche unter Deutschen. Alle paar Monate sind wir zum amerikanischen Konsulat an der Siesmayerstraße gegangen, haben uns in die Schlange gestellt und die Visumsanträge ausgefüllt. Von Onkel Hermann aus Amerika hatten wir den Affidavit, also die Bestätigung, dass er notfalls unsere Lebenshaltungskosten übernehmen würde. Und dann warteten wir auf die Ablehnungen der Anträge, die kurz danach zuverlässig eintrafen. Als ich eine Nicht-Jüdin geheiratet habe, war meine Mutter erst dagegen. Sie fürchtete, dass ich meine jüdischen Wurzeln aufgeben könnte. Aber das ist nicht passiert. Föhrenwald hat mich jüdisch sozialisiert, das sitzt tief. Ich bin in der jüdischen Gemeinde engagiert, mache Führungen durch das jüdische Frankfurt und das jüdische Offenbach. Das ist mir wichtig.«

Israel im Voralpenland?

Es hätte auch alles anders kommen können

> *» Warum mussten ausgerechnet die Juden einen neuen Staat aufbauen mit all den Schwierigkeiten? Schwierigkeiten. Gerecht wäre gewesen, die Deutschen hätten einen neuen Staat bauen müssen. «*
>
> Brigitte Bukszpan, Tochter eines Holocaust-Überlebenden

Im Herbst 1945 schien für einen kurzen Moment alles möglich. Für einen kurzen Moment der Geschichte sah es so aus, als könnte ausgerechnet in diesem judenfeindlichen Nachkriegsdeutschland so etwas wie der erste jüdische Staat entstehen – zumindest für eine Übergangszeit, möglicherweise aber auch für länger. Auf einem Landstrich in Bayern, den die Deutschen zu verlassen gehabt hätten, wären in den Kleinstädten und Dörfern einige Zehntausend Juden angesiedelt worden, mit eigener Verwaltung und eigener Wirtschaft. Der Vorschlag kam ausgerechnet von David Ben Gurion, dem jüdischen Arbeiterführer in Palästina und späteren ersten israelischen Premierminister. General Dwight D. Eisenhower, damals Militärgouverneur der US-Besatzungszone und damit faktisch regierender Chef über Bayern, Baden-Württemberg und Hessen, fand die Idee interessant und ließ sie von mehreren Abteilungen seiner Militärverwaltung prüfen. Die Prüfungen fielen insgesamt positiv aus. Die Zusammenfassung der jüdischen Überlebenden in einer Gegend hätte viele Vorteile, meinten die einzelnen Abteilungsleiter, vor allem die Versorgung und Betreuung der gesundheitlich angeschlagenen Juden wäre einfacher.[14]

Ben Gurion und Eisenhower, der sieben Jahre später Präsident der Vereinigten Staaten werden sollte, kannten die Situation der jüdischen DPs in Bayern aus eigener Anschauung. Beide hatten mehrere Lager besucht, auch Föhrenwald, und sie hatten sich darüber persönlich ausgetauscht. Eisenhower war im September 1945 in Föhrenwald, der Besuch war die Folge eines alarmierenden Berichts über die Zustände in den Auffanglagern. Der US-Militärgouverneur suchte nach Lösungen, am besten langfristigen Lösungen. Deshalb kam ihm die Idee von Ben Gurion verlockend vor.

Unmittelbar nach Kriegsende, als es erst einmal darum ging, für Millionen von befreiten Zwangsarbeitern und KZ-Häftlingen ein Dach über dem Kopf zu finden, da brachten die Alliierten die vielen Entwurzelten nach landsmannschaftlicher Zugehörigkeit unter, wohl in der Überlegung, ihnen so schnell wie möglich etwas Heimatgefühl zu geben: Polen zu Polen, Litauer zu Litauern, Kroaten zu Kroaten und so weiter. Auf diese Weise fanden sich bald litauische KZ-Überlebende mit litauischen SS-Männern und litauischen KZ-Wärtern unter einem Dach wieder, ukrainische Opfer mit ukrainischen Tätern und polnische Juden mit polnischen Antisemiten.

Nach erbitterten Klagen aus diesen Lagern über die schrecklichen Zustände schickte US-Präsident Truman den Juristen und Flüchtlingsexperten Earl G. Harrison nach Deutschland. Er sollte sich Unterbringung, Versorgung und Betreuung in den 30 größeren DP-Lagern genauer anschauen. Der Report, der im September in der *New York Times* in voller Länge veröffentlicht wurde, löste in den USA blankes Entsetzen aus. Die Behandlung der Displaced Persons durch die US-Militärverwaltung sei katastrophal, schrieb Harrison, viele, die gerade die Konzentrationslager überlebt haben, müssten nun weiter in diesen ehemaligen KZs leben. Sie verbrächten ihre Tage hinter Stacheldraht, und mangels anderer Kleidung trügen sie immer noch die gestreiften Häftlingsanzüge. Manche müssten, weil sie nichts anderes hätten, in den verhassten SS-Uniformen herumlaufen. Viele Baracken seien unbeheizt, die Ernährung sei schlecht, die Betreuung mangelhaft, was bei den über Jahre ausgemergelten und ausgehungerten Menschen zu schweren gesundheitlichen Problemen führe. Der Bericht gipfelte in einer schonungslosen Selbstanklage: »So wie die Dinge stehen, scheinen wir die Juden wie die Nazis zu behandeln, mit der Ausnahme, dass wir sie nicht umbringen. Sie sind in großer Anzahl in Konzentrationslagern untergebracht und werden statt von SS-Truppen von unseren Militärs bewacht. Man muss sich die Frage stellen, ob die Deutschen, wenn sie dies beobachten, nicht vermuten, dass wir die NS-Politik fortsetzen oder sie jedenfalls gutheißen.«[15]

Harrison hatte vor allem die *jüdischen* DPs im Blick. Sie seien in einer besonders schwierigen Situation, schrieb er; nicht nur, weil sie unter den Nazis am meisten gelitten hätten, sondern auch wegen ihrer unsicheren Zukunft. Die nichtjüdischen DPs hätten eine Heimat, in die sie in nächster Zeit zurückkehren würden. Von den Juden aber hätten viele keine Heimat mehr, die für eine Rückkehr infrage käme. Deshalb seien sie in den Lagern auch die am stärksten demoralisierte Gruppe.

Der Harrison-Bericht schlug im politischen Washington auch deshalb wie eine Bombe ein, weil man dort bis Kriegsende davon ausgegangen war, dass es in Deutschland keine Juden mehr gäbe, dass praktisch niemand den Völkermord überlebt habe. Umso größer war die Überraschung über die Nachrichten aus Deutschland, umso größer das Entsetzen, dass einige Zehntausend Juden nun in US-geführten Auffanglagern wie Gefangene festsaßen. Dass auch nur ein einziger dieser Juden in Deutschland bleiben würde, galt den Amerikanern zu diesem Zeitpunkt als völlig ausgeschlossen. Lediglich Juden, die mit Deutschen verheiratet sind, schrieb Harrison, wollten eventuell in Deutschland bleiben. Für alle anderen sei es weder vorstellbar, noch sei es ihnen zuzumuten. »In diesem Zusammenhang«, forderte Harrison deshalb ohne Umschweife, »müssen wir das Problem Palästina angehen. (...)

Für einen Teil der europäischen Juden gibt es keine andere akzeptable oder auch nur vernünftige Lösung für ihre Zukunft als Palästina.« [16]

Der Satz hatte es in sich. Denn damit hatte Harrison einen Konflikt zwischen den Siegermächten USA und Großbritannien eröffnet, der die frühen Jahre der Besatzungszeit in Deutschland schwer belasten sollte. Palästina umfasste damals in etwa das Gebiet des heutigen Israel. Doch Palästina war 1945 kein offenes Land, in dem Juden willkommen geheißen wurden. Seit dem Zusammenbruch des Osmanischen Reiches im Ersten Weltkrieg wurde das Gebiet von Großbritannien verwaltet. Zu Beginn hatte London durchaus Sympathie für den Rückkehrwunsch der Juden ins Gelobte Land. 1917, rund 1850 Jahre nach der Vertreibung durch die Römer, lebten in Palästina gerade einmal wieder etwas mehr als 60 000 Juden. Die über die ganze Welt verstreuten Diaspora-Juden versprachen sich gegenseitig jedes Jahr rituell an Jom Kippur und am Seder-Abend: »Nächstes Jahr in Jerusalem!«. Aber nach 1850 Jahren verliert so eine Formel an Überzeugungskraft. Daran änderte auch der Aufschwung der zionistischen Bewegung seit der Jahrhundertwende nicht viel. Zwar siedelten sich in diesen ersten beiden Jahrzehnten des 20. Jahrhunderts tatsächlich mehr Juden in Palästina an als in den Jahren vorher. Aber das hatte nicht nur mit dem Zionismus zu tun, sondern auch mit den antijüdischen Pogromen im russischen Zarenreich.

Die jüdische Zuwanderung war lange Zeit weit entfernt davon, die arabische Mehrheit infrage zu stellen. Als der britische Außenminister Arthur James Balfour dem prominentesten Vertreter der Zionisten in Großbritannien, Lord Rothschild, in einem Brief versicherte, dass die britische Krone den Wunsch der Juden nach einem eigenen Gebiet in Palästina nach Kräften unterstützen werde, da war das nicht viel mehr als eine wohlwollende Geste. Dieser Brief, der später als Balfour-Deklaration von 1917 in die Geschichte einging, wurde von den jüdischen Organisationen deutlich ernster genommen, als er von der britischen Regierung gemeint war. London sandte aus machtpolitischen Gründen gleichzeitig Signale an die arabische Mehrheit in Palästina, dass man auch ihren Wunsch nach einer Staatsbildung auf dem Gebiet Palästinas nach Kräften fördern werde. Palästina war nur eines von gut zwei Dutzend Gebieten, die damals als mögliche Heimstatt für Juden gehandelt wurden, darunter Gegenden in Argentinien, in Südafrika und in Asien. Schon das Wort Heimstatt[17] war ausreichend vage gewählt, sodass damit alles Mögliche gemeint sein konnte: ein Staat, ein autonomes Gebiet oder vielleicht auch nur eine Region, in der Juden in Ruhe leben könnten.

Doch die Balfour-Deklaration entfaltete eine erstaunliche Wirkung. Auf Drängen jüdischer Organisationen beauftragte der Völkerbund 1922 die britische Regierung, in Palästina eine »nationale Heimstätte für das jüdische Volk in Palästina« einzurichten. Der Kern des Völkerbundmandats stützt sich fast wörtlich auf die Balfour-Deklaration. Allerdings enthielt das Mandat den ausdrücklichen Zusatz, die Briten hätten alles zu unterlassen, »was die bürgerlichen und religiösen Rechte der bestehenden nichtjüdischen Gemeinschaften beeinträchtigen könnte«. Das Völkerbund-Mandat bedeutete also in etwa die Quadratur des Kreises, an der London dann auch 35 Jahre lang zuverlässig scheiterte.

Von 1917 bis 1939 vervielfachte sich die jüdische Bevölkerung in Palästina durch mehrere Immigrationswellen auf fast 500 000. Teile der anfangs gelassen reagierenden arabischen Mehrheit fühlten sich von diesem Zustrom nun an die Wand gedrängt. Die gewalttätigen Auseinandersetzungen häuften sich. Die britische Regierung versuchte deshalb mit zunehmender Verzweiflung, jede weitere jüdische Zuwanderung zu bremsen und in engen Grenzen zu halten. Im »MacDonald-Weißbuch« von 1939 legte London fest, dass in den folgenden fünf Jahren höchstens noch 75 000 Juden nach Palästina einreisen dürften. Danach sollten die Grenzen endgültig dichtgemacht werden. Wörtlich hieß es im Weißbuch: »Die Regierung Seiner Majestät verkündet jetzt unzweideutig, dass es nicht ihre Politik ist, aus Palästina einen jüdischen Staat werden zu lassen.«

Doch die Briten wurden von der Realität überrollt. Die Judenverfolgung in Europa verschärfte den Druck auf Palästina. Als Earl Harrison im August 1945 die Öffnung Palästinas für die Überlebenden der Shoa forderte, standen dort bereits 600 000 Juden einer inzwischen feindseligen arabischen Bevölkerung von 1,3 Millionen Muslimen, Christen und Drusen gegenüber. Während also die US-Regierung Palästina als neue Heimat für die in Deutschland gestrandeten Juden favorisierte, versuchte London panisch, Palästina abzuriegeln und jeden weiteren Zuzug zu verhindern. Der Konflikt sollte in den folgenden Jahren noch an Schärfe zunehmen, vor allem auch, weil die USA die eigenen Grenzen für jüdische Einwanderer weitgehend dichtgemacht hatten. London hatte nicht ganz zu Unrecht den Verdacht, dass Washington auf die Öffnung Palästinas pochte, um den Einwanderungsdruck auf das eigene Land zu verringern.

Doch im August 1945 ging es erst einmal um die schnelle Verbesserung der Zustände in den DP-Lagern in Deutschland. Flüchtlingskommissar Harrison forderte, die deutsche Bevölkerung härter anzufassen und stärker zur Verantwortung zu ziehen. Dahinter standen sowohl praktische als auch moralische Überlegungen. Denn für die DPs sei es besonders hart, wenn »sie aus ihren dürftig ausgestatteten und überbevölkerten Hütten sehen, wie die deutsche Zivilbevölkerung, vor allem in ländlichen Gegenden, ihr offensichtlich ganz normales Leben in ihren eigenen Häusern leben«. Und: »Die deutsche Bevölkerung ist immer noch die am besten gekleidete Bevölkerung in ganz Europa.«

US-Präsident Truman reagierte sofort und kabelte an Eisenhower, dass er schnelle Veränderungen erwarte. Die US-Militärverwaltung sollte mehr deutsche Gebäude beschlagnahmen und die Juden in speziellen, rein jüdischen Camps unterbringen. Auf keinen Fall dürften Juden länger in Konzentrationslagern bleiben müssen. Mit dieser Order im Kopf reiste der Militärgouverneur Dwight D. Eisenhower Mitte September 1945 von seinem Hauptquartier in Frankfurt am Main nach Feldafing am Starnberger See und nach Wolfratshausen. In Feldafing ließ er am Seeufer eine

Reihe von Villen akquirieren und sie den Hilfsorganisationen zur Verfügung stellen. In Föhrenwald sprach er mehrere Stunden mit den Bewohnern, bevor er für eine Reihe von DP-Camps in Süddeutschland die Umwandlung in rein jüdische Lager anordnete. In Feldafing mussten alle nichtjüdischen Bewohner innerhalb von 24 Stunden in andere Camps gebracht werden, im größeren Föhrenwald hatten sie etwas mehr Zeit.

Den Bewohnern der nunmehr rein jüdischen Lager räumte Eisenhower eine Reihe von Sonderrechten ein. Die barbarische Verfolgung habe sie zu einer ganz eigenen Gruppe mit besonderen Bedürfnissen gemacht, so die Begründung. Sie bekamen vor allem größere Lebensmittelrationen, aber auch Zugang zu begehrten US-amerikanischen Waren wie Zigaretten und Bluejeans. Die Besserstellung stachelte nicht nur den Neid der deutschen Bevölkerung auf die Juden an. Sie befeuerte auch den Konflikt mit der britischen Regierung, die Juden nicht anders behandelt sehen wollte als alle anderen verschleppten Ausländer in Deutschland. London versuchte um jeden Preis zu verhindern, dass die Juden als eigenständige und abgegrenzte Gruppe angesehen würden, als Volk ohne Land, das dann umso stärker auf ein eigenes Staatsgebiet pochen konnte. Die Briten sahen, dass die US-Militärs dabei waren, mit ihrer dezidiert pro-jüdischen Politik die Emigration nach Palästina anzukurbeln. In ihrer Verzweiflung warf die britische Regierung den Amerikanern vor, sie würden mit der Vorzugsbehandlung der Juden die nationalsozialistische Rassenpolitik fortsetzen, nur mit anderen Mitteln.

In ihrer eigenen Besatzungszone im Nordwesten Deutschlands legten die Briten großen Wert darauf, die Juden in den DP-Camps nicht anders zu versorgen als alle anderen Displaced Persons. Sie wollten sie nicht als Juden sehen, sondern registrierten sie nach ihrer Nationalität. Auch die russische und die französische Regierung räumten in ihren Besatzungszonen den Juden keinen Sonderstatus ein. Die Folge war, dass immer mehr Juden nach Süddeutschland drängten, sobald sich eine Möglichkeit dazu bot. Sie gingen zu den Amerikanern, die mehr Verständnis für ihre besondere Lage aufbrachten. Die großen und auch die kleineren Lager und Unterbringungsstätten rund um den Starnberger See quollen über.

Das war die Situation, als David Ben Gurion im Oktober 1945 aus Israel anreiste und vor allem in Süddeutschland eine Reihe von DP-Lagern besuchte. In Landsberg am Lech, wo er einen der ersten öffentlichen Auftritte hatte, wurde er von den Bewohnern als Retter gefeiert. Schon auf dem Weg zum Lager empfing ihn ein Spalier aus enthusiastischen Menschen, die Blumen schwenkten und Spruchbänder hochhielten. Die befreiten Juden hofften auf Palästina, und Ben Gurion verkörperte diese Hoffnung. Ohne diese Hoffnung, versicherten einige, hätten sie die Qualen in den Konzentrationslagern nicht durchgehalten. Nur die Aussicht auf einen jüdischen Staat in Palästina habe ihnen die Kraft gegeben, am Leben zu bleiben. Sollte daraus jetzt nichts werden, sei ihr Leben nichts mehr wert.

Doch Eretz Israel, das Land Israel, war zu diesem Zeitpunkt noch ein sehr vager Traum. Ben Gurion war überzeugt, dass dieser Traum wahr werden konnte. Aber er sah auch die Schwierigkeiten. Nicht nur, dass die Briten diesen Traum verhindern wollten. In Palästina herrschte längst offene Feindschaft zwischen der jüdischen Minderheit und der arabischen Mehrheit. Die Dörfer und Städte, in denen das Zusammenleben zwischen Juden und Arabern einigermaßen funktionierte, wurden weniger, die blutigen Zusammenstöße wurden mehr. Der wachsende Einwanderungsdruck schürte Ängste bei vielen Arabern, die nicht wussten, warum gerade sie mit ihrer Heimat für den Holocaust bezahlen sollten. Alles deutete auf einen Krieg hin, die arabischen Nachbarstaaten rüsteten sich bereits für die bewaffnete Auseinandersetzung. Es sah nicht gut aus für die Juden: Ein kleines Volk von 600 000 gegen viele Millionen Araber.

Ben Gurion brauchte zu allem entschlossene Einwanderer, auch deshalb war er nach Deutschland gekommen. Die Menschen, die er in den DP-Lagern vorfand, waren zwar zu allem bereit, aber sichtbar nicht mehr zu allem fähig. Ben Gurion suchte starke und gesunde Kämpfer. Was er im Oktober 1945 in den Lagern vorfand, waren vor allem kranke, ausgezehrte Gestalten, körperliche und psychische Wracks, denen die SS in den Konzentrationslagern alle Kraft und alle Energie aus dem Leib geprügelt hatte. Die Mehrheit dieser Menschen brauchte keinen Kampf, sondern eine umfassende Betreuung und eine Krankenversorgung, die es in Palästina schlicht und einfach noch nicht gab.

Als Ben Gurion dem US-Militärgouverneur Eisenhower deshalb vorschlug, den Deutschen ein Stück Bayern wegzunehmen und den Juden zu geben, stand dahinter vermutlich die realistische Einschätzung, dass mit den KZ-Überlebenden in Palästina kein Staat zu machen war. In Bayern konnte es erst einmal nur darum gehen, das Leben dieser Menschen hier und jetzt zu verbessern. Statt der vielfach erbärmlichen und auch noch weit verstreuten Lager inmitten dieser mörderischen Deutschen könnte ein zusammenhängendes, jüdisch bewohntes und jüdisch verwaltetes Gebiet Erleichterung bringen, so die Überlegung, eine Art jüdischer Staat oder zumindest eine jüdische Zone auf deutschem Boden. Die Dörfer und Städte in diesem Gebiet müssten eben evakuiert werden, meinte Ben Gurion, die Häuser beschlagnahmt, die Deutschen umgesiedelt.

Die Forderung war damals weit weniger ungewöhnlich, als sie sich heute anhört. Nach allen Kriegen mussten die Verlierer stets Land abgeben. Und die Deutschen hatten den Krieg nicht nur verloren; sie hatten ihn angefangen und gnadenlos geführt, sie hatten die Juden in ganz Europa verfolgt und gejagt und Millionen umgebracht. Eine territoriale Wiedergutmachung zugunsten der Juden lag durchaus in der Entschädigungslogik, wie sie nach Kriegen üblich war. Sie hätte die Deutschen zugunsten der geschundenen Juden zur Verantwortung gezogen, wie es der Harrison-Bericht gefordert hatte. So wie Deutschland nach dem Krieg Gebiete an Polen, an die Tschechoslowakei und an die Sowjetunion abtreten musste, so wäre es in dieser Logik auch gerecht gewesen, wenn dieses Deutschland ein Gebiet an die Juden hätte abtreten müssen.

Welche zeitliche Dimension Ben Gurion und Eisenhower vor Augen hatten, ist nicht bekannt, auch nicht, wo und wie groß das jüdische Gebiet sein sollte. Aber es ist zu vermuten, dass die Juden dort angesiedelt werden sollten, wo sie mehrheitlich bereits waren, also rund um den Starnberger und den Ammersee. In Eisenhowers Militärverwaltung ging man von einer zeitlich begrenzten Evakuierung und Nutzung der Städte und Dörfer aus. Den amerikanischen Dienststellen ging es um praktische Erleichterungen für die Betreuung der Holocaust-Überlebenden und um ein Ende des harten Lagerlebens. Die Zusammenführung der Juden auf einem solchen einheitlichen Siedlungsraum würde die Versorgung mit Lebensmitteln einfacher machen, hieß es in einer der Stellungnahmen. Außerdem könnte ein solches zusammenhängendes Gebiet die Entstehung eines jüdischen Gemeinschaftslebens fördern und den geschundenen Menschen helfen, ihren Lebensmut und Lebenswillen wieder zu finden.[18]

Die Überlegungen sickerten schnell durch und wurden in Föhrenwald und in den anderen DP-Lagern ausführlich und leidenschaftlich diskutiert. Nur dass man hier nicht von einer Übergangslösung ausging. Schließlich wussten alle Juden von den erheblichen Widerständen gegen eine jüdische Staatsgründung in Palästina. Jeder hatte Geschichten von Verwandten oder Bekannten im Kopf, denen die Einreise ins gelobte Land von den Briten verweigert worden war. Deshalb dachten viele, dass es bei Ben Gurion und Eisenhower nicht um ein zeitlich befristetes jüdisches Wohngebiet, sondern um Alternativen zum erhofften Staat Israel ginge. Laut einem Geheimbericht des Office of the Political Adviser hätten viele Lagerbewohner geglaubt, »dass in Bayern ein jüdischer Staat gegründet würde, sollte dies in Palästina nicht möglich sein«.[19]

Gerüchte schwirrten herum, wie dieser Staat oder diese Verwaltungsregion ausgestaltet werden sollte. Sollten sie wirklich hier, im Land der Täter, bleiben? Auf alle Ewigkeit umgeben von den Mördern ihrer Verwandten? Und Oberbayern war jetzt auch nicht gerade das gelobte Land. Jerusalem, Jordan, Jericho und See

Genezareth – die Rückkehr nach Palästina war ja keine Zufallsidee. Es ging um die Heimkehr nach Eretz Israel. Andererseits, die Häuser, die Dörfer, die Städte waren in Bayern schon da, sie mussten nicht erst gebaut werden wie in Palästina, der Boden musste nicht erst urbar gemacht werden, es mussten keine Sümpfe trockengelegt und keine Wälder aufgeforstet werden. Wäre es nicht geradezu fair, dass sie, die Juden, denen von den Deutschen alles genommen worden war, dass sie auf diese Art und Weise entschädigt würden? Warum sollten ausgerechnet sie jetzt wieder umziehen und in einem fernen Land bei null anfangen? Das könne doch, nach allem, was passiert war, den Deutschen zugemutet werden.

Hätte Eisenhower den Plan weiterverfolgt, wäre es sehr wahrscheinlich zu einem jahrzehntelangen Provisorium gekommen, womöglich zu einem Provisorium für immer, wie das bei politischen Übergangslösungen sehr oft passiert. Komfortable Übergangslösungen nehmen den Druck aus dem Kessel. Die Sehnsucht vieler Juden nach Palästina wäre zwar nicht erloschen, aber es wäre nicht mehr so eilig gewesen. »Nächstes Jahr in Jerusalem« wäre wieder irgendwann gewesen, nicht jetzt, nicht morgen, irgendwann halt. Vor allem aber hätten die USA keinen Grund mehr gehabt, die Briten zu einer raschen Öffnung Palästinas zu drängen. Die Probleme, die Harrison in seinem Report angeprangert hatte, wären nicht mehr akut gewesen, und auch die Warteschlangen vor den US-Konsulaten in Deutschland wären kürzer geworden. Denn die meisten Juden wollten entweder nach Palästina oder in die USA emigrieren. Die USA stemmten sich gegen die jüdische Einwanderung und ließen jährlich nur einige Tausend Juden ins Land. Je weniger nach Palästina konnten, desto mehr wollten in die USA. Auch darum ging es beim Streit mit den Briten. Ein Stück Israel in Deutschland hätte vieles erleichtert.

Meine Familie wäre von der Evakuierung betroffen gewesen. Vielleicht wäre ich in einem Flüchtlingslager aufgewachsen, zwischen Erwachsenen, die sich von der Weltgemeinschaft verraten gefühlt hätten. So wie sich die Schlesier, die Sudetendeutschen, die Ostpreußen verraten gefühlt haben, als sie von russischen, tschechoslowakischen und polnischen Behörden vertrieben wurden und dann erleben mussten, wie sich die deutschen Regierungen über die Jahre schrittweise mit dem Gebietsverlust abfanden. Die Normalisierung der Beziehungen zu den Nachbarländern war irgendwann wichtiger als das Heimweh der Vertriebenen. Und so wäre vermutlich auch der jüdische Staat oder die jüdische Region in Bayern irgendwann akzeptiert worden, eingebettet in die Europäische Union. So wie es längst akzeptiert ist, dass die ehemaligen deutschen Ostgebiete nicht mehr zu Deutschland gehören. Die wenigen, die damit nach wie vor Schwierigkeiten haben, werden immer weniger.

Doch dazu kam es nicht. Israel in Bayern fand nicht statt. Dass Eisenhower den Plan fallen ließ und nicht weiterverfolgte, hatte womöglich mit einer Fehleinschätzung zu tun. Die Zahl der jüdischen Holocaust-Überlebenden in Deutschland nahm in diesem Herbst 1945 kontinuierlich ab. Noch immer starben viele an Auszehrung, anderen gelang mithilfe von Verwandten die Ausreise nach Nord- und Südamerika, nach Südafrika und nach Australien. Juden, die mit nichtjüdischen Deutschen verheiratet waren, suchten und fanden oft ihren Platz in den Großstädten Berlin, München, Köln oder Frankfurt, wo sie vor dem Krieg gelebt hatten. Das Problem schien sich langsam von selbst aufzulösen.

Doch es löste sich nicht auf, im Gegenteil. Denn um den Winteranfang 1945 herum tauchten plötzlich neue Juden auf, die versorgt werden mussten. Sie redeten polnisch, litauisch, rumänisch, ungarisch und verständigten sich untereinander auf Jiddisch. Die Alliierten und die Hilfsorganisationen sprachen von »Infiltrees«, von Juden, die nach Deutschland einsickerten und bei den Auffangstellen und DP-Lagern vorstellig wurden. Es waren diejenigen Juden, die im Osten Europas überlebt hatten, teils in den Wäldern, größtenteils aber im Exil in der Sowjetunion. Nach der Befreiung ihrer Heimat durch die Rote Armee waren sie dorthin zurückgekehrt und hatten festgestellt, dass sie dort nicht mehr leben konnten.

Als David Ben Gurion im Januar 1946 zum zweiten Mal aus Palästina nach Bayern reiste, zum ersten Kongress der befreiten Juden in München, fand er in den DP-Lagern bereits eine andere jüdische Bevölkerung vor. Innerhalb von drei Monaten hatte sich die Zahl der Bewohner fast verdoppelt. Die neu Angekommenen waren jünger, kräftiger, gesünder als die KZ-Überlebenden. Sie kamen als Familien, und sie brachten Kinder mit. Jüdische Kinder hatte es in Deutschland seit 1942 kaum noch gegeben. Der US-amerikanische Armee-Rabbiner Abraham Klausner hatte unmittelbar nach dem Krieg berichtet, dass er in ganz Bayern nur ein einziges jüdisches Kind gesehen habe, einen sechsjährigen Jungen, der in einem Versteck überlebt hatte. Alle anderen waren von den Nationalsozialisten umgebracht worden.[20] Doch jetzt waren auf einmal wieder Kinder da.

Und es sollten noch mehr werden, viel mehr. Fast 200 000 osteuropäische Juden drängten in den zwei Jahren nach dem Krieg nach Deutschland, vor allem in die US-Besatzungszone. Sie füllten die DP-Lager und veränderten sie. Föhrenwald wurde in kurzer Zeit von einem Auffanglager für zerstörte Leben zu einem blühenden jüdischen Zentrum. Die Neuankömmlinge brachten Energie mit, Schwung, Gier nach Leben. Sie organisierten Konzerte, Theater und Sportveranstaltungen, sie eröffneten kleine Läden und Werkstätten. Föhrenwald wurde zum Schtetl, in dem sich fast alles um Religion, Tradition und Kultur drehte.

Hätte Eisenhower im Herbst 1945 die jüdische Zone in Bayern geschaffen, wäre sie jetzt wohl mit viel Leben gefüllt worden. Nie zuvor gab es so viele Juden in Bayern wie im Frühjahr 1947, zwei Jahre nach dem Ende der Judenvernichtung. Als Ben Gurion und Eisenhower über ein jüdisches Gebiet nachgedacht hatten, war es um weniger als 25 000 Juden gegangen, die versorgt werden mussten, jetzt waren es fast zehnmal so viele. Man hätte das Gebiet erweitern und mehrere Landkreise evakuieren müssen.

Doch statt einer jüdischen Region in Bayern gab es nur kleine jüdische Inseln wie Föhrenwald, in denen Jüdinnen und Juden immer enger zusammenrücken mussten. Dem kulturellen Aufbruch folgte die Enge in den Lagern, das zusammengepresste Elend, die Ausweglosigkeit. Die immer lauter werdenden jüdischen Proteste und das weltweite mediale Echo darauf erhöhten den Druck auf die Besatzungsmächte, den Weg nach Palästina frei zu machen, den Weg nach Eretz Israel.

Der Rabbi und der Zionist

Wie Föhrenwald vom chassidischen Zentrum zum Sprungbrett nach Israel wurde

»Wenn ich an die bitteren Kämpfe zurückdenke, die wir Zionisten in Föhrenwald gegen den Rabbi und seine Jünger ausgefochten haben, und wenn ich sehe, was er später in Israel aufgebaut hat, dann neige ich mein Haupt vor ihm.«

Gedalyahu Lachman, ehemals Vorsitzender des Selbstverwaltungskomitees in Föhrenwald

An einem Freitagnachmittag im Dezember 1945 sah Miriam Warburg bei einem Spaziergang in den winterlichen Isarauen eine Gruppe nackter Männer im Fluss stehen. Blasse, hagere Gestalten mit langen Bärten, die feierlich im frostkalten Isarwasser untertauchten. Miriam Warburg ahnte, was das zu bedeuten hatte. Sie arbeitete für die jüdisch-amerikanische Hilfsorganisation Joint, die sich in Föhrenwald um die finanzielle Unterstützung der vielen mittellosen Juden kümmerte. Unter den Badenden entdeckte sie auch den Oberrabbiner Yekusiel Yehuda Halberstam, der schon seit Wochen den Bau einer Mikwe in Föhrenwald anregte, den Bau eines jüdischen Ritualbades. Aber die Verantwortlichen zögerten, und so führte Halberstam seine Jünger und seine Schüler nun offensichtlich zur Vorbereitung auf den Shabbat in die Isar.[21]

Die Szene sprach sich in der Lagerverwaltung schnell herum. Die britisch-kanadische Leiterin Jean Henshaw von der UNRRA beeilte sich daraufhin, die Mikwe in Auftrag zu geben, schon aus Angst um die Gesundheit der aktuellen und künftigen Rabbiner. Die Isar ist an dieser Stelle im Winter ein unberechenbarer und vor allem eisiger Gebirgsfluss, und die Widerstandskräfte von Rabbi Halberstam und einigen seiner Jünger waren nach den Jahren in den Konzentrationslagern ziemlich angeschlagen. Yekusiel Halberstam war zu diesem Zeitpunkt bereits eine Autorität im Lager Föhrenwald. Der Rebbe von Klausenburg, wie er ehrfürchtig genannt wurde, entstammte einer bedeutenden chassidischen Rabbiner-Dynastie aus Sanz, heute Novi Sanz in Südpolen. Sein Charisma verhalf dem eher schmächtigen Mann mit den dunklen, durchdringenden Augen zu einer hervorgehobenen Stellung.

Die Nationalsozialisten hatten seine Frau und zehn seiner elf Kinder ermordet. Sein ältester Sohn überlebte Krieg und Holocaust, starb aber kurz danach in einem DP-Lager an Auszehrung. Halberstam selbst hatte Auschwitz durchlitten, er hatte mehrere Todesmarsch-Etappen von Polen bis Dachau überstanden und nach der zermürbenden Zwangsarbeit in der unterirdischen Flugzeugfabrik in Mühldorf auch noch einen Bombenangriff auf einen Häftlingstransport überlebt. Je schlimmer die Ereignisse, desto gottgläubiger wurde der Rabbi. »Waren wir sündig?«, fragte er in einer seiner Predigten, »waren wir treulos? Haben wir uns, Gott behüte, von ihm abgewandt und ihm mangelnde Loyalität bewiesen?« Wie unter ultraorthodoxen Chassiden üblich, sah er in der Judenvernichtung den Beweis, dass die Juden nicht gottesfürchtig genug gewesen seien, dass sie sich noch mehr anstrengen, noch frommer leben müssten, um vor Gott zu bestehen. Dass er trotz der vielen persönlichen Schicksalsschläge ungebrochen geblieben war und immer noch genügend Energie hatte, anderen zu helfen, sie zu trösten, sie aufzumuntern, das brachte ihm die Anerkennung und Bewunderung auch derjenigen Juden ein, die mit seiner mystischen und strengen Glaubensauslegung nichts anfangen konnten.

Als er nach der Befreiung von den Amerikanern ins DP-Lager Feldafing am Starnberger See gebracht wurde, begann er sofort, dort eine chassidische Gemeinde aufzubauen, und als im September 1945 General Eisenhower nach Feldafing kam, da war nach kurzer Diskussion unter den Meinungsführern im Lager schnell klar, dass Rabbi Halberstam die Empfangsrede halten würde. Die weniger bis gar nicht religiösen Juden waren davon zwar nicht begeistert, aber sie beugten sich seinem Charisma. Sie stellten allerdings eine Bedingung: Halberstam sollte nur über die Zukunft reden, über die Zustände im Lager, über die hohen Hürden bei der Ausreise, über die Hoffnungen auf Palästina. Über die Vergangenheit sollte er nicht reden. Der amerikanische General sollte wissen, dass die Juden nicht jammern, sondern nach vorne schauen.

Halberstam redete dann fast nur über die Vergangenheit, und er machte der US-Regierung schwere Vorwürfe. Die Judenvernichtung sei nur möglich gewesen, sagte er mit ruhiger Stimme in Richtung Eisenhower, weil die Alliierten trotz eindeutiger Hinweise auf den Massenmord an den Juden nicht eingegriffen hätten: »Die Amerikaner und auch England teilen die Schuld mit Hitler. Denn die Amerikaner wussten seit mindestens ein paar Jahren Bescheid. Sie hatten die Möglichkeit, die Eisenbahnlinien nach Auschwitz zu bombardieren. Und sie hatten auch die Möglichkeit, die Orte zu bombardieren, an denen das alles geschah. Eine Million Juden hätte gerettet werden können.«[22]

Um diesen Auftritt Halberstams in Feldafing rankt sich ein ganzer Strauß von Geschichten und Mythen, so wie sich um das ganze Leben von Halberstam unzählige Anekdoten und Legenden gewickelt haben, deren Kern heute nicht mehr zu überprüfen ist. Eisenhower soll bei der Rede des Rabbiners geweint haben, er soll schwer beeindruckt gewesen sein von diesem gerade einmal 40-jährigen Rabbiner. Und er soll ihm nachher gesagt haben, er, der Rabbi, habe einen Wunsch frei. Der Rabbi habe sich dann in seiner Bescheidenheit lediglich die vier Zutaten gewünscht, die er für die Zeremonie des anstehenden Laubhüttenfestes brauchte, und von denen drei im Nachkriegs-Deutschland schwer zu bekommen waren: Eine Etrogzitrone, ein Palmwedel, ein Myrtenzweig, die dann zusammen mit einem Weidenzweig zu einem Strauß gebunden und beim Sukkot-Gottesdienst geschwungen werden.

Vermutlich hat Eisenhower, der nicht unbedingt für blumige Dialoge bekannt war, einfach gefragt, ob er etwas für ihn tun könne. Vermutlich hat er andere Wünsche erwartet, doch die musste Halberstam gar nicht erst vorbringen. Denn die Leitung des Lagers bemühte sich ohnehin, ihm jede Unterstützung zukommen zu lassen. Halberstam wurde in der Folge einer der wichtigsten Ansprechpartner für Eisenhower und seinen Stab und war bald als Oberrabbiner zuständig für die religiösen Gemeinden in allen DP-Camps der amerikanischen Besatzungszone.

Wenige Wochen nach dieser ersten Begegnung mit General Eisenhower siedelte Halberstam mit rund 150 Anhängern von Feldafing nach Föhrenwald über, wo er auf die Unterstützung der UNRRA-Lagerleiterin Jean Henshaw bauen konnte. Henshaw war mindestens so beeindruckt wie Eisenhower, vor allem, wie Mitarbeiter später erzählten, war sie stolz darauf, dass sie es mit einem so berühmten Rabbiner zu tun haben durfte. Sie versuchte ihm jeden Wunsch von seinen Augen abzulesen.

Das Lager Föhrenwald war deutlich größer als Feldafing, bot dem Rabbiner deshalb mehr Möglichkeiten für seine Pläne. Damit er ungestört arbeiten konnte, stellte ihm Henshaw trotz der dramatischen Platznot im Lager eine eigene Wohnung, nur für ihn allein, zur Verfügung und ernannte in Abstimmung mit den US-Militärs einen Halberstam-Vertrauten zum Vorsitzenden des Lagerkomitees. Das Komitee regelte die Selbstverwaltung des DP-Lagers, baute eine eigene jüdische Polizei auf und eine selbstständige Feuerwehr und nahm auch sonst großen Einfluss auf die Gestaltung des Zusammenlebens im Camp. Rabbi Halberstam war nun so etwas wie die graue Eminenz der jüdischen Selbstverwaltung. Er war der eigentliche Chef des Lagers, wie ein Kritiker später monierte.

In wenigen Wochen gründete Halberstam in Föhrenwald eine streng religiöse Thora-Schule für Jungen und eine für Mädchen, eine Rabbiner-Hochschule und eine Fortbildungseinrichtung für Rabbiner. Er kümmerte sich um die Hauptsynagoge und sorgte dafür, dass in der Gemeinschaftsküche daneben nur koscher gekocht wurde. Alle diese selbstgestellten Aufgaben erledigte er mit großer Liebe zum Detail. Für die Rabbiner-Schule etwa entwarf er einen eigenen Briefkopf, »Shearit Hapletah« stand da ganz oben in Hebräisch, der Rest der Geretteten, und: »University for Rabbis, Accompagnied under cor of S.L. Halberstam, Chief Rabbi of the US-Zone, Föhrenwald near Wolfratshausen«.

Der Kreis seiner Jünger wuchs schnell auf 250 Männer und Jungen. Die von Halberstam gegründete und auch von ihm geführte ultraorthodoxe Gemeinschaft »Vaad Shearit Hapletah« erstreckte sich bald auf alle DP-Lager in der amerikanischen Besatzungszone und betrieb gut zwei Dutzend streng religiöse Schulen und Ausbildungsstätten. In kurzer Zeit hatte Halberstam Föhrenwald zum Zentrum einer chassidischen Bewegung gemacht, die auf alle jüdischen Displaced-Persons-Lager im gesamten Süden Deutschlands ausstrahlte.

Im Frühjahr 1946 reiste Rabbi Halberstam dann zum Spendensammeln in die USA und brachte nach nur wenigen Wochen rund 100 000 Dollar für seine chassidische Gemeinde mit. Kurz danach kam in Bremen ein Schiff an und brachte zusätzliche Verpflegung für Halberstam und seine Anhänger. Vielleicht waren es genau diese Zusatzrationen, mit denen die Erosion von Rabbi Halberstams nahezu unbeschränkter Autorität in Föhrenwald begann. Denn der neue Direktor des Lagers Föhrenwald, Henry Cohen, hatte nun ein Problem. Cohen hatte im Januar 1946 die Halberstam-Verehrerin Jean Henshaw abgelöst und versuchte, möglichst allen Bewohnern gerecht zu werden. Konnte er zulassen, dass diese Essens-Spenden aus Amerika nur den Anhängern Halberstams zugutekämen? Das würde nicht nur Neid und Missgunst entstehen lassen und unter den Ausgehungerten im Lager Unruhe verbreiten. Cohens Vorgesetzte in der Militärverwaltung waren zudem strikt gegen solche Sonderrationen, weil sie fürchteten, die Juden würden damit den Schwarzmarkt versorgen.

Cohen war selbst amerikanischer Jude, hatte deutlich mehr Verständnis für die Eigenheiten der unterschiedlichen Lagergemeinden als seine britisch-kanadische Vorgängerin und war auch weniger beeindruckt von Rabbi Halberstam. Aber er war damals gerade einmal 23 Jahre alt, ein Soldat ohne jede Verwaltungserfahrung, wie er selbst einräumte. Nun wurde ihm große Verantwortung zugewiesen, wie das in solchen Umbruchzeiten oft vorkommt. Diesem unerfahrenen jungen Mann stand nun mit Rabbi Halberstam die ganze gewachsene Autorität eines berühmten religiösen Führers gegenüber. Und der dachte nicht daran, seine Spenden mit Leuten zu teilen, die nicht zu seiner Gemeinde gehörten. »Die Sachen gehören mir«, sprach der Rabbi und verstand das ganze Problem gar nicht.

Henri Cohen hat diese Geschichte genau 50 Jahre später bei einer Rede zum Holocaust-Gedenktag in der Conservative Synagogue of the Fifth Avenue in New York erzählt.[23] Was ihn im Rückblick am meisten beschäftigte, war der unterschwellige Antisemitismus, der damals auch bei den US-Militärs weitverbreitet gewesen sei. Die reflexhafte Vermutung, dass Juden zusätzliche Essenspakete sofort auf dem Schwarzmarkt weiterverkaufen würden, sei nur ein kleiner Teil der antijüdischen Klischees, die in der US-Armee kursierten, erinnerte sich Cohen. Er zitierte aus einem Dokument der 9. Infanterie Division der US-Streitkräfte vom 22. April 1946, in dem jüdische Lagerbewohner pauschal beschuldigt wurden, nur Schwierigkeiten zu machen, sich jeder Zusammenarbeit mit den Behörden zu verweigern und generell der Arbeit aus dem Weg zu gehen. »Das waren amerikanische Offiziere, die das geschrieben haben«, wetterte Cohen 50 Jahre später. Er selbst habe die Juden in Föhrenwald ganz anders erlebt: »Die Pein des Überlebens war in das Gesicht jedes Einzelnen geätzt: Die bleibend schmerzhaften Erinnerungen an ihre ermordeten Verwandten und Freunde; die schrecklichen Erinnerungen an die eigenen Überlebens-Erfahrungen; der Anblick der schweigenden und ernsten Kinder. Dieses Camp zu führen war oft unmöglich schwer.«

Henry Cohen leitete in Föhrenwald ein internationales UNRRA-Team aus knapp 25 Sozialarbeitern aus Frankreich, den Niederlanden, Norwegen, Australien und den USA. Dazu kamen noch fünf Abgesandte der Jewish Agency for Palestine, die der World Zionist Congress schickte. Eine kleine Gruppe also, zuständig für die Versorgung und Verwaltung von zwischenzeitlich fast 6000 ausgemergelten Menschen, 3000 mehr, als das Lager eigentlich fasste. »In manchen Räumen schliefen mehr als 25 Leute. Alles war vollgestellt mit Stockbetten, in jeder Koje zwei Leute.«

Natürlich habe es einen Schwarzhandel für Lebensmittel gegeben, so Cohen, »angesichts der Qualität der Speisen, die wir ihnen servierten, wäre es eine Überraschung gewesen, wenn die Menschen nicht versucht hätten, ihren Speiseplan aufzubessern.« Das von der Armee gelieferte Essen hätte ausschließlich aus Dosenfleisch und Trockengemüse bestanden, nichts Frisches, kein Fisch, keine Eier, keine Milch und keine Butter. Anders als die lokalen US-Militärs glaubten, sei es bei den Schwarzgeschäften in diesen ersten Jahren deshalb auch nicht darum gegangen, Speisen aus Armee-Quellen gewinnbringend zu verhökern, sondern im Gegenteil darum, von den umliegenden Bauern Tiere zuzukaufen und manchmal auch nachts von den Weiden zu stehlen. Im Grunde seien damals nur sehr wenige Lagerbewohner in diese Schwarzmarktaktivitäten verwickelt gewesen. Eine kleine Gruppe, meilenweit entfernt von den weit überzogenen Vorstellungen der US-Soldaten, die geradezu »besessen waren von diesem Schwarzmarkt und der vermuteten riesigen Zahl der Beteiligten«.

Doch um das schwierige Verhältnis der UNRRA-Leitung mit der amerikanischen Ordnungsmacht nicht unnötig zu belasten, versuchte Lagerdirektor Cohen vor allem die Schwarzschlachterei in Grenzen zu halten. Ein paarmal im Monat sei er um vier Uhr morgens aufgestanden, habe ohne Vorankündigung die jüdische Lagerpolizei abgeholt und sei mit ihr durch Föhrenwald gefahren. Wenn sie um diese Zeit irgendwo im Erdgeschoss Licht sahen, dann hieß das in der Regel, dass dort schwarz geschlachtet wurde, meist Tiere, die in der Nacht von einem Bauernhof geholt worden waren. »Ich ging dann mit der Lagerpolizei hinein und konfiszierte das Fleisch. Der Metzger kam in die Arrestzelle«, erzählte Cohen in der Synagoge der Fifth Avenue, und er schilderte auch, was passiert wäre, wenn er nicht aufgetaucht wäre: »Dann wäre morgens die Nachricht durch das Camp gegangen, dass es an der und der Adresse frisches Fleisch zu kaufen gebe. Die Menschen wären dorthin gegangen und hätten gekauft, was sie sich leisten konnten.«

Keine allzu große Sache also, meinte Cohen rückblickend. Doch die US-Armee sei »in dieser Frage übermäßig paranoid« gewesen. Sie habe große Angst gehabt, die Juden würden mit Schwarzmarktgeschäften der deutschen Wirtschaft Schaden zufügen und die Vorbehalte in der deutschen Bevölkerung gegen die Auffanglager verstärken.

Aus dieser Angst heraus hat die amerikanische Armeeführung auch die Carepakete für Rabbi Halberstam zurückgehalten. »In Wahrheit gehörten sie ihm und seiner Gemeinde«, resümierte Cohen, »seine Unterstützer haben sie ihm gespendet, nicht mir.« Der schließlich gefundene Kompromiss – ein beträchtlicher Teil der Lebensmittel ging an den Rabbi und seine chassidische Gemeinde, der Rest wurde unter den übrigen Lagerbewohnern verteilt – stellte niemanden zufrieden und dürfte die Autorität von Halberstam stark angekratzt haben. Er war damals unbestritten die wichtigste jüdische Autorität im Lager und kontrollierte die jüdische Selbstverwaltung von Föhrenwald. In Auftreten und Anspruch war er also für alle jüdischen Displaced Persons zuständig. Im Streit um die Essensrationen aber kämpfte er nur für seine Gemeinde – gegen die Mehrheit im Lager.

In dieser Situation trat mit Gedalyahu Lachman ein anderer charismatischer Anführer in Föhrenwald auf die Bühne. Gustav Lachman, wie er sich in Deutschland nannte, hatte klare politische Vorstellungen von der Zukunft des Judentums von Föhrenwald, die sich deutlich von denen Halberstams unterschieden. Lachman war am 19. November 1945 mit einer jungen Frau und achtzig jüdischen Waisenkindern aus Polen angekommen. Sein Ziel: so viele Juden und vor allem so viele junge Juden wie möglich nach Palästina zu bringen. Lachman verstand sich als Zionist mit konkretem Auftrag. Die Religion war ihm nicht wichtig, ihm ging es um eine jüdische Nation, die es in Palästina zu gründen galt. Es ging ihm um Eretz Israel, das Land Israel, in dem Juden als Juden leben konnten, ohne die beständige Angst, von Zeit zu Zeit umgebracht zu werden.

Der 33-jährige polnische Jude aus dem ostgalizischen Dorf Skala Podolska war ein beeindruckender Mann, gebildet und sprachgewandt. Neben den Umgangssprachen seiner oberschlesischen Verwandtschaft, polnisch, ukrainisch, litauisch, jiddisch, deutsch, sprach er auch ein gepflegtes Englisch und hatte sich selbst Grundkenntnisse in Hebräisch beigebracht. Er hatte in Krakau Jura studiert und einen beachtlichen gesellschaftlichen Aufstieg hingelegt. Um dann Tag für Tag zu erfahren, dass er trotz aller Anerkennung immer vor einer Wand aus antijüdischen Vorurteilen stehen würde, vor dieser Wand, die zwischen den emanzipierten Juden und der polnischen Mehrheitsgesellschaft bestehen blieb und die manchmal niedrig und manchmal unüberwindbar hoch war.

Judentum, das war für Gedalyahu Lachman keine Frage der Religion, sondern der gemeinsamen Abstammung, der Tradition, der kollektiven Erfahrungen und auch der Ängste, die sich über die Jahrhunderte im kollektiven Gedächtnis eingebrannt haben. Seit ihm in der Schule die Schriften von Theodor Herzl in die Hände gefallen waren, wusste er, dass er nicht allein war mit diesem Gefühl. Er ahnte, dass der Antisemitismus nie ganz verschwinden würde. Herzls Idee von einem Judenstaat schien ihm schon damals die einzig realistische Lösung.

Bereits im Gymnasium hatte er Mitschüler gesucht, die das ähnlich empfanden, und mit ihnen eine zionistische Schülerbewegung gegründet. Gemeinsam hatten sie diskutiert, wie dieser Judenstaat aussehen müsste, der in Palästina entstehen sollte. Denn dass dieser Staat in Palästina sein müsste, das war für sie keine Frage. Ein sozialistisches Israel schwebte ihnen vor, aber nicht von oben regiert mit Zwang und Strafkolonien für Abweichler wie in der Sowjetunion. Ein Sozialismus von unten sollte es werden, in überschaubaren Gemeinschaften, in denen alles allen gehören und jeder für jeden da sein solle. Es war die Zeit, als immer wieder einzelne Juden oder ganze Gruppen nach Palästina auswanderten. In den Briefen, die sie den Daheimgebliebenen schickten, schilderten sie dann oft das aufregende Leben im Kibbuz. In diesen Kibbuzim lebten fast ausschließlich junge Menschen, sie lebten in der Wüste oder in irgendwelchen Bergtälern in Zelten und manchmal auch in selbst zusammengezimmerten Hütten. Die Arbeit war hart, weil sie den Boden erst von Steinbrocken befreien, dann für Bewässerung sorgen, pflügen, säen und aufpassen mussten, dass keine wilden Tiere alles wieder zunichtemachten. Aber sie waren frei, ohne Bevormundung, ohne äußere Pflichten, nur sich selbst und den Genossen verantwortlich. Sie lebten anarchisch, diskutierten, machten Musik, tanzten bis in die Nacht. So jedenfalls stand es in den Berichten, die Lachman und seine Freunde damals in den 30er-Jahren verschlangen und in denen sie aufgefordert wurden, nachzukommen nach Eretz Israel.

Welch ein Kontrast zur Lebenswelt der jüdischen Schüler in den polnischen Schtetln, wo alte Männer über alles bestimmten und Vorschriften über Vorschriften machten und alles immer mit Thora und Talmud begründeten. Was will man da sagen, wenn jeder Widerspruch gleich als Widerstand gegen Gott ausgelegt und damit unterbunden wird? Umso attraktiver erschien den Schülern das Leben unter Gleichaltrigen, ohne die Gängelei der Alten und ohne einen Gott, der offensichtlich nur aus Vorschriften und Verboten bestand. Im Zionismus sahen sie nicht nur die Befreiung vom europäischen Antisemitismus, sondern auch von der patriarchalen Schtetl-Kultur, die sie einengte und die immer nur nach hinten schaute. Zionismus, das war der hoffnungsvolle Blick nach vorne, in eine bessere und vor allem freiere Zukunft.

Als Gedalyahu Lachman Mitte der 30er-Jahre zum Studium nach Krakau ging, sammelte er auch dort Freunde und Kommilitonen um sich, die seine Sehnsucht nach Eretz Israel teilten, die Sehnsucht nach einem jüdischen Staat im Land der Vorväter. Doch inzwischen kamen von dort auch weniger schöne Zwischentöne. Erzählungen von Auseinandersetzungen der Kibbuzim mit den arabischen Nachbardörfern machten die Runde. Von arabischen Dörfern war früher nicht die Rede gewesen. War Palästina nicht ein weitgehend unbewohntes Land mit viel Platz, den es nur noch bewohnbar zu machen galt?

Viel beunruhigender aber waren die Nachrichten, die aus Österreich und Deutschland kamen. Ein judenhassender Schreihals mit schmalem Oberlippenbärtchen war in Berlin Kanzler geworden. Uniformierte Schlägertruppen jagten Juden durch die Straßen, Rassengesetze ließen das Schlimmste befürchten. Lachman und seine Freunde fragten sich, was das für Polen und vor allem für Krakau bedeuten würde. Wie stark würden die antisemitischen Wellen herüberschwappen, wie würde sich die polnische Regierung dazu verhalten, würde sie die Juden schützen, wenn sie von selbst ernannten Milizen so brutal angegriffen würden wie die Juden in Deutschland?

Dann kam der September 1939, und Lachmans Frage wurde auf schreckliche Weise beantwortet. Die deutsche Wehrmacht fiel in Krakau ein, die schwarz uniformierten SS-Einsatzgruppen und die gefürchtete Sicherheitspolizei kamen gleich mit. Vom ersten Tag an wurden Juden abgeführt und erschossen. Am Anfang waren es nur einzelne, aber bald sah man die Deutschen mit Tausenden von Juden im Wald verschwinden und hörte dann die Gewehrsalven.

Überleben durfte, wer nützlich war. Lachman wurde in ein Arbeitslager außerhalb der Stadt gesperrt. Er schleppte Steine, und mit jedem Stein wuchs die Überzeugung, dass es für Juden nur einen Platz auf der Welt geben kann: Israel oder Nichts. Eines Tages kam die Gestapo ins Lager und holte Gustav Lachman ab. Die deutschen Geheimpolizisten brachten ihn in ein Gestapo-

Gefängnis, verhörten ihn immer wieder und folterten ihn. Irgendwann schickten sie ihn zurück ins Lager.

Warum die Gestapo Gustav Lachman holte und warum sie ihn wieder ins Arbeitslager zurückbrachte, das weiß auch sein Sohn nicht. Shai Lachman, emeritierter Professor in Tel Aviv, erforscht seit vielen Jahren das Leben seines prominenten Vaters.[24] Er hat herausgefunden, dass Gedalyahu Lachman achtzehn Monate vor Kriegsende aus dem Arbeitslager fliehen konnte. Bei zwei ukrainischen Familien fand er Unterschlupf. Lachman hatte den Söhnen der beiden Familien vor dem Krieg Nachhilfe gegeben, damit sie die Aufnahmeprüfungen an der Universität schafften. Dafür riskierten sie jetzt ihr Leben für ihn.

Lachmans eigene Familie wurde schon kurz nach dem deutschen Einmarsch von den Nazis vollständig ermordet. Lachman zog aus der Katastrophe den Schluss, dass die Gründung eines jüdischen Staates nun umso dringender sei. Sofort nach Kriegsende machte er sich in Krakau auf die Suche nach seinen alten Freunden aus Studienzeiten. Nur wenige hatten überlebt. Er überzeugte sie, jetzt umso entschlossener am zionistischen Projekt zu arbeiten, erst in Polen, dann in Israel.

Im ganzen Land suchten sie nach Überlebenden des Holocaust, vor allem nach jüdischen Kindern, die von ihren Eltern rechtzeitig in Klöstern, Waisenhäusern oder bei nichtjüdischen Freunden untergebracht worden waren. Lachman und seine Freunde holten die Kinder nach Oberschlesien, um sie dort auf die Weiterreise in den Westen vorzubereiten. »Ich, zum Beispiel, sammelte Gruppen von Kindern und Jugendlichen ein, 30 bis 40 Kinder, die meisten Waisen, und hier und da war auch ein Kind mit Mutter dabei«, so hat Gedalyahu Lachman das 1972 in einem Interview mit dem Holocaust-Erinnerungszentrum Yad Vashem in Jerusalem erzählt. »Wir blieben dann eine Zeit lang in der früheren deutschen Stadt Hindenburg, die auf Polnisch Zabrze heißt, und von dort aus haben wir dann angefangen, uns zu organisieren.«[25]

Dass Juden in Polen bleiben konnten, das hielt Lachman bereits in den ersten Wochen nach Kriegsende für undenkbar. Der polnische Antisemitismus brodelte wieder im ganzen Land, Übergriffe gegen Juden waren an der Tagesordnung. Die militärische Niederlage der Deutschen hatte zwar die Zeit der Konzentrationslager, der Massenerschießungen und der Gaskammern beendet, die Zeit der puren Vernichtung und der industriellen Grausamkeit gegen Juden. Doch die bereits vor dem Krieg weitverbreitete Abneigung vieler Polen gegenüber Juden war noch schlimmer geworden.

Rund 50 000 polnische Juden hatten den Holocaust in den Wäldern oder in den Scheunen und Kellern mutiger Freunde überlebt. Sie hatten gehofft, dass nach der Phase der Katastrophe wieder eine Phase der Toleranz anbrechen würde. So war das doch fast immer gewesen in den vergangenen Jahrhunderten: Der ständige Wechsel von Verfolgung und Duldung ist ein wiederkehrendes Muster der Geschichte der Juden in Europa. Oft genügte ein nichtiger Anlass, damit christliche Bürger – meist waren es Christen – plötzlich auf Juden einschlugen. Wenn für ein Unglück kein Verantwortlicher zu ermitteln war, dann waren es eben die Juden, die immer irgendwie schuld waren. Das schaukelte sich schnell hoch, die wenigsten Pogrome waren geplant, sie passierten einfach aus der Unzufriedenheit und dem Zorn der Bürger heraus, die ein Ventil suchten und stets die Juden fanden.

Noch schlimmer traf es die jüdischen Gemeinden, wenn ein neuer Fürst oder König die Macht übernahm und aus Überzeugung oder Populismus den Juden in seinem Reich den Kampf ansagte. Dann blieb ihnen oft nur, so schnell wie möglich in ein anderes Land auszuwandern, dessen Herrscher zu dieser Zeit gerade nichts gegen Juden hatte oder sie vielleicht sogar durch Privilegien anlockte. So ist die jüdische Diaspora in Europa und Nordafrika entstanden, weil es über die Jahrhunderte immer irgendwo Judenverfolgung gab und woanders Herrscher, die ihnen Schutz boten. Eine ewige Abfolge von Anpassung, Verfolgung, Flucht und Frieden. Und irgendwann ging es dann wieder von vorne los.

Im späten Mittelalter war Polen eines der wenigen Länder, in denen die Juden über mehrere Jahrhunderte hinweg fast ununterbrochen akzeptiert waren. Vor allem in der Zeit der Kreuzzüge vom 11. bis zum 13. Jahrhundert, als sich der von Kirche und Adel angestachelte Hass auf Juden und Moslems wie ein Virus über ganz Westeuropa ausbreitete, galt Polen als einziger sicherer Hafen für die Juden. Die polnischen Herzöge und Könige schätzten die wirtschaftliche Dynamik, die von den Juden ausging. Sie gaben ihnen Rechte und Privilegien und schützten sie vor Übergriffen aus der Bevölkerung. Ein großer Teil der europäischen Juden zog damals aus Westeuropa nach Polen, wo eine lebendige jüdische Kultur entstand, mit Schtetln, mit Jiddisch als Umgangssprache und mit unzähligen religiösen Traditionen und Ausprägungen.

Pest und Cholera befeuerten dann auch in Polen den bis dahin meist nur latenten Judenhass. Dass tödliche Krankheiten aus dem Nichts entstehen können und sich mörderisch schnell ausbreiten, das überforderte die Vorstellungskraft vieler Menschen zu jeder Zeit. Also waren die Juden schuld, die die Brunnen vergiftet und die Häuser braver Christenmenschen verhext hätten. Doch trotz vieler Übergriffe und trotz einiger Auswanderungswellen, vor allem nach Deutschland und später auch in die USA, blieb der Anteil der Juden an der polnischen Bevölkerung hoch. 1939, am Vorabend des Holocaust, lebten in Polen 3,5 Millionen Juden, das waren 22 Prozent aller Juden weltweit.

Als Gedalyahu Lachman im Herbst 1944 aus seinem Versteck kam, hatte von den dreieinhalb Millionen nicht einmal jeder Zehnte überlebt. Die meisten dieser gut 300 000 hatten sich rechtzeitig in die Sowjetunion abgesetzt. Sie kehrten jetzt nach und nach zurück. Ihr Empfang war alles andere als enthusiastisch, die Heimkehrer wurden beschimpft, beleidigt und oft auch gleich wieder verjagt. In ihren früheren Wohnungen lebten längst andere Polen, die nicht wieder ausziehen wollten.

Die deutsche Vernichtungspolitik hatte die Polen in zwei Lager gespalten: In keinem anderen Land waren während des

Krieges so viele nichtjüdische Bürger von den Deutschen umgebracht worden, weil sie Juden versteckt hatten. Gleichzeitig aber waren in keinem anderen Land so viele Juden von nichtjüdischen Bürgern verraten worden. Obwohl die Deutschen bei allen Polen verhasst waren, gingen ihnen viele Polen bei der Vertreibung und Ermordung der Juden zur Hand.

Lachman war entschlossen, Polen so schnell wie möglich zu verlassen. Dieses Land, in dem er nicht mehr wusste, auf wen er sich verlassen konnte und vor wem er Angst haben musste, war nicht mehr seines. Er wollte nach Palästina und war überzeugt, dass alle Juden jetzt dorthin gehen sollten. Aber er sah auch, dass viele Juden dazu allein nicht in der Lage waren. Er musste helfen, das war seine Art, er hatte diesen Antrieb, sich um andere zu kümmern. Also suchte er den Kontakt zu internationalen Organisationen wie der UN-Flüchtlingsorganisation UNRRA (»United Nations Relief and Rehabilitation Administration«), vor allem aber zu Leuten, die der »Bricha« nahestanden, der verdeckt operierenden jüdischen Fluchthilfeorganisation aus Palästina. Er lernte jüdische Soldaten der Roten Armee kennen, die für Moskau gekämpft und die wie er Palästina im Sinn hatten. Diese ehemaligen Rotarmisten wussten, welche Grenzen wo am leichtesten zu überqueren waren. Und sie wussten, dass der beste Weg in den Orient über Deutschland und Österreich führen würde, über die Displaced Persons-Lager der US-Streitkräfte.

Lachman begann, am zionistischen Netzwerk in Europa mitzubauen. Er traf sich mit jüdischen Genossen aus den Kibbuzim, die sich sofort nach Kriegsende aufgemacht hatten, um Juden nach Palästina zu holen. Er nahm Verbindung auf zu den jüdischen Studenten aus den USA, aus Kanada, aus Großbritannien, die auf der Suche nach sinnvollen Aufgaben ins zerstörte Europa gekommen waren. Lachman achtete darauf, bei all diesen Aktionen nicht aufzufallen. Die neue Macht in Warschau, die Kommunistische Partei, schätzte es nicht, wenn andere als kommunistische Netzwerke entstanden.

Im Sommer 1945 gelang es ihm, dank seiner neuen Kontakte

griechische Pässe und Dokumente aufzutreiben. Mit diesen Papieren schleuste er eine Gruppe jüdischer Waisenkinder über die tschechoslowakische Grenze. Stolz erzählte er später gegenüber Interviewern der israelischen Gedenkstätte Yad Vashem, wie er die polnischen und die tschechoslowakischen Grenzsoldaten überzeugte, dass es sich bei der Kinderschar und den Betreuern um Mitglieder der jüdischen Gemeinde von Thessaloniki handelte, die nach Auschwitz verschleppt worden waren: »Die dachten wirklich, wir seien Griechen.«

In einem DP-Lager in Wien übergab er die Kinder in die Obhut der UNRRA und machte sich wieder auf die Heimreise. Auf abenteuerlichen Wegen kehrte er zurück nach Zabrze, dem früheren Hindenburg, wo sie eine Sammelstelle für jüdische Waisenkinder eingerichtet hatten. Er reiste auf Lastwagen mit, auf Pferdefuhrwerken, in Zügen, immer darauf gefasst, entdeckt zu werden. An der tschechoslowakisch-polnischen Grenze wurde er verhaftet, aber bald wieder freigelassen.

Zurück in Polen, begann die Arbeit von vorne. Immer wieder sammelte Lachman in den folgenden Monaten jüdische Waisenkinder ein und brachte sie nach Wien. Im Laufe der Zeit traf er auch Mitglieder der jüdischen Brigade, die aus Italien kamen und sich bereit erklärten, bei den Kindertransporten behilflich zu sein. Die jüdische Brigade war Teil der britischen Armee, sie setzte sich aus jüdischen Freiwilligen aus Palästina zusammen und hatte im Krieg in Griechenland und in Italien gekämpft. Nach dem Krieg waren sie als Teil der Besatzungsarmee in ganz Europa unterwegs und halfen den Überlebenden des Holocaust. Viele hatten ihren Dienst quittiert, um unabhängig reisen und helfen zu können. Das Engagement dieser Soldaten stand in krassem Widerspruch zur offiziellen Linie der britischen Besatzungsarmee, die jede Vorzugsbehandlung der Juden ablehnte und alles unternahm, um die Reisen nach Palästina zu verhindern. Doch als Armeeangehörige hatten diese jüdischen Soldaten Zugang zu Lastwagen, hatten Reisemöglichkeiten und kannten überall hilfreiche Adressen. Und sie nutzen alle diese Möglichkeiten.

Im Oktober 1945 lernte Lachman in einem jüdischen Waisenhaus in Bielsko-Biala, nicht weit von der tschechoslowakischen Grenze, eine junge Frau kennen. Mala Weiss arbeitete als Sekretärin des Waisenhauses, sie erledigte den Schreibkram und den Briefverkehr mit den Behörden. Auch sie hatte das Arbeitslager überlebt, auch sie hatte ihre gesamte Familie verloren, auch sie hatte aus dem Lager fliehen können, bevor es zu spät war. Gedalyahu und Mala verstanden sich und beschlossen, alle achtzig Waisenkinder des Heimes in den Westen und später nach Israel mitzunehmen. Mithilfe einiger Soldaten der Jewish Brigade schmuggelten sie die Kinder in zwei Lastwagen nachts über die Grenze in die Tschechoslowakei, fuhren weiter, immer weiter, diesmal aber nicht nach Wien, sondern weiter westlich über die böhmische Grenze nach Deutschland. Am 19. November kamen sie in Föhrenwald an.

Nicht nur die Waisenkinder, auch Gustav Lachman und Mala Weiss blieben in Föhrenwald, und sie blieben zusammen. Ein halbes Jahr später heirateten Gustav und Mala in Wolfratshausen. Es wurde ein großes Fest, Lachman war in den wenigen Monaten seit seiner Ankunft in Föhrenwald zu einem der angesehensten Bewohner aufgestiegen. Er war der erste gewählte Vorsitzende des jüdischen Lagerkomitees. Er war nun der informelle Chef in Föhrenwald, hatte Rabbi Halberstam und dessen Vertrauten, den Ukrainer Bakschtansky, von der Spitze der jüdischen Selbstverwaltung verdrängt und Föhrenwald vom chassidischen Zentrum zu einem Zentrum des Zionismus gedreht.

Halberstams Führungsrolle hatte sich auf seine Ausstrahlung und seine religiöse Autorität gestützt, dazu auf die Unterstützung der UNRRA-Direktorin Jean Henshaw. Lachman setzte auf demokratische Strukturen. Als er im November 1945 in Föhrenwald ankam, lotete er als Erstes die Stimmung im Lager aus und erkannte schnell, dass die große Mehrheit der Juden den frommen Rabbiner Halberstam zwar achtete, aber mit seiner Religionsauslegung kaum etwas anfangen konnte. Viele Holocaust-Überlebende hatten den Glauben verloren, den Glauben an einen Gott, der so viel Elend und Ungerechtigkeit zulässt. Die meisten gingen zwar in die Synagoge, weil es die jüdische Tradition vorgab, sie achteten den Shabbat, weil sie so erzogen waren, sie pflegten die jüdischen Rituale aus Achtung vor den Verwandten, die für ihr Judentum ermordet worden waren. Aber an einen Gott zu glauben, das war für sie nach den Erfahrungen der Judenvernichtung nicht mehr möglich.

Umso wichtiger war für viele Juden der Zionismus geworden, die Sehnsucht nach dem jüdischen Staat, in dem sie endlich in Sicherheit würden leben können. Viele von ihnen erzählten den Befreiern, dass ihnen nur die Hoffnung auf Israel die Kraft gegeben habe, die Konzentrationslager, die Verfolgung, die Qualen auszuhalten. Sollte es mit Israel nichts werden, dann habe das alles keinen Sinn gehabt, dann gebe es keinen Grund mehr, weiterzuleben.[26] Nach allem, was passiert war, hatten sie erwartet, dass die Welt sie nach dem Ende des Schreckens mit offenen Armen aufnehmen und sie bei ihren Streben nach einer neuen Heimat unterstützen werde. Voller Enttäuschung hatten sie feststellen müssen, dass es mit der Unterstützung nicht weit her war.

So saßen sie nun seit Monaten in Föhrenwald fest, in Feldafing, in Pocking, in Zeilsheim, in Dutzenden von DP-Lagern, schlecht ernährt, schlecht gekleidet, in schlecht beheizten und heillos überfüllten Unterkünften und mit schwindender Hoffnung. Als Lachman im November 1945 mit seiner künftigen Frau und den achtzig Waisenkindern in Föhrenwald eintraf, da sahen viele in ihm einen Heilsbringer. Endlich einer, der sich durchsetzt, der schafft, was er sich vornimmt. Wer achtzig Waisenkinder aus Polen quer durch das militärisch besetzte Europa bringt, der wird auch den zweiten Teil des Weges schaffen. Kaum jemand zweifelte, dass Lachman die achtzig Kinder nach Palästina bringen werde, und nicht nur die Kinder. Gustav Lachman versicherte den Juden von Föhrenwald, dass ihr Platz in Palästina sei und er ihnen dabei helfen werde, dorthin zu kommen.

Doch er wusste, dass das alles Zeit brauchen, dass Israel nicht in einem Tag gebaut würde. Deshalb wollte er Föhrenwald zu einem Ort der Vorbereitung auf die Ausreise machen, mit Schulen, Berufsschulen, mit Sportvereinen und Kulturveranstaltungen, die die Stimmung auflockerten. Dafür musste er Einfluss auf die Lagerleitung bekommen – und er musste sich mit Rabbi Halberstam anlegen.

Lachman drängte die UNRRA-Direktorin von Föhrenwald, Jean Henshaw, das jüdische Lagerkomitee endlich demokratisch wählen zu lassen. Auch den US-Militärs redete er ins Gewissen. Sie seien doch nach Europa gekommen, um Demokratie zu bringen. Doch jetzt sähen sie tatenlos zu, wie Frau Henshaw die Ideale verrate und die Führungsspitze der jüdischen Selbstverwaltung quasi diktatorisch bestimme. Es war ein zäher Kampf, auf den sich der polnische Zionist eingelassen hatte. Jean Henshaw wollte den Rabbi nicht vor den Kopf stoßen, außerdem wusste sie nicht so recht, was sie von Lachman halten sollte. Dessen Drängen war ihr nicht geheuer. Und die US-Militäradministration wollte sich ganz offensichtlich nicht mit Jean Henshaw anlegen.

In Föhrenwald begann es zu rumoren. Die »Black Association«, wie Lachman die Jünger des Rabbiners nannte, »die schwarze Vereinigung«, wollte den Eindringling in die Schranken weisen. Die Reibereien zwischen den Ultraorthodoxen und den Zionisten häuften sich, gelegentlich kam es zu Handgreiflichkeiten, die von UNRRA-Mitarbeitern und von den damals noch sehr präsenten Militärs geschlichtet werden mussten. Wie sehr die US-Soldaten gerade in der Anfangszeit in den DP-Lagern überfordert waren, zeigte sich an einem Samstagnachmittag. Junge Juden hatten sich einen Ball besorgt und spielten auf einer Wiese zwischen den Häusern Fußball. Ein chassidischer Rabbiner ging dazwischen und protestierte gegen die Missachtung der Shabbatruhe. Ein US-Soldat, der den Streit nicht verstand, versuchte zu vermitteln: »Hör zu, Opa, lass die Jungen zu Ende spielen, danach könnt ihr spielen.«[27]

Jean Henshaw gab nach acht Monaten als Direktorin in Föhrenwald auf. Ihr Nachfolger Henry Cohen setzte Anfang 1946 Wahlen für das Lagerkomitee an. Das Ergebnis der Abstimmung war deutlich: Gustav Lachman erhielt fast 1300 Stimmen, Halberstams Vertrauter Bakschtansky, der den Posten des Komitee-Vorsitzenden bis dahin gehalten hatte, kam auf gerade einmal 280 Stimmen.

Zusammen mit dem neuen UNRRA-Direktor Cohen stürzte sich Lachman mit aller Energie in die Fortentwicklung des jüdischen Gemeinschaftslebens. Sie kümmerten sich um den Ausbau der jüdischen Lagerpolizei, die Fortentwicklung der Feuerwehrtruppe und den Aufbau einer Schiedsstelle für Streitigkeiten unter Nachbarn und für kleinere Vergehen wie Diebstähle. Um das Leben im Lager erträglicher zu machen, förderten Lachman und Cohen Theatergruppen, Musikveranstaltungen, Tanzabende und Sportfeste, vor allem Sportfeste. Der Fußballverein Makkabi Föhrenwald spielte bald in der jüdischen Liga Bayerns. Zehn Vereine aus den zehn größten Auffanglagern traten regelmäßig gegeneinander an. Boxkämpfe wurden ausgetragen, Turnfeste und Leichtathletik-Wettkämpfe.

Die Sportveranstaltungen waren für Lachman nicht nur Ablenkung und soziale Ereignisse. Sie waren auch ein Mittel, geeignete Kandidaten für die militärische Ausbildung zu finden und sie dafür vorzubereiten. Seit Anfang 1946 kamen immer mehr hochrangige Besucher aus Palästina nach Föhrenwald. Einige von ihnen kamen mit großem Gefolge, andere versuchten, besonders unauffällig zu bleiben. Die Unauffälligen wohnten gerne direkt beim Komitee-Vorsitzenden Lachman, wo sie oft bis spät in die Nacht mit ihm diskutierten. Manchmal brachen sie dann noch nach Süden auf, fuhren mit dem Wagen zehn Kilometer auf die Alpen zu, die sich kaum noch vom nachtschwarzen Himmel abhoben. In Königsdorf bogen sie dann auf Höhe der Kirche links ab, nach fünfhundert Metern noch mal links und dann eine Viertelstunde durch den Wald, meist ohne einer Menschenseele zu begegnen. Auf einer weitläufigen Lichtung hielten sie an, ließen die großen, hellen Zelte in der Wiese links liegen, stapften stattdessen nach rechts, über erdige Wege auf ein zweistöckiges Blockhaus zu. In den Fenstern im Erdgeschoss brannte noch

Licht. Sie wurden erwartet von einer Gruppe junger Männer und Frauen.

Einer der Unauffälligen war Shimon Avidan. Er begrüßte die Männer und Frauen, die bereits alles vorbereitet hatten. Gemeinsam gingen sie dann hinaus in die Nacht, gingen achtlos vorbei an dem hölzernen Wasserturm und den eisernen Waschanlagen, die acht Jahre vorher von der Hitlerjugend errichtet worden waren und die heute noch dort stehen. Das »Hochlandlager« war eines der großen Zeltlager, in denen die Hitlerjungen und die Mädchen vom Bund Deutscher Mädel für die Weltherrschaft gedrillt wurden.

Avidan, Lachman und die jungen Männer und Frauen hatten dafür in diesen Momenten keinen Gedanken übrig. Sie schritten feierlich über die Lichtung auf einen Tisch zu, der mit einer grünen Tischdecke überzogen und von lodernden Fackeln beleuchtet war. Nacheinander traten sie vor, legten bebend eine Hand auf die hebräische Bibel, die andere auf die Pistole, die dort lag. Es war ein bewegender Moment, der keine der jungen Jüdinnen und keinen der jungen Juden kaltließ, als sie im oberbayerischen Wald bei Königsdorf den Treueeid auf die jüdisch-palästinensische Untergrundarmee Haganah schworen.

Auch Gedalyahu Gustav Lachman hatte seinen Eid auf die Haganah im Wald von Königsdorf in Anwesenheit von Shimon Avidan abgelegt. Avidan war 1911 als Siegbert Koch in Deutschland geboren. Mit 24 war er nach Palästina ausgewandert, hatte im Kibbuz gelebt und sich sehr bald der Haganah angeschlossen. Mit 26 kämpfte er aufseiten der internationalen Brigaden im spanischen Bürgerkrieg. Und jetzt, mit 44, gründete er als hochrangiger Abgesandter der Haganah eine geheime Offiziersschule auf dem Gelände des ehemaligen Hochlandlagers an der Isar.

Die militärischen Ausbilder der Offiziersschule kamen fast alle aus Palästina, meist Juden, die zuvor einige Jahre in der britischen, der amerikanischen oder der sowjetischen Armee gekämpft hatten. Lachman war einer der wenigen, die nicht aus Palästina kamen und keine militärische Grundausbildung hatten. Trotzdem wurde er von Avidan als Verbindungsmann und Lehrer für die Vorbereitung auf Israel eingestellt. Tagsüber saß er also als Chef des Lagerkomitees an seinem Schreibtisch in Föhrenwald, kümmerte sich darum, dass die Krankenstation genügend Medikamente bekam, dass die Lager-Feuerwehr so schnell wie möglich von einem Fachmann aus Wolfratshausen in die Handhabung der neuen Feuerspritze eingewiesen wurde und dass in der Mehrzweckhalle genügend Stühle für das nächste Kinderkonzert standen. Nachts stieg er dann auf sein Fahrrad und fuhr ins Hochlandlager, um ausgewählten Rekruten in sechs- bis achtwöchigen Kursen die Geschichte und die politischen Grundlagen der jüdischen Gemeinschaft in Palästina zu vermitteln.

Lachmans Unterricht richtete sich nicht an einfache Rekruten, sondern an künftige Offiziere. Im Hochlandlager wurden die Trainer trainiert, die danach in den DP-Lagern den Sportunterricht auf die Bedürfnisse der künftigen israelischen Armee ausrichten sollten. Sie sollten Ausschau halten nach geeigneten Rekruten für die Armee eines Landes, das es noch nicht gab. Gustav Lachman hatte keine Zweifel, dass er das Richtige tat. Endlich hatte er das Gefühl, dass der Zionismus, den er in seiner Kindheit und in seiner Jugend als romantischen sozialistischen Traum träumte, dass dieser Zionismus tatsächlich konkret werden könnte. Seine Euphorie wirkte ansteckend in Föhrenwald. Jugendliche ohne Eltern, von denen es im Lager viele gab, gründeten mit seiner Hilfe mehrere Kibbuzim, in denen sie nach sozialistischen Grundsätzen zusammenlebten. Natürlich gab es auch religiöse Kibbuzim in Föhrenwald, wo das Zusammenleben sich entlang der religiösen Vorschriften ausrichtete. Aber das waren nur wenige. In den meisten der insgesamt 20 Kibbuzim spielte Gott keine große Rolle.

Viele im Lager wussten, wohin Lachman Nacht für Nacht mit dem Fahrrad aufbrach. Er machte kein großes Geheimnis daraus, zumal seine zionistische Überzeugung ohnehin bekannt und jeden Tag zu besichtigen war. Er legte den Religiösen keine Steine in den Weg, aber sein Engagement galt der Unterstützung der

Jungen und Mädchen, die für Eretz Israel brannten, das Land der Väter, die bessere Zukunft der Juden. Jeden Tag ging er zur Schule hinüber, um mindestens ein, zwei Stunden Latein, griechische Mythologie, jüdische und allgemeine Geschichte zu unterrichten. Das war ihm wichtig, er wollte spüren, wie die jungen Leute lebten, was sie dachten, wofür sie sich interessierten. Er verstand sich als Pädagoge, als Erzieher, als Mentor eines starken Judentums, das sich nicht mehr misshandeln und unterdrücken lassen will.

Rabbi Halberstam verachtete ihn. Halberstams Jünger hassten ihn, weil er für sein Judentum keinen Gott brauchte. Halberstam hatte lange gehofft, er könne den chassidischen Glauben, der Osteuropa über Jahrhunderte geprägt hatte, in Föhrenwald zu einer Renaissance führen. Wenn die Holocaust-Überlebenden ihre Erschöpfung überwunden hätten, wenn sie wieder bei Kräften sein würden, dann würden sie sich auch wieder auf Gott besinnen, hatte er gedacht.

Doch die Realität in Föhrenwald entwickelte sich anders. Die Diskussionen und Debatten auf den Straßen, vor allem unterm Davidstern auf dem Independence Place am Badehaus, drehten sich nicht um Religion, sie drehten sich um die Entwicklung in Palästina, um Auswanderung, um die Zukunft. Auch in der Lagerzeitung *Bamidbar*, die Lachman nach Kräften unterstützte und in der er gerne schrieb, spielten Politik und Naher Osten eine prominente Rolle. Halberstam sah bald, dass seine Gemeinde in Föhrenwald nicht mehr so wuchs, wie er sich das vorgestellt hatte. Er und seine Schüler wurden respektiert, aber sie konnten kaum neue Anhänger gewinnen. Gleichzeitig musste er mit ansehen, wie Lachmans Zionismus die Menschen anzog, wie er sie begeisterte und an der Religion vorbeiführte.

Rabbi Halberstam verhängte sogar einen »Cherem« über Lachman, einen Bannspruch, der ihn aus der religiösen Gemeinschaft ausschloss. Lachman bewunderte den Rabbi insgeheim, lobte ihn später als aufrechten Mann und würdigen Gegner. Doch sie lebten in unterschiedlichen jüdischen Welten. Der Bann interessierte Lachman so wenig, dass er später erzählte, er wisse nicht einmal, ob der Rabbi den Cherem jemals wieder aufgehoben habe.

Im Herbst 1946 flog Halberstam in einer US-Militärmaschine in die USA. Er wollte dort erneut Spenden einsammeln. In Brooklyn beschloss er dann aber, nicht mehr nach Föhrenwald zurückzukehren und stattdessen im Stadtteil Williamsburg, wo bereits viele orthodoxe Juden lebten, eine neue chassidische Gemeinde zu gründen. Er sammelte vor allem Polen aus Galizien um sich, die vor und nach dem Holocaust nach New York ausgewandert waren, er baute Thora-Schulen auf und eine Jeschiwa für künftige Rabbiner. Im August 1947 heiratete er die Tochter eines Rabbiners und gründete mit 42 Jahren seine zweite Familie.

Seine Anhänger in Föhrenwald fühlten sich im Stich gelassen. Einige reisten ihm nach, doch viele waren enttäuscht, dass er in die USA emigriert war. Sie hatten gehofft, er würde sie nach Palästina führen – nicht als Zionist, der auf einen irdischen jüdischen Staat aus war, sondern als religiöser Anführer, der sie ins Heilige Land der Väter bringt. Halberstam selbst hat seine Ausreise nach Amerika immer wieder damit gerechtfertigt, dass seine chassidische Gesinnung und seine religiöse Arbeit dort wichtiger seien als in Israel, wo es bereits viele fromme Rabbiner gebe.

Aber Israel ließ auch ihn nicht los. Anfang der 50er-Jahre fragte Rabbi Halberstam bei der jungen israelischen Regierung nach, in welcher Gegend der Bedarf für ein Krankenhaus besonders groß sei. Als ihm Netanya, gut zwanzig Kilometer nördlich von Tel Aviv, genannt wurde, bat er um die Zuweisung von Land für die Klinik und für eine chassidische Siedlung für Holocaust-Überlebende. 1956 legte Rabbi Halberstam aus der Sanzer Rabbiner-Dynastie den Grundstein für Kiryat Sanz, die Sanzer Siedlung. Vier Jahre später zog er dann selbst mit seiner Familie und vier Dutzend Anhängern nach Kiryat Sanz. Von da an pendelte er zwischen seinen beiden chassidischen Gemeinden in Israel und in Brooklyn, sowie seiner Rabbiner-Schule in New Jersey.

So wie 1945 in Föhrenwald und später in Brooklyn plante er auch in Kiryat Sanz höchstpersönlich und sehr detailliert die

Ausbauschritte. Mit Spendengeldern aus Amerika ließ er eine eigene Synagoge bauen und eine Mikwe, gründete Thora-Schulen für Jungen und für Mädchen, und legte Grundsteine für ein Altersheim für Holocaust-Überlebende und für ein Krankenhaus. Das Laniado-Hospital, wie es heute noch heißt, geht auf ein Gelübde aus dem Konzentrationslager zurück, wo er nach einem Arbeitsunfall fast verblutet wäre. Der KZ-Arzt wollte ihn sterben lassen, für einen Juden wurde kein Aufwand betrieben. Damals, so erzählten später Mithäftlinge, habe Halberstam seinem Gott versprochen, ein Hospital zu bauen, das sich aller Menschen annehmen werde, ohne Ansehen der Religion, der Herkunft oder was auch immer. Falls er wider Erwarten überleben sollte.

Das Laniado-Hospital erwies sich als eines seiner schwierigsten Vorhaben. Mehr als 15 Jahre vergingen von der Grundsteinlegung bis zur Eröffnung des Krankenhauses 1975. Doch heute gilt es als wichtiges Hospital für die medizinische Versorgung einer halben Million Menschen.

In Brooklyn und Kiryat Sanz brachte Halberstam zu Ende, woran er ein knappes halbes Jahrhundert vorher in Föhrenwald gescheitert war: Er stellte die von den Nazis zerstörte Sanz-Klausenburger Rabbiner-Dynastie wieder her. Seine beiden Söhne wurden Rabbiner, seine fünf Töchter heirateten Rabbiner. Als Yekusiel Yehuda Halberstam am 18. Juni 1994 im Alter von 89 Jahren in Kiryat Sanz starb, gingen die beiden chassidischen Gemeinden nach jüdischer Tradition an seine beiden Söhne über. Sein Ältester, Zwi Elimelech Halberstam wurde Sanzer Rebbe in Israel, sein zweiter Sohn, Shmuel Dovid Halberstam, wurde Sanz-Klausenburger Rebbe in New York.

Für Gustav Lachman war der Abschied Halberstams von Föhrenwald das Eingeständnis seiner Niederlage. Der Rabbi habe erkannt, dass für ihn in Föhrenwald kein Platz mehr gewesen sei.[28] Schon unmittelbar nach Lachmans Wahl zum Vorsitzenden des Lagerkomitees hatten sich die Besuche aus Palästina auffällig gehäuft. David Ben Gurion, der spätere Staatsgründer und erste Präsident von Israel, war ebenso zu Lachman nach Föhrenwald gereist wie der Stabschef der Haganah, Yisrael Galili. Als selbst der Oberrabbiner von Palästina, Yitzak Herzog, in Lachmans Föhrenwalder Wohnung übernachtete, konnte Halberstam nicht mehr übersehen, dass sich der Wind gedreht hatte.

1947 wurde Lachman ganz offiziell zum Direktor des Föhrenwald-Zweiges der Jewish Agency ernannt. Die Jewish Agency, damals die einzige international anerkannte Vertretung der Juden in Palästina, hat Föhrenwald praktisch als Vorposten für Palästina eingemeindet. Auch die Haganah hielt engen Kontakt zu Lachman. Die ursprüngliche Skepsis der palästinensischen Juden gegenüber den Holocaust-Überlebenden war dabei, sich langsam aufzulösen. Lange Zeit hatten die in Europa gebliebenen Juden im Verdacht gestanden, sie hätten es den Nazis zu leicht gemacht. Sie hätten sich wie Lämmer zur Schlachtbank führen lassen, eine Zuschreibung, die auch heute noch gelegentlich in Israel zu hören ist.

Doch in der Haganah war man nach den ersten Militärkursen im Hochlandlager zu einer anderen Einschätzung gekommen. Als ihr Stabschef Yisrael Galili wieder einmal in Föhrenwald war, wollte er von Lachman wissen, mit wie vielen freiwilligen Kämpfern aus Föhrenwald er rechnen könnte, wenn es in Palästina zum Krieg gegen die arabischen Nachbarn käme. Sie diskutierten die halbe Nacht, wägten ab, kalkulierten, versuchten, die Stimmung im Lager zu analysieren. Lachman versprach, Überzeugungsarbeit zu leisten, er wusste, wie er auf junge Menschen wirkte. Er schätzte, dass sich allein in Föhrenwald mindestens tausend Männer und Frauen melden würden.

Zwei Jahre später, als David Ben Gurion am 14. Mai den Staat Israel ausrief und fünf arabische Nachbarstaaten mit der Kriegserklärung antworteten, da zeigte sich, dass Lachman mit seiner Schätzung ziemlich richtiglag. 2500 Freiwillige aus den deutschen DP-Lagern waren zu diesem Zeitpunkt bereits in Palästina, 500 weitere machten sich auf den Weg, und 1200 sollten in den folgenden Wochen und Monaten nachkommen. Rund tausend Freiwillige waren aus Föhrenwald.

Gedalyahu Gustav Lachman war zu dieser Zeit schon nicht mehr in Föhrenwald. Als sich die Staatsgründung abzeichnete, ging er für die illegale Fluchthilfeorganisation Bricha nach Frankreich und schleuste nun Tausende von Juden über die französischen Mittelmeerhäfen nach Tel Aviv und Haifa. Als die britische Regierung ihr Mandat für Palästina zum 15. Mai 1948 endgültig niederlegte und damit die Einreiseverbote hinfällig wurden, reiste er selbst nach Israel. Lachman lebte drei Jahre in einem Kibbuz und arbeitete in einer Bananenplantage. Dann holte ihn die Regierung in den Schulunterricht zurück. Er wurde Direktor mehrerer Schulen, erhielt hohe Auszeichnungen und beriet die Regierung von Golda Meir in Unterrichtsfragen.

Gedalyahu Lachman und Rabbi Halberstam sind sich in Israel nicht mehr begegnet. Aber sie haben sich weiter beobachtet. Während Lachman aktiv am Aufbau eines säkularen Schulsystems beteiligt war, nahm Halberstam mit seinen streng religiösen Schulen in Kiryat Sanz Einfluss auf die Zukunft des Landes. In einem seiner Interviews in Yad Vashem sprach Lachman voller Bewunderung über die große Klinik und die beachtliche Siedlung mit ihren Wohnungen und Unternehmen, die Halberstam initiiert hatte und die Hunderten von Familien Unterkunft und Einkommen böten.

Doch das vielleicht einflussreichste Erbe von Rabbi Halberstam bekam Gedalyahu Lachman nicht mehr mit. Lachman starb 1983, dem Jahr, in dem der Halberstam-Schüler Arje Machluf Deri die ultra-orthodoxe Schas-Partei gründete. Deri stammt aus einer aus Marokko eingewanderten jüdischen Familie, die nicht besonders religiös gewesen sei, wie der israelische Journalist Ari Shavit in seinem Buch »Mein gelobtes Land« schreibt.[29] Der damals 9-jährige Arje sei in der Schule als besonders begabt und gelehrig aufgefallen, weshalb sich der Rabbi persönlich mit seinem ganzen Charisma bei den Eltern dafür einsetzte, die weitere Erziehung des Jungen dem Jeschiwa-Internat in Kiryat Sanz anzuvertrauen. Arje Deri wurde ein wissbegieriger Schüler von Halberstam, wechselte dann bald zu einer renommierteren Jeschiwa in Hadera und dann zu einer noch renommierteren in Jerusalem. Mit 24 Jahren gründete er mit Gleichgesinnten die Schas-Partei, mit 29 wurde er Innenminister Israels, freundete sich mit Yitzak Rabin an und später mit Benjamin Netanjahu. Mit 41 dann der Absturz: Deri wurde wegen Steuerhinterziehung und Korruption zu vier Jahren Haft verurteilt. 2009 kehrte er zurück in die Politik, wurde erneut Minister und stürzte 2022 erneut über eine Steueraffäre. Doch er blieb Vorsitzender der Schas-Partei, die in der israelischen Parteienlandschaft immer wieder als Mehrheitsbeschaffer gebraucht wird. Seine überwiegend sephardischen Anhänger, die aus Spanien und aus Afrika eingewandert sind und sich in der mehrheitlich aschkenasischen israelischen Gesellschaft an den Rand gedrängt fühlen, halten weiterhin zu ihrem Vorsitzenden. Deri hat nach wie vor Einfluss in Israel, vor allem in Erziehungsfragen kämpft er für ultra-orthodoxe Positionen, die auch Rabbi Yekusiel Yehuda Halberstam gefallen hätten.

Der polnische Jude, mein Vater und das Misstrauen

Wie kann man sich nach dem Holocaust begegnen?

»Mein Vater hatte ein früheres Leben, aber ich weiß nichts davon. Ich weiß nicht, wieviel Kinder er hatte. Ich weiß nicht einmal, wie seine erste Frau geheißen hat. Ich habe es verpasst zu fragen, und jetzt ist alles unwiederbringlich weg.«

Majer Szanckower, in Föhrenwald aufgewachsen.

Majer Szanckower sitzt im Pförtnerhaus des Jüdischen Friedhofs in Frankfurt am Main und erinnert sich.[30] Und weil jeder seine eigene Art hat, sich zu erinnern, wühlt Szanckower in einem Berg von ungeordneten Fotos, Ausweisen und Dokumenten, die er vor sich auf den Schreibtisch gekippt hat. Während unseres Gesprächs kommen immer wieder Leute herein, »Schalom«, manche bleiben in der Tür stehen, stellen kurze Fragen zu Gottesdienstzeiten, Beerdigungen und anstehenden Feiertagen, verschwinden genauso diskret, wie sie eingetreten sind. Andere wollen seine Zeit in Anspruch nehmen und werden vom Friedhofsverwalter Szanckower ruhig auf einen späteren Termin vertröstet. Er bleibt selbst im größten Chaos gelassen.

Wenn er von Föhrenwald redet, dann leuchten seine Augen. Er schwärmt von einer paradiesischen Kindheit, die er dort erlebt habe, mit vielen Kindern im gleichen Alter, mit Erwachsenen, die den Kindern alle Freiheiten ließen, aber dennoch immer für die

Kinder da waren. Die Erwachsenen seien damals durch nichts aus der Ruhe zu bringen gewesen, meint er, die hatten so viel durchgemacht, dass sie vor nichts mehr Angst hatten. Doch das sei eine nachträgliche Erklärung, räumt er ein. Denn um die Kinder zu schützen, habe damals so gut wie keiner der Erwachsenen im Lager über die schrecklichen Jahre gesprochen, jedenfalls nicht zu den Kindern.

Dass Föhrenwald ein Paradies gewesen sei, das wiederholt Szanckower immer wieder. Das würden alle sagen, die damals in Föhrenwald aufgewachsen sind. Bandenkämpfe hätten sie ausgefochten, nachmittagelang, Straße gegen Straße, mit ganz Föhrenwald als Spielfeld. Kein Erwachsener hätte sich eingemischt, trotz des martialischen Geschreis. An anderen Tagen seien sie in den nahen Isarauen unterwegs gewesen, hätten Kaulquappen gefangen und den seltsamen Flößen nachgeschaut, die sich meist im halben Dutzend von Bad Tölz nach München treiben ließen, zusammengebundene Baumstämme, auf denen Menschen sich an Bierkrügen festhielten und mit der Blasmusik mitschwangen, die auf einem der Flöße spielte und das ganze Flusstal beschallte. Das deutsche Wirtschaftswunder war in vollem Gang, Krieg und Nazizeit wurden in den 50er-Jahren bereits entschlossen verdrängt.

Als der achtjährige Majer von seinem Vater ein Fahrrad geschenkt bekam, vervielfachte sich sein Bewegungsradius, auch in Richtung Wolfratshausen, und je mehr er davon erzählt, desto eigenartiger wird das Zuhören für mich, weil sich seine Erinnerungen immer mehr mit meinen überschneiden. Sie spielen sich an Plätzen ab, an denen ich selbst aufgewachsen bin. Seine Welt war eine völlig andere und doch dieselbe. Szanckower erzählt mir von meiner Heimat, er erzählt von Orten und Menschen und Dingen, die ich kenne, die in seiner Erinnerung einen völlig anderen Grundton haben. Er führt mich in meine oberbayerische Kindheit zurück und zwingt mich, ohne es zu wissen und zu wollen, *seinem* Blick auf meine Heimat zu folgen. Je mehr er erzählt, desto deutlicher wird der blinde Fleck, der Ort Föhrenwald, von dem bei ihm alles ausgeht und der in meiner Erinnerung ein halbes Jahrhundert lang nicht existierte. Sein jüdischer Blick auf meine katholische Welt lässt kaum etwas aus. Das Krankenhaus, das für mich einfach nur ein Krankenhaus war, in dem Krankheiten geheilt und Verletzungen behandelt wurden, dieses Krankenhaus war für ihn und seine Familie eine Herausforderung. Beim Klettern an einer Dachrinne war er abgestürzt und hatte sich das Bein verknackst. Die kleine Krankenstation in Föhrenwald war zu diesem Zeitpunkt schon aufgelöst, es blieb nur die Fahrt ins Wolfratshauser Krankenhaus. Doch seine Mutter zögerte, ihren Sohn in die Hände von deutschen Medizinern zu geben. Wer wisse schon, was die Ärzte dort in der Nazizeit gemacht hätten?

Majer Szanckower erzählt das alles ziemlich fröhlich und ohne jede Verbitterung. Aber je länger er redet, desto deutlicher wird, dass seine Ausflüge in meine Welt für seine Eltern immer Ausflüge ihres Sohnes in die Welt der Peiniger waren. Ob er in der Bäckerei meiner Eltern in Wolfratshausen war, daran kann er sich nicht mehr erinnern. Aber er kennt die Straße, und da fallen ihm als Erstes die Besuche im Schuhladen gleich an der nächsten Ecke ein. Es habe auch andere Schuhgeschäfte gegeben, sagt er, näher an Föhrenwald, aber dieser Schuhladen hatte die Lurchi-Hefte, Abenteuergeschichten eines Feuersalamanders, und dann auch diese großartige Maschine, mit der man Schuhe durchsichtig machen konnte.

In diesem Schuhladen überschneiden sich plötzlich unsere Lebensgeschichten. Die Lurchi-Hefte und die durchsichtigen Schuhe hatte ich längst vergessen. Aber jetzt, wo Szanckower davon erzählt, jetzt sind sie wieder da. So wie das jüdische Kind Majer Mitte der 50er-Jahre seinen Vater in diesen winzigen und mit Kartons vollgestellten Laden geschleppt hat, so habe ich meinen Vater etwas später wegen der Hefte und wegen der Maschine dorthin gezogen.

Wir können uns dort nicht begegnet sein, es liegen ein paar Jahre dazwischen. Aber mein ältester Bruder und Szanckower könnten sich durchaus getroffen haben, vielleicht sogar mit den Vätern. Im Grunde ist es unwahrscheinlich, dass sich mein Vater und Majers Vater in all den Jahren nicht begegnet sein sollen. Ich stelle mir vor, dass eine dieser Begegnung in diesem Schuhladen stattfand, wo ihre Söhne abwechselnd ihre Kinderfüße in diesen seltsamen Apparat stellten. Eine Begegnung, wie sie in diesen Jahren tagtäglich und tausendfach passierte, zwischen einheimischen Deutschen, für die Krieg und Nazizeit zumindest tagsüber schon wieder weit weg waren, und den jüdischen Flüchtlingen, für die das alles noch lange nicht vorbei war. Dass sie von diesen Deutschen aus ihrem alten Leben gerissen worden und nur knapp der Vernichtung entkommen waren, das war nur der erste Teil ihrer Geschichte. Der andere war, dass sie noch lange keinen Boden unter den Füßen spürten und nicht wussten, ob sie jemals wieder Boden unter die Füße bekommen würden.

Die Schuhverkäuferin war eine grauhaarige ältere Frau mit krummen Fingern und einem verschmitzten Lachen. Ihr Mann war übrigens nach dem Krieg Kommandant der Freiwilligen Feuerwehr und einer der Ersten, die regelmäßig nach Föhrenwald gefahren sind, um beim Aufbau der jüdischen Lagerfeuerwehr zu helfen. Manchmal stand er selbst im Laden, aber an diesem Tag bediente seine Frau. Ohne Zögern und ohne das geringste Anzeichen von Unmut schleppte sie Dutzende von Kinderschuhen aus dem Lager, half beim Binden der Schnürsenkel und lotste uns an die geheimnisvolle hölzerne Maschine, die ein bisschen aussah wie ein besonders wuchtiges Rednerpult. Unten, knapp überm Boden, hatte der Apparat eine Aussparung für die Füße, sodass – wenn man sich nah genug davor stellte – der vordere Teil der Schuhe darin verschwand. Ich habe nachgeschaut, Pedoskop hieß das Gerät, in dem damals Kinderfüße in Kinderschuhen geröntgt wurden, um zu sehen, ob die Kinderzehen vorne genug Platz hatten. Durch die drei armdicken Ledermanschetten, die oben aus dem Gerät herausragten, konnten Vater, Sohn und Verkäuferin jede Zehenbewegung im Schuh live beobachten. Sie mussten nur aufpassen, dass sie nicht mit den Köpfen zusammenstießen.

Die Spannung, die in meiner Vorstellung in diesem kleinen Schuhladen mit Händen zu greifen war, hatte nichts mit der Unmenge an Röntgenstrahlen zu tun, die den kleinen, mit Schuhkartons zugestellten Raum füllten. Die Spannung, so stelle ich mir vor, flimmerte zwischen den beiden Männern, meinem Vater und dem Vater des Jungen, beide in den Vierzigern, beide volles Haar, dunkler Teint, beide irgendwann einmal gut aussehend, aber nun vom Leben gezeichnet. Mein Vater hatte aus Krieg, Lazarett und Gefangenschaft ein nervöses Zucken der Mundwinkel mitgebracht, einen Tick, den er nicht kontrollieren konnte. Majer Szanckowers Vater war in all den Jahren vorzeitig gealtert, grauhaarig, die Körperhaltung etwas schief. Ansonsten wirkten beide unversehrt und bemüht freundlich. In einer anderen Welt hätten sie Freunde werden können.

Aber in diesem Schuhladen flirrte wohl das Misstrauen zwischen dem deutschen Bäckermeister mit eigener Bäckerei, der fünfzehn Jahre vorher ohne ideologische Überzeugung in der Sowjetunion als zweiter Schütze am sMG, am schweren Maschinengewehr, viele Menschen in der anderen Uniform erschossen hat, und dem heimat- und mittellosen Juden aus dem polnischen Ciechanow. Moszek Szanckower, dessen erste Frau mitsamt seinen Kindern gleich in den ersten Tagen des Überfalls der Wehrmacht auf Polen von deutschen Männern in deutschen Uniformen ermordet worden waren, hat es damals selbst nur knapp geschafft, vor diesen Bestien in die Sowjetunion zu fliehen.

Mein Vater hatte nichts gegen Polen, er hatte nichts gegen Juden. Aber er hatte auch nichts gegen Russen, Armenier und Georgier und hat doch viele von ihnen erschossen. Nicht aus der Nähe, nicht so, dass er in ihre Augen sehen musste. Aber er war viele Monate als Soldat im Kaukasus, und wenn der erste Schütze eine Zigarette rauchte oder austreten musste oder krank war, dann hatte sich mein Vater als zweiter Schütze hinter das 1,65 Meter lange Geschossrohr zu legen, das auf einen massiven stählernen Dreifuß geschraubt war, um die Trefferquote zu erhöhen. »Schwere Maschinengewehre werden im Dauerfeuer geschossen«, hieß es dazu im sMG-Handbuch der Wehrmacht, »der Schütze ist angehalten, kurze Feuerstöße abzugeben, um den Lauf der Waffe nicht zu sehr zu erhitzen.«

Moszek Szanckower hat nie im Detail erfahren, wie seine erste Frau und seine Kinder umgekommen sind. Nach allem, was er wusste, wurden sie von deutschen Soldaten oder deutschen Polizeikräften ermordet. Vermutlich wurden sie mit ein paar Hundert anderen Juden in den Wald geführt, wie so viele polnische Juden damals. Als Moszeks erste Familie ausgelöscht wurde, war er selbst nicht mehr in Ciechanow, er war in den Wäldern, unterwegs nach Osten, in die Sowjetunion. Er war geflohen und hat seine Familie zurückgelassen, weil sich damals niemand in Ciechanow vorstellen konnte, dass die Deutschen auch Frauen und Kinder umbringen würden.

Manchmal hat mein Vater vom Krieg erzählt, zum Beispiel vom Einschlag einer feindlichen Granate in seiner sMG-Stellung, von den zerfetzten Kameraden und von seinem Schutzengel, wie er sagte, der ihn gerade dann zum Essenholen geschickt hatte, solche Sachen. Über seine Einsätze am Maschinengewehr hat er nicht geredet, dafür umso mehr über fanatische Vorgesetzte, die vom Lebensraum schwadronierten und unbedingt im Kaukasus die deutsche Fahne auf dem Elbrus, dem höchsten Berg Russlands, hissen wollten. Wie das mit dem Lebensraum gemeint war, das hat er schlagartig verstanden, als er von einem der Vorgesetzten aufgefordert wurde, sich schon mal umzusehen, wo er nach dem Krieg hier mit seiner Familie wohnen wolle. Der neue Lebensraum müsse ja, wenn alle Slawen und alle Juden vertrieben oder beseitigt seien, militärisch gesichert werden. Es war der Moment, als mein Vater begriff, dass er in diesem Krieg nur verlieren konnte. Er hatte eine Heimat, in der er leben wollte, und das war nicht der Kaukasus. Aber er war Soldat, und er war Schütze am sMG, und wenn die Bolschewisten auf seine Kameraden schossen, dann waren das Feinde, auf die er schießen musste. Der Kampf gegen die kommunistischen und anti-christlichen Bolschewisten, das war die Hilfskonstruktion, die sich so viele deutsche Soldaten zurechtlegten, wenn sie für Deutschland und nicht für Hitler kämpfen wollten.

Mein Vater hat den Elbrus nicht bestiegen, er, der sonst keinen Berg sehen konnte, ohne den Drang, auf den Gipfel zu steigen. Aber auf einen Berg klettern, um dort für die Nazis die deutsche Fahne zu hissen, das wollte er auf keinen Fall. Wenn er von dieser Zeit redete, dann kam immer auch die Geschichte von dem russischen Bauern, der ihnen bei einer Patrouille über den Weg lief. Sein Unteroffizier habe ihm befohlen, den völlig verängstigten Kerl ins Unterholz zu führen und dort zu erschießen, irgendwo, wo ihn niemand so schnell finden sollte. Als Vorsichtsmaßnahme, der Feind sollte nicht wissen, wo deutsche Patrouillen unterwegs waren.

Der russische Bauer hat überlebt. Mein Vater hat ihn nicht getötet, er hat zweimal in den Boden geschossen und dem Mann bedeutet, er solle lautlos verschwinden. Diese Geschichte war wichtig für meinen Vater, für ihn selbst, für sein Selbstbild als Christ und als Mensch, der im schlimmsten Krieg anständig geblieben war. So sah er das. Es war vielleicht die wichtigste Geschichte im Leben meines Vaters, eine Geschichte, wie sie so viele Soldaten für sich selbst pflegen. Das Eiserne Kreuz, das er später für den Abschuss eines sowjetischen Panzers bekommen hat, hat er nach dem Krieg im Schrank versteckt. Wegwerfen wollte er es trotzdem nicht. Er war stolz drauf, und er war nicht stolz drauf. Stolz war er, weil er in höchster Not die leicht gekrümmte Flugbahn des sMG-Geschosses richtig berechnet hatte, sodass die Kugel durch die leicht geöffnete Luke in den Panzer eindrang. Er hat seiner Einheit damit das Leben gerettet. Um den Preis mehrerer anderer Leben. Die Auszeichnung für den Abschuss des Panzerfahrers war ihm unangenehm. Er hat das Eiserne Kreuz niemandem gezeigt.

Moszek Szanckower sah die deutschen Männer, denen er in Wolfratshausen begegnete, manchmal in Uniform vor sich, wahrscheinlich in der gleichen Uniform, wie sie mein Vater noch zwölf Jahre vorher getragen hatte. Moszek hat diese Uniform zum ersten Mal gesehen, als die Deutschen Ende September 1939 in Ciechanow einmarschierten, rund hundert Kilometer nördlich von Warschau. Er konnte sich damals nicht vorstellen, dass diese Deutschen, die doch eine hochstehende Kultur hatten, dass sie für Juden wie ihn so gefährlich sein würden. Natürlich hatte er davon gehört, wie in Deutschland seit 1933 mit Juden umgesprungen wurde, mit welcher wachsenden Brutalität Geschäfte geplündert und Juden verfolgt wurden, wie sie schrittweise entrechtet und seit den Rassengesetzen vom September 1935 als Blutschänder stigmatisiert wurden. Aber dass die Deutschen massenhaft Juden umbringen würden, wie immer wieder geraunt wurde, das konnte doch nicht sein. Als die deutschen Soldaten ihn und alle anderen jüdischen Männer am nächsten Tag aus den Häusern zerrten und auf den Marktplatz brachten, da dachte er, das sei halt die übliche antisemitische Aufwallung, und dieser Spuk werde bald wieder vorbei sein. Sie mussten die Straßen kehren und andere niedere Aufgaben erfüllen, deren Hauptzweck vor allem in der demonstrativen Herabwürdigung der Juden bestand. Bis dahin nichts Neues.

Mein Vater hat diese Herabwürdigung zum ersten Mal zehn Monate vorher miterlebt, unmittelbar vor seiner Bäckerei in Wolfratshausen. Am 10. November 1938 um vier Uhr morgens war der nationalsozialistische Bürgermeister mit einigen Beamten, mit Polizei und SS-Kräften vor der jüdischen Hauswirtschaftsschule schräg gegenüber der Backstube aufmarschiert. Am Vorabend hatten in ganz Deutschland die Synagogen gebrannt. Nun sollte Wolfratshausen judenfrei werden. Mehr als zwölf Jahre lang waren in dieser Schule jüdische Mädchen unterrichtet worden, hatten dort gewohnt, viele von ihnen kamen fast täglich in den Bäckerladen. Hier wurden sie auch noch bedient, als in anderen Geschäften bereits die Verbotsschilder für Juden hingen. Mein Vater hat später einmal erzählt, dass da auch einige junge Frauen dabei waren, die den damals siebzehnjährigen Bäckergesellen schon interessiert hätten: »Aber es war undenkbar, als katholischer Junge mit einem jüdischen Mädchen auszugehen.« Über diesen Donnerstagmorgen, an dem die Geschichte der Mädchenschule zu Ende ging, hat er nie geredet. Vielleicht hat er sich geschämt, vielleicht ist er damals nicht einmal vor die Tür gegangen. Vielleicht blieb er aus Angst lieber in der Backstube, in der er ganz sicher hörte, was unmittelbar vor dem Fenster passierte, wie die Mädchen aus ihren Zimmern geholt wurden, wie sie sich mit ihren hastig gepackten Koffern auf der Straße versammelten und von SS-Leuten zum Bahnhof begleitet wurden, verjagt mit der Aufforderung, für immer zu verschwinden. Für meinen Vater war die Judenverfolgung Teil der nationalsozialistischen Ablehnung jeder Religion. Natürlich hat er gesehen, dass die Schikanen gegen die katholische Kirche nicht dieselbe Brutalität hatten wie die Unterdrückung der Juden. Aber er fühlte sich selbst zu sehr als Opfer der Diktatur, als dass er so etwas wie Mitverantwortung hätte sehen können. Er hat nie einen Zusammenhang hergestellt zwischen seiner Rolle als Soldat der Wehrmacht und der Judenverfolgung.

Auch Moszek Szanckower hat damals in Ciechanow keinen unmittelbaren Zusammenhang gesehen zwischen Krieg und Judenhass. Der Eroberungskrieg war das eine, der Antisemitismus etwas ganz anderes. Szanckower glaubte, dass den Deutschen die Landnahme wichtiger sei, und dass dieses entwürdigende Schauspiel der schrubbenden Juden auf den Straßen von Ciechanow nicht lange dauern könne. Das würde sicher bald vorbeigehen. So hat er es später seinem Sohn erzählt. Übergriffe, Massaker, Pogrome gegen Juden hatte es schließlich seit Jahrhunderten gegeben. Ein paar Dutzend Tote, manchmal ein paar Hundert, schlimm genug. Aber irgendwann nach ein paar Wochen oder spätestens nach ein paar Monaten war der Spuk dann doch immer vorbei gewesen, und die Vernunft oder zumindest die Ruhe kehrte zurück. Jedenfalls an der Oberfläche, damit das Leben weitergehen konnte.

Ein paar Tage nach dem Einmarsch der Deutschen in seiner Heimatstadt gelang es Moszek Szanckower, sich in der Dämmerung von der Arbeitsbrigade abzusetzen und in den Wald zu fliehen. Er traf dort auf andere Juden, immer wieder schafften es welche in den ersten Monaten nach dem Einmarsch, den Deutschen zu entkommen. Sie richteten sich auf ein paar Wochen ein, dann würden sie zu Frau und Kindern zurückkehren. Doch je länger die Deutschen im Ort blieben, desto weniger Juden gelang die Flucht, und desto düsterer wurden die Nachrichten, die sie mitbrachten. Die Deutschen richteten in den größeren Städten Gettos ein, sie beschlagnahmten Fabriken und zwangen die Gettobewohner, dort Munition herzustellen und Uniformen für die Wehrmacht zu nähen oder Holzbalken für die Soldatenunterkünfte zu hobeln. Und immer öfter kam es vor, dass die Deutschen einen Teil der Juden aussortierten, weil sie zu langsam arbeiteten oder einfach nicht mehr gebraucht wurden. Sie wurden im Gänsemarsch in ein nahes Waldstück geführt, aus dem man dann Schüsse hörte, sehr viele, meist einzeln vernehmbare Schüsse. Aber manchmal hörte man auch das Rattern von Maschinengewehren.

Hier war nicht nur eine weitere antisemitische Aufwallung am Werk, der übliche nichtige Anlass mit der üblichen rasend schnellen Eskalation und den üblichen kurzzeitigen Gewaltexzessen. Die Deutschen hatten ganz offensichtlich den Plan, massenhaft Juden umzubringen. Und was das Ganze für den polnischen Juden Szanckower noch schlimmer machte: Viele Polen halfen ihnen dabei. Die meisten Polen hassten die deutschen Soldaten, die ihr Land überfallen hatten. Aber einige sahen auch die Chance, jetzt die Juden loszuwerden und sich an ihrem Eigentum zu bereichern. Manche dachten vermutlich auch, dass sie den Blutdurst der Deutschen mit möglichst viel jüdischem Blut stillen könnten. Und viele hatten auch einfach nur fürchterliche Angst, weil die Deutschen rigoros alle erschossen, die auch nur im Verdacht standen, Juden zu helfen.

Für Moszek Szanckower brach nach und nach der Boden unter seinen Füßen weg. Er wusste nicht mehr, wem er noch trauen konnte, ob der Bauer am Waldrand, bei dem er sich Essen holte, ihn schützen oder ihn verraten würde. Die Hoffnung auf eine schnelle Rückkehr zu Frau und Kindern begann sich aufzulösen. Er begriff, dass es für ihn auch in den Wäldern immer gefährlicher wurde. Es war nur eine Frage der Zeit, bis die Deutschen auch hierher kommen würden. Immer mehr Juden machten sich deshalb auf den Weg nach Osten, in den von den Sowjets besetzten Teil Polens. Knapp drei Wochen nach Hitlers Überfall auf West-Polen hatte Stalin seine Rote Armee von der polnischen Ostgrenze aus bis zum Bug vorrücken lassen. Der Bug war der Grenzfluss, auf den sich der deutsche und der sowjetische Außenminister bei der geheimen Aufteilung Polens im August 1939 geeinigt hatten.

Irgendwann erreichte Moszek Szanckower die Nachricht, dass seine Familie wohl nicht mehr am Leben sei, dass seine Frau und seine Kinder zu einer der Aktionen in den Wald geführt worden waren. Aktionen, so nannten die Deutschen diese Massenerschießungen, bei denen kein Jude übrig blieb. Jetzt hatte Moszek noch weniger Grund, in der Gegend zu bleiben. Er schlug sich durch bis weit hinter den Bug. Und als die deutsche Wehrmacht immer weiter nach Osten vorrückte, da zog auch er weiter und vergrößerte den Abstand. Sczanckower war einer der rund 300 000 polnischen Juden, denen damals die Flucht vor den Deutschen in die Sowjetunion gelang.

In Stalins Einflussbereich wurden die polnischen Juden auch nicht gut behandelt, aber sie wurden nicht systematisch umgebracht. Später, 1941, als die Wehrmacht auch die Sowjetunion überfiel, ließ Stalin viele Polen nach Sibirien deportieren. Tausende polnische Juden wurden damals von der sowjetischen Polizei und von der vorrückenden Roten Armee aufgegriffen. Als Ausländer waren sie potenziell unsichere Kantonisten und wurden in Züge nach Sibirien verfrachtet. Mehr noch als die Polen standen Balten, Weißrussen und Ukrainer bei Stalin unter dem Generalverdacht, mit den Deutschen zu kollaborieren oder zumindest gelegentlich für die Deutschen zu spionieren. Der Verdacht hatte einen wahren Kern, denn vor allem in den baltischen Staaten, die 1940 von sowjetischen Truppen besetzt worden waren, gab es viele, die sich vom Einmarsch der Deutschen die Befreiung vom sowjetischen Kommunismus erhofften und deshalb zur Zusammenarbeit mit den deutschen Truppen bereit waren. Nur: Für Juden galt das so gut wie nie, und schon gar nicht für polnische Juden. Die erhofften sich nichts Gutes von den Deutschen.

Doch Russlands Osten brauchte Arbeitskräfte. Im dünn besiedelten Sibirien, unendlich reich an Rohstoffen und unendlich arm an Menschen, wurden immer Arbeitskräfte gebraucht. Seit Zarenzeiten wurden deshalb Menschen dorthin verschleppt. Seit Zarenzeiten wurden dort Arbeitslager für Kriminelle und sogenannte Politische unterhalten. Und seit Zarenzeiten nahmen es die Herrschenden nicht so genau mit der Frage, ob die Verschleppten wirklich kriminell oder politisch waren, Hauptsache Arbeiter. Stalin hat die Lager nicht erfunden, er hat sie nur besonders gut gefüllt.

Moszek Szanckower hatte Glück. Er wurde nicht aufgegriffen, er schaffte es, sich bis nach Usbekistan durchzuschlagen, gut fünftausend Kilometer auf vielen Umwegen, selten auf direktem Weg. In Taschkent gebe es Arbeit, warmes Wetter und Südfrüchte, hörte er immer wieder, vor allem aber gebe es dort eine Bevölkerung, die Juden leben ließe. Manchmal waren es Russen, die so redeten, meistens aber Juden, die selbst auf der Flucht waren und das irgendwo aufgeschnappt hatten. Oft ging man ein Stück zusammen, dann trennten sich die Wege wieder, trotz des gleichen Ziels. Wer eine Mitfahrgelegenheit ergattern konnte, und sei es nur für ein paar Kilometer auf der Ladefläche eines Lastwagens, eines Traktors oder ein Stück mit einem Zug, der nutzte die Gelegenheit.

In Taschkent, auf dem lokalen Markt, fand Moszek Szanckower bald Anschluss. Er erwies sich als kontaktfreudiger und geschickter Händler, erarbeitete sich ein bescheidenes Auskommen und hatte bald einen weiten Freundeskreis. In Taschkent lernte er seine zweite Frau Menicha kennen. Auch sie war bereits verheiratet gewesen, hatte mit ihrer Familie in der Stadt Chisinau gelebt, der heutigen Hauptstadt der Republik Moldau. 1940 musste Rumänien das Gebiet an die Sowjetunion abtreten, konnte es aber 1941 mit Unterstützung der Deutschen zurückerobern. Bei den darauffolgenden Massakern an der jüdischen Bevölkerung verschwand auch Menichas Mann. Er sei verschollen, hieß es, niemand wusste Genaueres. Voller Panik nahm Menicha ihren neunjährigen Sohn Leo und floh mit ihm erst ein Stück nach Norden, dann nach Osten, dann nach Süden, viereinhalbtausend Kilometer bis Taschkent.

Als der Krieg zu Ende war, packten Moszek, Menicha und Menichas Sohn ihre Habseligkeiten und reisten heim nach Polen, in Moszeks Heimatstadt Ciechanow. Moszek Szanckower wollte mit seiner neuen Familie an sein altes Leben anknüpfen. Aber da war nichts mehr, an das er anknüpfen konnte. Wehrmacht und SS hatten alles Jüdische in Polen ausgelöscht, die Synagogen zerstört, die Schtetl abgebrannt und die Juden umgebracht. Überlebt haben fast ausschließlich Juden, die es in die Sowjetunion geschafft hatten und nun nach Hause zurückkehrten.

Der Empfang in der alten Heimat war eisig. »Euch gibts ja doch noch, wir haben nicht gedacht, dass ihr noch mal zurückkommt«, sei noch die freundlichste Art der Begrüßung gewesen, erzählt Majer Szanckower, »mit euch haben wir nicht mehr gerechnet.« Majer war damals noch nicht auf der Welt, er kennt die Geschichten nur aus den Gesprächen in der Familie. Doch die Folgen betrafen auch ihn, der noch gar nicht geboren war. Der von den Deutschen organisierte Holocaust hat seine Familie dezimiert, Majer Szanckower ist ohne Großeltern aufgewachsen, ohne Onkel und ohne Tanten, ohne Cousins, ohne Cousinen und ohne die Geschwister aus der ersten Ehe seines Vaters. Alle ermordet. Die Judenvernichtung der Deutschen und der anschließende polnische Antisemitismus haben ihn auf Jahrzehnte heimatlos gemacht.

Natürlich habe es in Ciechanow auch Nachbarn gegeben, die den Rückkehrern halfen, die freundlich waren, die sich an alte Freundschaften erinnerten. Aber sie waren nicht die Mehrheit.

Bei Weitem nicht. Die Grundstimmung war aggressiv ablehnend gegenüber den heimkehrenden Juden. Der alte Antisemitismus, der wie in ganz Europa auch im katholischen Polen eine lange Tradition hatte, dieser Antisemitismus war durch Krieg und Holocaust nicht verschwunden. Im Gegenteil, er war brutaler und aggressiver geworden, auch, weil die Beute längst verteilt war. Das Eigentum der ermordeten und auch der geflohenen Juden hatte meist neue Besitzer, wie Majer Szanckower von seiner eigenen Familie gehört hat: »Da kamst du in deine Wohnung, da haben die an deinem Tisch gesessen und mit deinem Besteck gegessen.«

Auf Polizei und Justiz konnten die Juden nicht zählen. Die polnischen Behörden ergriffen in den meisten Fällen ziemlich eindeutig Partei gegen die Juden. Jüdische Hilfsorganisationen in Berlin berichteten in dieser Zeit, dass einige der jüdischen Flüchtlinge offizielle Schreiben polnischer Behörden mitbrachten: Juden, die ihr früheres Haus oder ihre Wohnung zurückverlangten, wurden unter Androhung der Todesstrafe aufgefordert, innerhalb von zehn Tagen eine Entschädigung von 10000, manchmal auch 20000 Zloty wegen »Drangsalierung der polnischen Bevölkerung und der Bereicherung an ihrem Besitz« zu zahlen.[31]

In diesem oftmals von den polnischen Behörden geschürten Antisemitismus der Nachkriegszeit häuften sich auch die Übergriffe. Juden wurden bedroht, verprügelt, und immer wieder wurden welche erschlagen. Die von den Sowjets in Warschau eingesetzte und von weiten Teilen der Bevölkerung wenig geliebte kommunistische Regierung nutzte den Judenhass offensichtlich als Ventil für den Unmut der Bevölkerung über die schlechte wirtschaftliche Lage. Nach offiziellen Zahlen der polnischen Nachkriegs-Regierung waren allein im ersten Jahr nach dem Abzug der Deutschen mehr als 350 Menschen bei antijüdischen Hetzjagden umgebracht worden. Inoffizielle Schätzungen gehen von vielfach höheren Todeszahlen aus.[32]

Der Pogrom von Kielce am 4. Juli 1946 markierte dann den Höhepunkt und setzte einen Massenexodus nach Westen in Gang. Der Anlass war bizarr, die Folgen fürchterlich. In Kielce

Halb Föhrenwald, halb Waldram. Das Bild wurde um 1956 aufgenommen, als im hinteren Teil der Siedlung noch die letzten Juden und vorne schon die ersten katholischen Siedler wohnten. Ganz vorne, am Bahngleis, das Haus von Amalie Gehring, Beobachterin und Shabbes-Goya. [1]

Regierungslager Föhrenwald. [2]

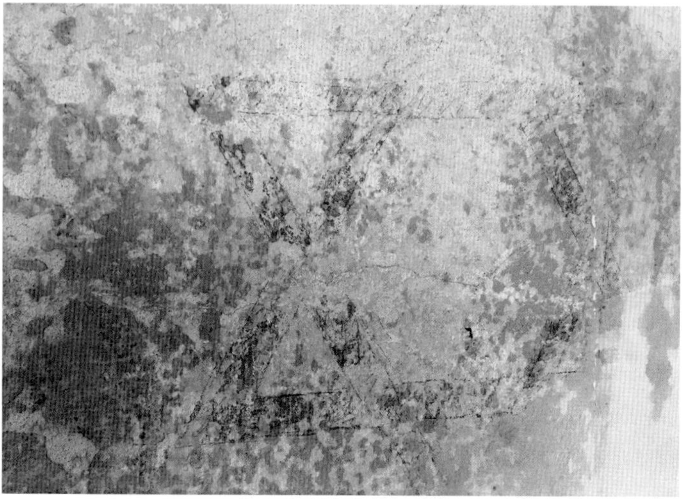

Die Thoraschule im Wohnzimmer. Mehr als 60 Jahre verblasste der Davidstern unter der Tapete. Aber er ist nicht verschwunden. [3]

Beschneidung. Das Leben im Föhrenwald verlief streng nach den Regeln der jüdischen Traditionen. Alle hielten sich daran, obwohl sehr viele Juden nach dem Holocaust nicht mehr an Gott glauben konnten. [4]

Rabbiner mit ihren Religionsschülern. Für eine kurze Zeit lebte das von den Nazis zerstörte osteuropäische Judentum in Föhrenwald wieder auf. [5]

Christliche Weihnachten in der jüdischen Schulklasse. Die katholischen Lehrer konnten nicht anders. Vierte von links, mit Blick auf den Weihnachtsbaum, ist Helene Berger, die einzige Jüdin in ihrer Familie, wie sie sagt. [6]

Boris Gerczikow 1953 mit der israelischen Fahne. Israel war für viele bis zuletzt die Hoffnung, die Zukunft, Föhrenwald der Wartesaal, um dorthin zu kommen. [7]

Feier zum israelischen Unabhängigkeitstag 1955 vor den Versammlungsgebäude des DP-Lagers. Israel war in Föhrenwald immer präsent, viel präsenter als das umliegende Deutschland. [8]

Vollversammlung im Lager. Die Bewohner von Föhrenwald legten großen Wert auf die strikte Einhaltung demokratischer Spielregeln. [9]

Gruppenbild mit Partisanen: Die Bielski-Partisanen haben mehr als 1200 Juden in den Naliboki-Wäldern vor der SS gerettet. Ein Teil von ihnen hat in Föhrenwald wieder zusammengefunden. [10]

Gustav Lachman, flammender Zionist und erster gewählter Chef der Selbstverwaltung, sah die wichtigste Aufgabe des Lagers in der Vorbereitung der Bewohner auf die Auswanderung nach Palästina. Schule, Sportverein, Kibbuzim – fast alles wurde danach ausgerichtet. [11]

Ab Anfang der 50er-Jahre nahm die Bevölkerung im Lager deutlich ab, das Leben normalisierte sich. 20 Jahre später lebte der Autor im ersten Stock des Hauses links, an die jüdische Lagerzeit erinnerte da nichts mehr. [12]

Die Menora am Ende der Rupertstraße wies auf eine Synagoge hin. Die Umrisse der Menora waren noch viele Jahrzehnte als Schatten auf der weißen Mauer zu erkennen. [13]

Chaim Bukszpan, zweiter von links, hat vier KZ überlebt und wurde danach von der Hagana in Oberbayern für die israelische Armee militärisch ausgebildet. Hier als Soldat im Unabhängigkeitskrieg 1948. [14]

Die zerstörte Exodus47 bei ihrer Ankunft in Haifa. Die 4500 Holocaustüberlebenden wurden von der britischen Marine nach Deutschland zurückgebracht. [15]

war ein achtjähriger Junge am Abend nicht nach Hause gekommen, und als er zwei Tage später wiederauftauchte, da hatte sein Vater längst die Polizei alarmiert. Im Streit zwischen Vater und Sohn entstand dann die Entführungsgeschichte. Der Junge behauptete, er sei von einem Juden ins jüdische Gemeindehaus gelockt und dort in den Keller gebracht worden. Dort würden christliche Kinder gefangen gehalten und gefoltert und rituell ermordet. Zum Glück sei ihm die Flucht gelungen, andere Kinder aber seien noch dort.[33]

So unglaubwürdig die ganze Geschichte war – das Gemeindehaus hatte wegen des nassen Untergrunds gar keinen Keller –, sie wurde nicht nur von den Polizisten geglaubt, sie machte rasend schnell die Runde in Kielce, wo sich sofort mehrere Dutzend Menschen auf die Jagd nach den wenigen Juden machten, die den Holocaust überlebt hatten. Am Ende des Tages lagen 42 erschlagene Juden auf den Straßen, 80 weitere waren schwer verletzt worden, dazu noch einige nichtjüdische Bürger, die den Irrsinn verhindern und den Juden zu Hilfe eilen wollten.

Der polnisch-amerikanische Historiker Jan Tomasz Gross hat die Hintergründe des Pogroms von Kielce und anderer Pogrome recherchiert und ein Buch über den »Antisemitismus nach Auschwitz in Polen« geschrieben. Von den 25 000 Juden, die vor dem Krieg in Kielce lebten und mehr als ein Drittel der Bevölkerung ausmachten, waren bis Juli 1946 gerade einmal 200 aus der Sowjetunion zurückgekehrt. Sie trafen auf eine Mauer der Ablehnung und auf eine Bevölkerung, die nur zu bereit war, die hanebüchene Mär von den eingesperrten und gequälten Kindern mitten in der Stadt zu glauben.

Die Legende vom Ritualmord an christlichen Kindern taucht seit dem Mittelalter immer wieder auf und findet bis heute Anhänger. Juden bräuchten christliches Kinderblut für ihre Matzen, also für ihr ungesäuertes Pessachbrot, das traditionell zum jüdischen Osterfest gegessen wird. Manchmal würden sie das junge Blut auch für rätselhafte Heilmethoden nutzen, weshalb sie auch vor Kindermord nicht zurückschreckten.

In Kielce, so hat es Thomasz Gross recherchiert, war es ein Mob von Bürgern quer durch alle sozialen Schichten, Hausfrauen, Handwerker, Akademiker, die zum Haus der jüdischen Gemeinde zogen. Bei der Erstürmung des Gebäudes waren lokale Polizisten und Soldaten behilflich, sie brachen die Türen auf und feuerten Schüsse ins Haus. Und obwohl sie dort weder gefangene Kinder noch irgendwelche verdächtigen Spuren fanden, wurden die Juden noch stundenlang verfolgt und viele von ihnen zu Tode geprügelt.

Die Nachricht vom Pogrom in Kielce ging wie ein Lauffeuer durch ganz Polen. Als Moszek Szanckower im 230 Kilometer entfernten Chichanow davon hörte, fasste er – wie so viele – den Entschluss, das Land so schnell wie möglich zu verlassen. Gerade das Mitwirken von Polizisten und Soldaten an diesen Morden verstanden die meisten Juden als Fanal zum Aufbruch, als Menetekel, dass sie schon wieder recht- und schutzlos sein würden. »Da dachten alle nur noch, nichts wie weg hier«, sagt Majer Szanckower, »in diesem Land haben wir nichts mehr verloren.«

Der Pogrom von Kielce hatte ein juristisches Nachspiel. Die Drahtzieher wurden verurteilt, neun von ihnen hingerichtet. Doch da war die Massenflucht längst im Gang. Fast 200 000 Juden machten sich überstürzt auf den Weg nach Westen. Nicht nur aus Polen, auch aus der Tschechoslowakei, aus Ungarn, aus Rumänien, aus Lettland, Litauen und Estland, aus all den Ländern, in denen heimgekehrte Juden von der Mehrheit der Bevölkerung abgelehnt und von den neuen kommunistischen Regierungen im Stich gelassen wurden. Der deutsch-israelische Historiker Dan Diner schreibt, dass sich die schrecklichen Ereignisse von Kielce tief ins kollektive jüdische Bewusstsein eingebrannt und zur Entstehung eines neuen jüdischen Gemeinschaftsgefühls beigetragen hätten. Kielce habe die Sehnsucht nach einem sicheren Land für Juden noch einmal verstärkt und die Entstehung Israels befördert.[34]

Sicher ist, dass der Pogrom von Kielce bei vielen Juden in ganz

Europa Alarm auslöste, das Gefühl, wieder in akuter Lebensgefahr zu sein. Es war vor allem das Ende der Hoffnung, dass nach der Katastrophe des Holocaust erst einmal wieder Ruhe sein würde. Nun ging es also wieder weiter mit der ewigen Bedrohung. Nicht nur die Juden standen unter Schock. Der Pogrom von Kielce erhöhte auch den Druck auf die Politiker in Washington und London, eine Lösung für die heimatlosen Juden zu finden. Zu den inzwischen nur noch 25 000 Juden in den deutschen Auffanglagern kamen innerhalb weniger Monate knapp 200 000 mehrheitlich aus Osteuropa dazu. Das Problem der Unterbringung, Versorgung und Zukunftsplanung für die entwurzelten Juden in Deutschland, das sich gerade langsam aufzulösen schien, es kam nicht nur zurück, es wurde größer und größer. In den Köpfen der meisten jüdischen Flüchtlinge setzte sich ein Gedanke immer stärker fest: Ruhe würden sie nur finden in einem eigenen Staat, einem jüdischen Staat, in dem sie keine Angst mehr haben müssten, aus heiterem Himmel von einer nichtjüdischen Mehrheit zum Sündenbock gemacht und massakriert zu werden.

Ob Moszek Szanckower damals von Palästina geträumt und für sein persönliches Leben auf einen Staat Israel gesetzt hat, das weiß auch sein Sohn Majer nicht. »Wir haben nie darüber geredet«, sagt er. Er habe später eine Reihe von Anträgen auf Einreisegenehmigung gefunden, die sein Vater in Föhrenwald ausgefüllt hatte, für die USA, für Kanada, Argentinien, Brasilien, selbst für Norwegen. Für Palästina habe er keinen gefunden, aber das müsse nichts heißen. »Es wurden ohnehin alle Einreiseanträge der Familie abgelehnt.« Die Zurückweisung aus Palästina und später Israel hat vielen Juden besonders wehgetan. Vielleicht habe der Vater sie deshalb nicht aufgehoben.

Auch für Deutschland hatten die Szanckowers keine Einreiseerlaubnis. Aber die Grenze zwischen dem kommunistischen Polen und der sowjetischen Besatzungszone Deutschlands war damals nicht sonderlich streng bewacht. Aktivisten der Bricha, der jüdischen Fluchthilfeorganisation, halfen den polnischen Juden über die Oder-Neiße-Linie. Das waren junge glühende

Zionisten, die meisten aus Palästina angereist, andere stammten aus den Reihen der jüdischen Partisanen und der Rückkehrer aus der Sowjetunion. Ihr Ziel war es, möglichst viele Juden ins damalige Palästina zu lotsen, um dort einen eigenen Staat aufzubauen und stark zu machen. Dass dieser Weg für die meisten Juden aus Osteuropa ausgerechnet über Deutschland führte, das haben sie gezwungenermaßen in Kauf genommen. Manche der Fluchthelfer hatten sich in Berlin eingerichtet, mit engen Kontakten zu den amerikanischen und britischen Besatzungstruppen. Während die Regierung in London den jüdischen Staat um jeden Preis verhindern wollte, gab es in der britischen Armee gut 50 000 jüdische Soldaten, die alles unternahmen, um eben diesen jüdischen Staat möglich zu machen. In den Reihen der amerikanischen Besatzungstruppen dienten etwa 55 000 Juden.

Mit ihrer Hilfe gelang es den Bricha-Leuten immer wieder, in Berlin Armee-Lastwagen aufzutreiben und damit an die polnische Grenze zu fahren, meist irgendwo nordöstlich von Berlin, auf der Höhe von Stettin. Bei der Rückfahrt hatten sie dann jeweils ein paar jüdische Familien auf der Ladefläche, die sie in den Auffanglagern im amerikanischen Sektor am Schlachtensee und in Marienfelde ablieferten.

Moszek Szanckower landete mit seiner Frau und ihrem inzwischen 13-jährigen Sohn Leo im Düppel-Center am Berliner Schlachtensee, einer ehemaligen Militärsiedlung, die die US-Truppen im Mai 1945 beschlagnahmt hatten, und die sie nun, im Januar 46, wieder freimachten, um Platz zu schaffen für die »Infiltrees« aus Polen. Hier waren die Juden in Sicherheit, unter dem Schutz der US-Besatzer, mit einem hohen Zaun ringsherum, mit Ausweiskontrolle, Zugang für Deutsche verboten. Die Versorgungslage war prekär, alles war knapp in Berlin, Verpflegung, Wohnraum, Kleidung, Heizmaterial. Und Moszeks Frau Menicha begann bald dicker zu werden, sie war schwanger. Im November 1947 kam ihr zweiter Sohn zur Welt, sie nannten ihn Majer. »Ich bin in Berlin-Tempelhof im Sankt-Josefs-Krankenhaus 1 geboren«, erzählt er und gräbt in dem Dokumenten-Berg vor sich auf dem Tisch: »Hier, schauen Sie, hier ist meine originale Geburtsurkunde. Ick bin ein Berliner.«

Ein halbes Jahr später, Ende Juni 1948, riegelte die sowjetische Regierung alle drei Straßenkorridore ab, die durch die sowjetische Besatzungszone in den Westen führten. Westberlin, das kein Umland und damit keine nennenswerte eigene Lebensmittelproduktion hatte, war über Nacht von jeglicher Versorgung abgeschnitten. Die Berlin-Blockade traf die Stadt an ihrer empfindlichsten Stelle, ohne Nachschub aus Westdeutschland drohte eine erneute Hungersnot. Westberlin, mitten in der sowjetischen Zone gelegen, war von einem Tag auf den anderen auf dem Landweg nicht mehr zu erreichen – und auch nicht mehr zu verlassen. Die Vorräte an Lebensmitteln und Heizmaterial in der ausgebombten und überbevölkerten Stadt reichten nur noch für wenige Tage. Der Kalte Krieg wurde eisig.

Es ging um Macht und Einflusszonen. Die sowjetische Regierung wollte die Westalliierten zwingen, ihr die ganze Stadt zu überlassen. Berlin sollte Teil der kommunistischen Besatzungszone werden. Für die Westalliierten stellte sich die Machtfrage. Washington und London legten sich fest, die Stadt nicht aufzugeben und sie aus der Luft zu versorgen. Von Juni 1948 bis Mai 1949 brachten Flugzeuge im Minutentakt Lebensmittel, Heizkohle, Baumaterial und alles, was sonst noch gebraucht wurde, in die Stadt.

Die Versorgungslage blieb heikel. Die US-Militärverwaltung beschloss schließlich, alle Flüchtlinge so schnell wie möglich nach Westdeutschland zu verlegen und die Lager in Berlin aufzulösen. In der ersten Augusthälfte brachte die Luftbrücke 5500 Juden von Berlin nach Westdeutschland. »Wir waren das Leergut der Rosinenbomber«, sagt Majer Szanckower trocken, »Lebensmittel wurden in die Stadt reingeflogen, wir wurden auf dem Rückweg aus der Stadt rausgeflogen.«

Die Szanckowers landeten zuerst im Lager Zeilsheim bei Frankfurt am Main und wurden dann ins DP-Lager Lechfeld bei Augsburg gebracht. Drei Jahre später, als Lechfeld aufgelöst wurde, kam die Familie nach Föhrenwald. »Wir sind in die Wisconsin Street Nummer 16 eingezogen«, erinnert sich Majer Szanckower. Er fühlte sich schnell zu Hause. Endlich keine zugige Baracke mehr, endlich ein gemauertes Haus, eine Küche und draußen nicht nur viel Platz zum Spielen, sondern auch noch viele jüdische Kinder, die ihn sofort aufnahmen.

Die meisten Familien, die zu dieser Zeit in Föhrenwald lebten, waren wie die Szanckowers Infiltrees aus Polen. Die deutschen Überlebenden der Konzentrationslager und der Todesmärsche hatten die Lager zu diesem Zeitpunkt fast alle verlassen, waren emigriert oder hatten sich in den Städten niedergelassen, wo sie schon vor dem Krieg gelebt hatten. In den Lagern dominierten die polnischen Juden, die wie die Szanckowers nach dem Pogrom von Kielce panisch nach Deutschland geflohen waren.

In Föhrenwald wurde auf den Straßen fast nur jiddisch gesprochen, so wie bei den Szanckowers in der Familie. Jiddisch war die Umgangssprache, »das war sozusagen die Amtssprache«, erzählt Majer Szanckower, »in der Schule mussten wir zwar auf Deutsch lernen, aber schon in der Pause wurde nur noch jiddisch gesprochen.« Majer fühlte sich schnell heimisch im Lager, nicht nur wegen der Sprache. In Föhrenwald waren auch viele Kinder, sehr viele davon im gleichen Alter wie Majer Szanckower. Denn zum einen war Föhrenwald von Beginn an eines der Lager, in denen die UN-Flüchtlingsorganisation UNRRA wegen der günstigen Bedingungen Familien mit Kindern und auch Waisenkinder unterbrachte. Zum anderen war Föhrenwald in den ersten Jahren nach dem Krieg einer der geburtenstärksten Orte der Welt. Das sei ein Ausdruck für den neuen Lebenswillen gewesen, meint Szanckower, »die Leute hatten ja nicht mehr geglaubt, dass sie den Holocaust überleben würden«, und als sie ihn doch überlebten, wollten sie Kinder, um ihre eigene Zukunft zu spüren. »Neues Leben, das war, wie wenn der Frühling kommt.«

Doch mit dem Frühling war das so eine Sache. Als die Szanckowers im März 1951 nach Föhrenwald kamen, trafen sie dort auch auf viele Hoffnungslose und Verzweifelte. Die Staatsgründung Israels lag fast drei Jahre zurück, die Aufbruchstimmung war in Föhrenwald längst welk geworden. Wer 1951 noch in einem der verbliebenen Auffanglager lebte, war entweder zu alt, zu schwach, zu krank oder zu arm für die Ausreise. Oder einer in der Familie hatte den gefürchteten TBC-Schatten auf der Lunge, der jede Emigration verhinderte. Manche hatten auch einfach nur Angst vor einer neuen Umgebung, Angst, dort nicht mehr unter Juden zu sein.

Moszek Szanckower und seine Frau Menicha hatten keine Angst, in einer nichtjüdischen Welt zu leben. Aber die nichtjüdische Welt wollte sie nicht haben. Bei Menicha war bei einer der damals üblichen Reihenuntersuchungen ein solcher Schatten auf der Lunge festgestellt worden, Verdacht auf Tuberkulose. Emigration praktisch ausgeschlossen.

Majers Mutter Menicha blieb gesund. Der Fleck auf dem Röntgenbild hatte vermutlich doch nichts mit Tuberkulose zu tun. Aber der falsche Verdacht klebte an der Familie und band sie an Deutschland, und Deutschland hieß in diesem Fall Föhrenwald. Die Szanckowers richteten sich ein. Der Vater eröffnete am Eingang zum Kino einen Kiosk mit Süßigkeiten und Getränken. Seine Gesundheit war angeschlagen, die Zeit der Verfolgung hatte Spuren hinterlassen, vorzeitige Alterssymptome plagten ihn, wie Dokumente aus dem deutschen DP-Archiv in Bad Arolsen bestätigen, Magenprobleme, solche Sachen. Als Geschäftsmann war er im Rahmen des Möglichen erfolgreich. Sie kamen über die Runden, hatten genug zu essen und die Mittel für das Fahrrad für den Sohn und gelegentlich ein paar neue Schuhe, wenn die anderen zu klein geworden sind.

Um die imaginierte Szene im Schuhladen zu Ende zu denken: Moszek Szanckower hat nichts gesagt zu diesem deutschen Vater und auch nichts zu seinem Sohn. Wahrscheinlich hat er die schrecklichen Erinnerungen an die deutschen Uniformen weggeschoben, wie immer, hat sie in sich hineingefressen, wie so oft. Auch mein Vater, so stelle ich mir vor, hat nichts gesagt, hat den Blickkontakt vermieden, so wie er das immer gemacht hat, wenn ihm unwohl war. Wahrscheinlich hat er überlegt, aus welchem Land der Mann wohl kam. Da im Ort nur von den Föhrenwalder Juden geredet wurde, aber nie darüber, aus welchen Ländern diese Menschen vertrieben oder verschleppt worden waren, wäre ihm Polen vermutlich nicht eingefallen. Er war nie in Polen. Er war 1942 als Gebirgsjäger gleich in den Kaukasus geschickt worden. Kam dieser Mann vielleicht sogar aus dem Kaukasus? War er als Kriegsgefangener nach Deutschland verschleppt worden? Dass er aus dem Osten kommen musste, war klar, sonst wäre er elf Jahre nach dem Krieg längst zurückgekehrt. Warum konnten manche zurückkehren, viele andere aber nicht? Was haben die Amerikaner mit denen eigentlich vor, was machen die in Föhrenwald? Warum sind da immer noch so viele Juden?

Aber wahrscheinlich hat sich mein Vater gar nicht so viele Fragen gestellt. Ende der 50er-Jahre war Deutschland mittendrin im Vergessen. Der Schutt der Bombenschäden war weggeräumt, die zerstörten Großstädte zu einem großen Teil wieder aufgebaut, die verschonten Kleinstädte wieder hübsch herausgeputzt. Die meisten Menschen hatten Arbeit, wachsendes Einkommen und wieder Perspektiven vor Augen. Natürlich sah man überall in den Straßen die Kriegsversehrten, den Ärmel der abgeschabten Anzugjacke schlaff herunterhängend oder eines der Hosenbeine leer nach hinten hochgenäht. Menschen mit Krücken oder mit Blindenstock gehörten zum Alltag. Aber war das nicht der Beleg dafür, dass der Krieg für alle schrecklich war, dass man selbst Opfer war und Mitleid verdiente?

Für die Juden in Föhrenwald war nicht mehr viel Mitleid übrig. Moszek Szanckower bekam das regelmäßig zu spüren. Als die bayrischen Behörden wieder mal drängten, er müsse sich endlich entscheiden, wo er und seine Familie künftig leben wollten, da schrieb sich Moszek Szanckower für eine Zukunft in Frankfurt ein. Irgendjemand hatte ihm gesagt, dass es dort für Juden besser sei als in München. Den Papierkram erledigte inzwischen der zehnjährige Majer, er hatte die längste Schulausbildung in der Familie. Sein Vater war in Polen nur kurz auf einer Schule gewesen, seine

Mutter hatte in Chisinau überhaupt nie richtig lesen und schreiben gelernt. Ihr Geburtsdatum kannte sie nicht, aber weil die deutschen Behörden ein Geburtsdatum brauchten, hat sie sich für den 4.4.1921 entschieden. 1921 dürfte ungefähr hinkommen, schätzt Majer, den 4.4. habe seine Mutter gewählt, weil sie sich nicht merken konnte, ob man zuerst den Tag und dann den Monat hinschreibt oder umgekehrt. »Beim 4.4. ist es egal«, sagt Majer Szanckower, »da kann man keinen Fehler machen.« Für Juden sei die Genauigkeit solcher Daten nicht wichtig gewesen, aber sie hätten gelernt, dass die deutschen Behörden großen Wert auf die genaue Herkunft und das exakte Alter legten und dass persönliche Zahlen über Leben und Tod entscheiden konnten. Wer an der Selektions-Rampe vor dem KZ einen Tag zu jung oder zu alt war, konnte im Gas landen. »Juden haben in solchen Fragen immer überlegt, was kann nützen, was kann schaden.«

Mitte 1955 zogen in Föhrenwald die ersten katholischen Siedler in frei gewordene und frisch renovierte Häuser ein. Die Juden wurden nach und nach in den hinteren Teil der Siedlung abgedrängt. Majer Szanckower erinnert sich, dass er mit seinen Eltern im letzten Jahr in Föhrenwald dreimal umgezogen ist, immer ein Stück weiter nach hinten, wenn dort gerade wieder jemand ausgezogen war. Damit vorne eine katholische Familie nachrücken konnte. Die Umzieherei, da ist er sich sicher, war Teil der bayerischen Strategie, die Juden mürbe zu machen und auf diese Weise loszuwerden.

Als Föhrenwald im Februar 1957 endgültig geräumt wurde, zog der größte Teil der verbliebenen Juden nach München in bereitgestellte Sozialwohnungen um. Nach Frankfurt kamen dreiundzwanzig Familien sowie achtzehn alleinstehende Männer und eine Frau. Die meisten landeten in zwei Wohnblocks in der Waldschmidtstraße. In Klein-Föhrenwald, wie sie erleichtert feststellten, als sie ihre früheren Nachbarn wiedersahen. Majer Szanckower hat in Frankfurt später Zahntechniker gelernt, hat seine eigene Dental-Firma betrieben, bevor er mit Mitte 50 die Verwaltung der jüdischen Friedhöfe Frankfurts übernommen hat.

Deutschland wurde seine Heimat und die Heimat seiner Kinder. Doch Israel, das Land, das seine Familie vor sechzig Jahren nicht haben wollte, blieb Teil seines Lebens. Israel ist das Sicherheitsnetz, wenn es wieder eng werden sollte für Juden. »Die zunehmenden antisemitischen Vorfälle in Deutschland machen mir Angst«, sagt er. Er kann sich nicht vorstellen, mit seinen gut siebzig Jahren noch einmal in ein anderes Land zu ziehen. »Aber man weiß ja nie«, meint Szanckower. Israel ist das einzige Land auf dieser Erde, in dem Juden nicht in der Minderheit sind. »Israel ist unsere Lebensversicherung.«

Eid auf Thora und Pistole

Die geheime Kampfausbildung der Juden im Voralpenland

»Ich verlange, dass die Juden sich in den Lagern (für den Kriegsdienst) melden. Sie sind praktisch Bürger Israels.«

Nachum Schadmi, Oberbefehlshaber der Haganah in Europa

Vom Weinbuchner Hof bis zum Hochlandlager an der Oberen Rothmühle sind es ungefähr zwei Kilometer. »Als Kinder sind wir da oft unten gewesen«, erzählt Georg Weinbuchner, »da haben wir natürlich gesehen, dass da Juden waren.« Sein Vater war damals Bürgermeister der Gemeinde Osterhofen, vor dem Krieg schon und danach wieder. Dazwischen hatten die Nazis einen Parteigänger als Ortsvorsteher installiert. Schon vor dem Krieg hatten Jugendführer der Partei an der Rothmühle ein Sport- und Ausbildungslager für die Hitlerjugend aufgebaut. »Da gab's keine Probleme mit denen«, sagt Weinbuchner, »das waren halt junge Leute, die viel Sport gemacht haben.« Und danach mit den Juden? »Da war auch nichts Besonderes, die haben es mit der Landwirtschaft probiert, aber das war nichts Richtiges.«

Das Hochlandlager ist eine große und weitverzweigte Lichtung mitten im Wald, im Süden ragt blau die Bergkette der Alpen über die Bäume, bei Ostwind hört man das Rauschen der nahen Isar. Als Jugendlicher habe ich hier manchmal gezeltet. Auf den weiten Wiesen stehen noch immer verstreut ein paar Holzbaracken, nur am Waldrand gruppieren sich inzwischen drei moderne

Seminar- und Übernachtungsgebäude aus Holz und Glas. Seit gut fünfzig Jahren ist das Hochlandlager eine Jugendbildungsstätte. Die Holzbaracken sind zum Teil noch von der Hitlerjugend gebaut worden, im nahen Wald findet man einen 15 Meter hohen Wasserturm aus der HJ-Zeit, verrostete Freiluft-Waschanlagen und überwucherte Grundmauern von irgendwelchen Gemeinschaftsräumen, die der Witterung nicht standgehalten haben.

Zehntausende von Hitlerjungen wurden hier für den Kampf um die Weltherrschaft gedrillt, Zehntausende von Mädchen mit Sport und Spiel für den Nationalsozialismus begeistert. In den letzten Kriegsmonaten wollte die NS-Führung das Hochlandlager zu einem Ausbildungszentrum für »Werwölfe« umwandeln. Hitlerjungen und alte Volkssturmmänner sollten hier für Partisanenkämpfe gegen die anrückenden Alliierten geschult werden, um die Heimat zu verteidigen. Als sich abzeichnete, dass der Krieg verloren war, machten sich die Lagerführer aus dem Staub. Einige Anwohner der benachbarten Dörfer nutzten die Gelegenheit, um die Lebensmittelvorräte im Kameradschaftshaus zu plündern. In der näheren Umgebung sammelten noch ein paar Volkssturmmänner einige der verbliebenen Hitlerjungen ein, um in Werwolf-Aktionen den amerikanischen Panzern entgegenzutreten. Als die Panzer dann in endlosen Kolonnen anrollten, erkannten sogar die verbohrtesten Volksstürmer, dass dieser Krieg nicht mehr zu gewinnen war. Nur in einem Dorf auf der anderen Seite der Isar wurde drei Stunden lang geschossen. Dann war die Sache auch dort entschieden. Die Schlacht ums Voralpenland fand nicht statt.

Die US-Truppen erreichten das Hochlandlager ohne Schießerei. In den Baracken quartierten sie Überlebende des Todesmarsches ein. Einige Monate später beschlagnahmten sie die beiden angrenzenden Bauernhöfe. Das Hochlandlager wurde zur landwirtschaftlichen Außenstelle von Föhrenwald, die jüdische Selbstverwaltung richtete einen Kibbuz ein, in dem sich vor allem junge Jugendliche auf Palästina vorbereiten sollten. Dass die jüdischen

Agrar-Lehrlinge mit Landwirtschaft bis dahin wenig zu tun hatten, das hat der Bauernsohn Georg Weinbuchner damals sofort gesehen. Agrarwissen war bei Juden traditionell kaum verbreitet. Seit Jahrhunderten war es ihnen in fast allen Ländern Europas verboten, Land zu besitzen. Selbst als das Verbot aufgehoben wurde, blieb die Unsicherheit, weshalb sich die allermeisten Juden auch weiterhin lieber auf andere Berufe konzentrierten. Sie wurden Kaufleute, Viehhändler, Handwerker und in den Städten mit zunehmender Assimilierung oft Anwälte, Ärzte, Wissenschaftler. Doch in Palästina würden fähige Bauern gebraucht, die in der Lage waren, den manchmal sumpfigen, meist aber eher ausgedörrten Boden fruchtbar zu machen und ausreichend Lebensmittel herzustellen. Schon vor dem Krieg entstanden allein rund um Berlin sechzehn sogenannte Hachschara-Bauernhöfe, wo sich jüdische Jugendliche und junge Erwachsene auf ein neues Leben nach der Auswanderung vorbereiteten. In Ahrensdorf etwa lernten jüdische Pfadfinder aus der Großstadt, wie man Land bestellt, um für Palästina gewappnet zu sein. Weiter östlich, in Neuendorf im Sande, ackerten auch Künstler und Intellektuelle, von denen dann allerdings viele in die USA und nach Argentinien auswanderten.

Als die US-Militäradministration sofort nach Kriegsende rund 300 Bauernhöfe von ehemaligen Nazigrößen beschlagnahmte, wollte sie am Anfang vor allem zusätzliche Möglichkeiten schaffen, Displaced Persons unterzubringen. Junge Menschen sollten dort der Langeweile in den Lagern entgehen und durch landwirtschaftliche Beschäftigungen wieder Sinn in ihrem Leben finden. Auf diesen Höfen entstanden dann sehr schnell sozialistisch organisierte Ausbildungszentren der Hachschara. Der bekannteste war der Kibbuz Nili auf dem Pleikertshof bei Nürnberg. Der Pleikertshof gehörte bis 1945 Julius Streicher, dem Herausgeber des Nazi-Hetzblattes »Der Stürmer«. Rund 130 Juden wohnten dort nach dem Krieg zusammen und lernten, wie man Äcker bestellt und Nutztiere hält.

Im Hochlandlager lebten bald mehr als 300 Juden, verteilt auf drei Kibbuzim. Dass es mit der Landwirtschaft dort nicht weit her war, wie der damals siebenjährige Georg Weinbuchner mit den Augen des Bauernsohnes schnell merkte, das hatte einen einfachen Grund: Die landwirtschaftliche Ausbildung war nur Fassade. Das Hochlandlager war ein militärisches Trainingscamp der jüdischen Untergrundorganisation Haganah, aus der später die israelische Armee hervorging. Die Tarnung hat offensichtlich funktioniert. Selbst Georg Weinbuchner und seine Freunde, die in dieser Zeit neugierig ums Lager herumstromerten, bekamen nichts mit. Weinbuchner war sichtlich überrascht, als ich ihn jetzt danach fragte und wollte es auch kaum glauben: »Militärische Ausbildung, da drunten? Das habe ich noch nie gehört.«

Die Haganah hatte sofort nach dem Krieg Kundschafter aus Palästina nach Deutschland und Osteuropa geschickt, die ausloteten, wie es um die überlebenden Juden stand. Wie viele hatten überlebt? Wie viele wollten nach Palästina? Wie viele waren bereit zu kämpfen? Und wie viele waren überhaupt in der Lage, in einen weiteren Krieg zu ziehen, der sich in Palästina längst abzeichnete? Als die Jewish Agency, die offizielle Vertretung der Juden in Palästina, in München ein Büro einrichtete, saß die Haganah von Beginn an mit in der Villa in der Möhlstraße im Stadtteil Bogenhausen. Das Büro der Jewish Agency war mit den Alliierten und der UNRRA abgesprochen, die Jewish Agency sollte sich um die jüdischen DPs in Bayern kümmern und der offizielle Ansprechpartner für die internationalen Organisationen sein. Dass die Untergrundorganisation Haganah ihre Drähte zog, blieb dem US-Militärgeheimdienst nicht verborgen. Die Amerikaner duldeten den Auftritt der Haganah in Bayern. Sie beobachteten die Aktionen der jüdischen Paramilitärs in Deutschland sehr genau, aber solange sie unauffällig im Untergrund blieben, ließen sie sie gewähren.

Das Büro in der Möhlstraße wurde schnell zum Dreh- und Angelpunkt für legale und illegale zionistische Aktivitäten. Die Haganah schickte immer mehr Mitarbeiter nach München, einige reisten gleich weiter nach Föhrenwald. Dort kümmerten sie sich unter anderem darum, dass die von den US-Truppen beschlagnahmten Bauernhöfe in der Umgebung rasch als landwirtschaftliche Ausbildungscamps genutzt wurden. Der Historiker Jim G. Tobias schreibt, dass die militärische Komponente dabei immer mitgedacht wurde.[35] Das sei bereits in der Kibbuzkultur angelegt gewesen. Die frühen jüdischen Siedler in Palästina hätten sich immer auch als Kämpfer verstanden, die ihre mühsam angelegten Felder notfalls mit Waffengewalt verteidigten: » Der mit geschultertem Gewehr pflügende Pionier stand für ein stolzes und wehrhaftes Judentum und gehörte automatisch der als Volksmiliz organisierten Haganah an. «

So ähnlich stellte sich das die Haganah auch in Deutschland vor. Schließlich war die Umgebung der Bauernhöfe, auf denen die Juden übten, mindestens so feindlich wie in Palästina. Jedenfalls nahmen die Holocaust-Überlebenden das so wahr. Auf vielen Höfen, in vielen Kibuzzim wurde deshalb auch Selbstverteidigung trainiert, um jederzeit feindliche Angriffe der deutschen Bevölkerung abwehren zu können. Nur das mit dem geschulterten Gewehr beim Pflügen, das ließ sich in Deutschland nicht umsetzen. Das Tragen von Waffen verbot das Besatzungsrecht, und da ließen die Alliierten auch nicht mit sich reden. Außer den Besatzungssoldaten durfte niemand eine Waffe tragen, selbst die deutsche Polizei blieb jahrelang unbewaffnet. Der Historiker Tobias erwähnt, dass David Ben Gurion bei seinem ersten Besuch in Deutschland den Oberbefehlshaber Eisenhower ganz direkt gefragt habe, ob man da für die Juden nicht eine Ausnahme machen könne. Juden seien in Deutschland erwiesenermaßen besonders gefährdet. Eisenhower habe abgelehnt.

Vermutlich ahnte Eisenhower, dass Ben Gurion nicht nur den Selbstschutz der Juden auf deutschen Äckern im Sinn hatte. Die beiden verstanden sich, der spätere US-Präsident und der spätere israelische Premier Ben Gurion waren aus ähnlichem Holz geschnitzt. Sie redeten gerne ohne Umschweife und hatten ähnliche Vorstellungen, wie Staaten funktionieren sollten und welche Bedeutung dem Militär dabei zukomme. Wenn etwas nicht offen gesagt wurde, dann hatte das seine Gründe. Einem Haganah-Offizier erklärte Ben Gurion wenig später klipp und klar, dass die Menschen in den DP-Lagern im künftigen Israel gebraucht würden: »Doch bevor sie nach Palästina kommen, müssen wir sie den Umgang mit Waffen lehren. Das ist einfacher hier in Europa als zu Hause, wo die Mandatsregierung so feindselig reagiert.«[36] Ben Gurion ging also längst davon aus, dass die US-Besatzungsbehörden in Deutschland auch ohne ausdrückliche Einwilligung auf militärisches Training von Juden nachsichtiger reagieren würden als die britische Besatzungsmacht in Palästina.

Bereits Anfang 1946 begann sich der Ton im Hochlandlager zu ändern. In den frühen Morgenstunden wurden nun auf den Wiesen der Lichtung mit hölzernen Stöcken Nahkämpfe ausgefochten und mit Steinen in der Größe von Handgranaten geworfen. Initiator der Veränderung war ein gewisser Shimon Avidan, der von Palästina zur Unterstützung der europäischen Haganah-Zentrale nach Paris geschickt worden war. Er sollte die Ausbildung und Rekrutierung von künftigen Soldaten für Palästina koordinieren und vorantreiben. Avidan reiste deshalb sofort weiter nach Deutschland, wo er nach geeigneten Trainingsorten suchte und im Hochlandlager fündig wurde. Das ehemalige HJ-Lager wurde zur ersten jüdischen Offiziersschule in Europa umgewidmet, verdeckt und illegal. Die Anwärter kamen aus den DP-Lagern und wurden in achtwöchigen Kursen zu militärischen Ausbildern und Führungskräften geformt. Die jungen Männer und Frauen gingen danach meist zurück in ihre DP-Camps und gaben dort ihr Wissen weiter. Im Herbst 1946 fiel den Spähern des US-Militärgeheimdienstes zum ersten Mal auf, dass der Fußballklub Makkabi Föhrenwald seine Spieler im Lesen militärischer Karten ausbildete und sie regelmäßig exerzieren ließ.

Der damals 35-jährige Shimon Avidan war eine schillernde Persönlichkeit. Er sprach als gebürtiger Deutscher fließend deutsch und zusätzlich hebräisch, kannte sich in Deutschland bestens aus und hatte in Spanien, Palästina und Italien militärische Erfahrung gesammelt. In Palästina hatte er für die Haganah Aktionen gegen die radikaleren jüdischen paramilitärischen Gruppen Irgun und Lehi kommandiert, denn die Haganah wollte keine terroristischen Milizen neben sich dulden. In Deutschland hielt Avidan engen Kontakt zur »Nakam«, einer kleinen Gruppe von etwa 50 Holocaust-Überlebenden, die sich Rache an den Deutschen geschworen hatten. Fast alle hatten ihre gesamte Familie verloren und sahen es als Akt der Selbstachtung an, so viele Deutsche wie möglich umzubringen, am besten sechs Millionen. Die Vorbereitungen zur Vergiftung des Trinkwassers von Dachau und von Nürnberg etwa waren bereits weit fortgeschritten. Agenten waren in die Wasserwerke eingeschleust worden, das Gift schon in einem Rucksack unterwegs von Tel Aviv nach Deutschland. Doch dann griff die Führungsriege der Haganah ein und verhinderte die Gift-Anschläge. Der Chef der Nakam, Abba Kovner, wurde auf dem Schiff von britischen Sicherheitskräften festgenommen, die einen Tipp bekommen hatten. Das Gift landete im Meer, der Nakam-Chef für vier Monate in einem ägyptischen Gefängnis.[37]

Shimon Avidan verstand das Rachebedürfnis der Nakam-Leute. Aber er war gegen Aktionen, bei denen auch Unschuldige umkommen würden. Seiner Ansicht nach sollten »nur die Mörder mit Blut an den Händen herausgesucht und aufs Korn genommen werden«. Die israelische Professorin Dina Porat hat die ganze Nakam-Geschichte ausführlich recherchiert und kommt unter anderem zu dem Schluss, dass Avidan nicht nur selbst eine Reihe ehemaliger Gestapo- und SS-Führer umgebracht hat. Auch beim Aufbau der »ersten Ausbildungsstätte für Truppführer der Haganah auf europäischem Boden« hätten Avidans Rachegedanken eine Rolle gespielt. In den ersten Monaten hätten junge Menschen in den von Avidan konzipierten Kursen für Einzelkämpfer gelernt, mit Messern, Pistolen und den eigenen Händen zu töten. Einige seien danach losgezogen, Deutsche zu töten.

Die politische Führung der Juden in Israel lehnte solche Rachemorde, wenn es sie denn gegeben hat, weitgehend ab. Für Ben Gurion stand die Gründung des Staates Israel im Vordergrund.

Das war wichtiger, alles andere hatte sich unterzuordnen. Ben Gurion fürchtete, dass die Racheaktionen die politische Unterstützung in Washington und auch in Moskau gefährden könnten. Er tat deshalb alles, um die Haganah auf seine Linie zu bringen. Die Nakam blieb eine kurze Episode, angesichts des Unrechts und der Gräueltaten des NS-Regimes war es eine erstaunlich kurze und kleine Episode. Fast alle Holocaust-Überlebenden klagen bis heute über Schuldgefühle gegenüber den Ermordeten: Warum habe ich überlebt, warum nicht sie? Was habe ich getan, dass meine Frau und meine Kinder den Tod bekommen haben und ich das Leben? Warum konnte ich sie nicht retten? War ich zu feige? Rache zu nehmen für die Toten, das wäre vielleicht ein Ausweg gewesen, glauben manche, ein Ausweg aus der Ohnmacht und der Selbstanklage. Doch nur eine verschwindende Minderheit der jüdischen Überlebenden hat diesen Weg gewählt.

Shimon Avidan betrachtete den Aufbau der Offiziersschule im Hochlandlager als seine ganz persönliche Aufgabe. Er kümmerte sich darum, dass die Haganah mehr Waffen besorgte, warb Ausbilder an, wie etwa den Vorsitzenden des Selbstverwaltungskomitees von Föhrenwald, Gustav Lachman, und kam regelmäßig selbst vorbei, um den Rekruten zum Abschluss der Lehrgänge den Treueeid auf die Haganah abzunehmen. Doch die Fortschritte waren zäh, es fehlte an vielem, vor allem an militärisch erfahrenen Trainern. Leute wie Lachman wussten viel über die Geschichte Palästinas, über Staatsaufbau und über die internationalen politischen Zusammenhänge. Aber sie hatten selbst nie in einer Armee gekämpft und konnten wenig praktisches Wissen vermitteln. Die ehemaligen Soldaten der Roten Armee und auch die der jüdischen Brigade brachten dieses Wissen zwar mit, doch das waren nicht so viele. Dazu kam, dass der amerikanische Geheimdienst im Hochland inzwischen doch etwas genauer hinschaute, vor allem, nachdem eine Baracke mit Munition explodiert war und in den Dörfern rundherum für einige Aufregung gesorgt hatte.

Zwischenzeitlich wurde die paramilitärische Ausbildung sogar ins fränkische Wildbad in der Nähe von Nürnberg verlegt, vermutlich, um der Beobachtung durch den US-Geheimdienst etwas auszuweichen. Aber alles war kleiner dort, enger, für deutlich weniger Rekruten geeignet. Nach gut einem halben Jahr kehrte die Offiziersschule wieder zurück ins weitläufige Hochlandlager. Im Herbst 1947 nahm die verdeckte Ausbildung plötzlich Fahrt auf. Nach der völlig aus dem Ruder gelaufenen Aktion der britischen Marine gegen das Flüchtlingsschiff »Exodus 1947« zeichnete sich ein Ende des britischen Mandats in Palästina ab. Die Leute um Ben Gurion und an der Spitze der Haganah begannen sich auf die Staatsgründung Israels und den zu erwartenden Krieg vorzubereiten.

Das war auch im Hochlandlager zu spüren. Die Haganah schickte immer mehr Ausbilder und ließ sich vorrechnen, mit wie vielen Kämpfern für Palästina zu rechnen sei. Die Planungen sahen vor, in wenigen Monaten zwischen 600 und 800 Führungskräfte heranzuziehen, die dann in die DP-Lager ausströmen und dort Rekrutierung und Grundausbildung möglichst vieler einfacher Soldaten vorantreiben sollten. Geübt wurden Häuserkampf und Gefechte in schwierigem Gelände. In Spezialkursen wurde trainiert, wie man größere Mengen von Menschen unbemerkt über Bergwege führt – eine Fähigkeit, die bald gebraucht wurde, um die ausgebildeten Kämpfer von Bayern über Österreich in italienische und französische Häfen zu bringen. Die Zunahme der militärischen Aktivitäten blieb auch dem US-Geheimdienst nicht verborgen. Doch nachdem die britische Regierung ankündigte, ihr Mandat für Palästina niederzulegen, fühlte sich die US-Militäradministration ganz offensichtlich nicht mehr zum Eingreifen verpflichtet. Sie drückte nun beide Augen zu. Sie sah einen jüdischen Staat in Palästina zunehmend als einzig dauerhafte Lösung an.

Auch in Föhrenwald stieg die Fieberkurve steil an. Wie in allen größeren DP-Lagern wurde ein Rekrutierungsbüro eröffnet, Anwerbekampagnen setzten ein für die Armee eines Landes, das es noch gar nicht gab. In den Sportvereinen der Camps wurden die Kommandos von Woche zu Woche zackiger, und die im

Hochlandlager bereits ausgebildeten Führungskader erhöhten die Anzahl der paramilitärischen Übungen in den Lagern. Auf den Straßen wurde marschiert und auf den Sportplätzen gekämpft. Sporttrainer und Hebräisch-Lehrer drängten die Jugendlichen und die jungen Erwachsenen, sich freiwillig zu melden. Nicht alle jungen Männer und Frauen waren begeistert von der Idee, nach den gerade erst überstandenen Qualen der Judenverfolgung nun in einem möglicherweise aussichtslosen Krieg ihr Leben aufs Spiel zu setzen. Doch der moralische Druck war enorm. Wer im Frühjahr 1948 jung war und an der Isar oder durch die Straßen schlendernd gesehen wurde, handelte sich schnell den Vorwurf der Drückebergerei ein. Das war zu dieser Zeit in Föhrenwald kein Kavaliersdelikt mehr. Der Oberbefehlshaber der Haganah in Europa, Nachum Schadmi, hatte bereits im November den Ton gesetzt. Von seinem Büro in Paris aus hatte er nach Deutschland gekabelt, dass er den Krieg mit den arabischen Nachbarstaaten für unausweichlich halte: »Ich verlange, dass die Juden sich in den Lagern melden. Sie sind praktisch Bürger Israels.«[38]

Als zwei Wochen nach der Staatsgründung Israels aus der paramilitärischen Untergrundorganisation Haganah die offizielle israelische Armee wurde, standen mehr als 3000 Soldaten aus den deutschen DP-Camps in ihren Reihen. Tausende sollten in den folgenden Monaten und Jahren nachkommen. Insgesamt dienten 23 000 ehemalige Displaced Persons in der israelischen Armee, rund ein Drittel der Gesamtstärke. Gut 500 Offiziere hatten ihre erweiterte Grundausbildung im Hochlandlager gemacht.

Exkurs

Der schwere Weg ins Gelobte Land

> *»Morgens um* 3.30 *Uhr wurden wir von einer schreienden Frau aus dem Schlaf gerissen. Wir stimmten alle in das Schreien ein, ohne überhaupt den Grund zu kennen.«*
>
> David Chatkiewicz, Passagier der »Exodus 47«

Auszug aus dem Tagebuch von David Chatkiewicz, der am 2. Juli 1947 mit seiner schwangeren Frau Mali nach Palästina aufbrach und 70 Tage später in Hamburg ankam:

2. Juli – Wir verließen Deutschland um Mitternacht mit Autos und fuhren in Richtung der französischen Grenze.
3. Juli – Um Mitternacht kamen wir auf der französischen Seite am Bahnhof in Mühlhausen an, wo wir mit Brot, Kaffee und Obst versorgt wurden. Wir fuhren um 4 Uhr morgens mit dem Zug ab.
4. Juli, Freitag – Um 21 Uhr wurden wir mit Lkws vom Bahnhof abgeholt, in denen Palmach[39]-Mitglieder saßen, die uns zu Bnei Akivas Kibbuz Beit Meir in Marseille fuhren. Die Palmach-Mitglieder waren sehr freundlich, und die Fahrt verlief ohne Probleme. Wir kamen um Mitternacht an. Die Frauen verbrachten die Nacht in Zimmern, während die Männer draußen schliefen.
6. Juli – Palmach-Mitglied Eliyahu versicherte uns, dass wir bald nach Israel reisen würden. Mitglieder unserer deutschen Bewegung besuchten uns in Beit Meir. Kurzzeitig waren dort einhundertachtzig Menschen, darunter mein Freund Tikva aus dem

Kibbuz Landsberg, einige aus dem Kibbuz Hornwald und ein paar andere aus unserer Bewegung.

9. Juli – Am Nachmittag wurden wir informiert, dass wir abends losfahren würden zum Hafen. Alle waren glücklich. Wir erhielten Proviant für einen Tag – Kartons mit Brot, Käse, Kaffee, drei Stück Schokolade und Obst.

10. Juli – Um 11 Uhr kamen wir am Hafen von Sète an, und um 13 Uhr gingen wir an Bord eines Schiffs, das die Flagge Kolumbiens trug. Wir erhielten Visa für Kolumbien, die von den französischen Polizeibeamten akzeptiert wurden.

4500 Menschen gingen an Bord des Schiffs, darunter 1600 Frauen und 900 Kinder. Die Briten verlangten sofort, dass die französische Regierung uns am Verlassen des Hafens hindere. Es war schwierig, das Schiff ohne jegliche Hilfe aus dem Hafen zu manövrieren. Aber mit der Energie der jüdischen Seemänner und ihrer Hingabe fuhr das Schiff um sechs Uhr morgens am 11. Juli ab.

Ein britisches Kriegsschiff folgte uns sofort, nachdem wir den Hafen verlassen hatten. Am 12. Juli fuhr das Kriegsschiff ganz nahe an unseres heran, und der Kapitän fragte nach unserem Ziel. Als er keine Antwort erhielt, wiederholte er seine Frage mehrfach.

Am nächsten Tag, dem 13. Juli, bemerkten wir, dass uns weitere Schiffe verfolgten. Sie fragten, ob wir genug Wasser oder Nahrung hätten und ob wir irgendwelche Hilfe bräuchten. Sie fragten auch, warum wir unter kolumbianischer Flagge reisten. Wir beantworteten keine ihrer Fragen.

Unser Schiff fuhr für ein paar Tage ohne jegliche Störungen weiter. In der Nacht vom 14. auf den 15. Juli riss ein starker Sturm ein Loch in das Schiff. Mit der Hilfe der Seemänner reparierten wir es, und innerhalb von zwei Stunden waren wir wieder fahrbereit. Wir hatten ausreichend Nahrung und Wasser. Geplant war, dass wir Tel Aviv am 18. Juli erreichen sollten, wir waren daher nicht in Eile.

Am 17. Juli kamen britische Schiffe an uns heran und informier-

> ten uns, dass ihnen befohlen worden sei, unserer Reise zu folgen. Ein amerikanischer Priester, der mit uns reiste, antwortete, dass es ihnen nach allgemeinem Recht verboten sei, unserem Schiff zu nahe zu kommen. An diesem Tag folgten uns zehn britische Kriegsschiffe.
>
> Die jungen Männer bereiteten sich darauf vor, die britischen Marinesoldaten vom Betreten des Schiffs abzuhalten. Dosen mit Fleisch, Milch und Fisch wurden ebenso an Deck gebracht wie Wasser und heißes Öl, um es über die Soldaten zu gießen. Der Plan war, wenn möglich, den Soldaten die Gewehre zu entreißen und sie ins Meer zu werfen.
>
> Am Abend wurde Essen an alle verteilt, die Fenster wurden geschlossen und verriegelt, um uns vor einem möglichen Einsatz von Tränengas zu schützen. Die Lichter wurden gelöscht, und wir reisten in Dunkelheit. Von Zeit zu Zeit näherten sich uns die britischen Schiffe und forderten uns auf, anzuhalten, aber wir bewegten uns weiterhin langsam voran, da wir etwa 100 Kilometer von der Küste entfernt waren. Um 3 Uhr nachts am 18. Juli griffen sie uns an.[40]

Die Auseinandersetzungen zwischen Juden und britischer Marine auf dem Mittelmeer gehörten zu den eigenartigsten und herzzerreißendsten Ereignissen der Nachkriegszeit. Die »President Warfield«, deren Reise der damals 26-jährige David Chatkiewicz in seinem Tagebuch festhielt, war eines von vierundsechzig Schiffen, die in den ersten drei Jahren nach Kriegsende von italienischen und französischen Häfen nach Palästina aufbrachen. Nur fünf kamen durch, alle anderen wurden von den Briten abgefangen.

Waren es am Anfang vor allem kleine Schiffe mit 30, 40, manchmal 100, manchmal 500 Passagieren, schafften die jüdischen Flüchtlingsorganisationen bald immer größere Schiffe heran. Die »President Warfield« war von einer Tarnfirma der Haganah in New York gekauft worden, der Chinese American Industriel Company. Ihre guten Zeiten hatte die »Warfield« längst hinter sich. 1927 ursprünglich als Postschiff für den Einsatz auf Flüssen gebaut, war sie zwölf Jahre lang als Vergnügungsdampfer an der Ostküste der Vereinigten Staaten entlanggeschippert. Kurz nachdem die USA Hitler und Mussolini den Krieg erklärt hatten, wurde die »Warfield« für den Militärdienst requiriert, in der Werft kriegstauglich gemacht und für den Truppentransport nach Europa gebracht. Das Schiff hatte einen geringen Tiefgang und einen flachen Bug und konnte damit fast überall bis weit ans Ufer fahren. Deshalb wurde es von der US-Marine bei der Landung der alliierten Truppen an der Küste der Normandie eingesetzt – und deshalb ließ auch die Haganah die bereits ziemlich heruntergekommene »President Warfield« kaufen. Für die Landung am Strand bei Tel Aviv.

Eigentlich war der Dampfer nur für 450 Passagiere ausgelegt, durch die diversen Umbauten in Amerika war er nun für 700 Reisende geeignet. Die Haganah plante, 4500 Menschen auf den vier Decks unterzubringen. Vieles spricht dafür, dass es die Untergrundorganisation ganz gezielt darauf anlegte, die Briten durch die riesige Menge an Flüchtlingen schlicht zu überfordern und zu Zugeständnissen zu zwingen. Die Hagana wusste, dass die Briten bereits erhebliche Probleme hatten.

Die verschiedenen Gefangenenlager in Palästina, in denen die britische Mandatsmacht die illegalen Einwanderer anfangs internierte, waren längst überfüllt. Seit August 1946 brachte die britische Marine alle illegalen Einwanderer, die sie erwischte, auf die Insel Zypern, die damals noch zum britischen Weltreich gehörte. Doch auch dort waren die Kapazitätsgrenzen erreicht. Als die »President Warfield« mit genau 4554 Juden an Bord im südfranzösischen Sète aus dem Hafen tuckerte, saßen auf Zypern bereits rund 10000 Juden hinter Stacheldraht.[41] Sie hatten den Holocaust überstanden, sie hatten in Deutschland die Tristesse der Auffanglager erlebt, sie hatten alle Energie und alle Mittel zusammengerafft, die sie aufbringen konnten, sie hatten alle Hoffnung und allen verbliebenen Lebensmut in diese Reise gesteckt – und dann endete die lange Fahrt wieder hinter Stacheldraht, diesmal in den brütend heißen Zelten eines britischen Gefangenenlagers. In der Weltpresse kam Großbritannien nicht gut weg. Und es sollte noch schlimmer kommen.

Das ahnte auch die Regierung in London, aber sie wusste keinen Ausweg. Seitdem Großbritannien nach dem Zusammenbruch des Osmanischen Reiches im Ersten Weltkrieg die Herrschaft über Palästina an sich gerissen hatte, wuchsen dort die Probleme. Als die Briten den Landstrich zwischen Syrien und Ägypten 1917 einnahmen, zählte die britische Militärregierung 573 000 Araber und 66 000 Juden. 80 Prozent dieser Juden waren in den 35 Jahren davor in zwei Wellen eingewandert, in der ersten und zweiten »Alija«, wie die Juden die Heimkehr ins gelobte Land nennen, aus dem sie knapp 2000 Jahre vorher von den Römern vertrieben worden waren. Die meisten dieser Juden waren mit einer vagen Vorstellung von Eretz Israel gekommen, vom Land Israel, das in Palästina entstehen sollte. »Nächstes Jahr in Jerusalem«, der traditionelle Sehnsuchtsgruß vieler Juden, mündete erst seit dem Zionistenkongress 1897 in Basel in eine immer konkreter werdende Vorstellung, wie dieses Eretz Israel aussehen sollte, dieses Land der Juden, in dem sie endlich ohne die ständige Angst vor antisemitischen Übergriffen leben konnten.

Die Briten ermunterten die Juden anfangs bei diesem Vorhaben. Mit der sogenannten Balfour-Deklaration vom 2. November 1917 versicherte der britische Außenminister Lord Balfour in einem Brief an den Wortführer der englischen Juden, Lord Rothschild, dass »die Regierung seiner Majestät die Einrichtung einer nationalen Heimstätte für das jüdische Volk« mit Wohlwollen betrachte und »ihr Bestes tun werde, um die Erreichung dieses Ziels zu erleichtern«. Immer unter der Voraussetzung, so die Erklärung, dass »die bürgerlichen und religiösen Rechte der bestehenden nichtjüdischen Gemeinschaften in Palästina nicht infrage gestellt« werden.

Weite Teile der Balfour-Deklaration flossen fünf Jahre später fast wortgleich in das Völkerbund-Mandat für Palästina ein. London erhielt darin den ausdrücklichen Auftrag der Völkergemeinschaft, Palästina zu verwalten und dort »die Einrichtung einer nationalen Heimstätte für das jüdische Volk« zu ermöglichen.

Dass London aufgrund kriegstaktischer Überlegungen gleichzeitig den arabischen Palästinensern die staatliche Unabhängigkeit in Aussicht stellte, machte die Sache nicht einfacher. Es kam bald zu ersten gewaltsamen Auseinandersetzungen zwischen Arabern und Juden. Dennoch gab es auch immer wieder Beispiele einer gelungenen Verständigung der beiden Volksgruppen. Vor allem in den Kibbuzim, die überall entstanden, wurde meist großer Wert darauf gelegt, mit den Bewohnern der arabischen Dörfer rundherum gut auszukommen. Der Verzicht der jungen Kibbuzniks auf jedes persönliche Eigentum und die starke Betonung auf das gemeinschaftliche Zusammenleben beeindruckten die arabischen Nachbarn und erleichterten die nachbarschaftlichen Beziehungen.

Doch das Nebeneinander wich immer öfter einem Gegeneinander. Der Vormarsch der Nationalsozialisten, erst in Deutschland, dann in Europa, ließ die jüdische Zuwanderung in Palästina hochschnellen. Immer mehr Juden flohen vor den Schikanen und vor der Verfolgung und suchten ihr Heil in Palästina. Die Konflikte häuften sich, wurden blutiger, das Klima angespannter. Allein zwischen 1932 und 1939 kamen mehr als 200 000 Einwanderer aus Europa. Im Mai 1939 zog die britische Regierung die Reißleine: »Die Regierung Seiner Majestät verkündet jetzt unzweideutig, dass es nicht ihre Politik ist, aus Palästina einen jüdischen Staat werden zu lassen.«

Im MacDonald-Weißbuch 1939, in dem dieser Satz steht, wurde der Zuzug jüdischer Einwanderer auf insgesamt 75 000 für die darauffolgenden fünf Jahre begrenzt. Dann sollte Schluss sein, kein weiterer Jude sollte danach noch nach Palästina einreisen dürfen, es sei denn, die arabische Gemeinschaft erlaube weiteren Zuzug. Was immer unwahrscheinlicher wurde. Im MacDonald-Weißbuch wurden außerdem die Möglichkeiten für Juden, in Palästina Land zu kaufen, drastisch eingeschränkt.

Während die offiziellen jüdischen Organisationen lautstark

protestierten, begann die paramilitärische Haganah zügig damit, neue Möglichkeiten für eine verdeckte Einreise zu schaffen. Die Auseinandersetzungen zwischen Juden und Arabern verschoben sich immer mehr zu einem Kampf der Juden gegen die Mandatsmacht Großbritannien. Ein wesentlicher Teil dieser Auseinandersetzungen fand auf dem Mittelmeer statt.

Während des Krieges gab es noch einzelne Versuche jüdischer Flüchtlingsgruppen, auf dem Flussweg nach Palästina zu kommen, über die Donau, durchs Schwarze Meer und dann durch den Bosporus und an der türkischen und an der syrischen Küste entlang. Doch die Erfolgsaussichten waren gering, zu viele Länder, die durchquert werden mussten, zu viele Regierungen, die auf Druck Londons Barrieren in den Weg stellten. Die wenigen Juden, die auf der Donau durchkamen, waren oft jahrelang unterwegs. Die 400 Flüchtlinge etwa, die im Mai 1940 im slowakischen Bratislava den Raddampfer Pentcho bestiegen und im Juni Palästina erreichen wollten, wurden immer wieder aufgehalten, Hunderte von Kilometern zurückgeschickt, festgesetzt, wieder freigelassen und wenig später erneut aufgehalten. Sie erlitten Schiffbruch und kamen schließlich erst vier Jahre später in Palästina an. Aber sie kamen wenigstens an. Viele andere fielen dem Vormarsch der deutschen Wehrmacht auf dem Balkan zum Opfer, gerieten in die Fänge der SS, wurden ermordet.

Auf dem Mittelmeer waren die Chancen ein kleines bisschen besser, gut waren sie aber auch hier nicht. Die britische Marine hatte Dutzende von Kriegsschiffen zwischen Tel Aviv und Gibraltar auf dem Wasser, und seit dem Sturz von Mussolini in Italien konnte London auf die Mithilfe fast aller Anrainerstaaten zählen. Die Regierungen in Rom und Paris schwankten auch nach dem Krieg noch zwischen dem Verständnis für die Juden und der Loyalität gegenüber dem Kriegsverbündeten Großbritannien.

Als die »President Warfield« Anfang April 1947 noch ohne Passagiere durch die Straße von Gibraltar ins Mittelmeer einfuhr, hatten die Briten schon Dutzende Schiffe aufgebracht und beschlagnahmt und die Flüchtlinge eingesperrt. Auch über die

Absichten der Mannschaft auf der Warfield hatte der britische Geheimdienst längst alle wichtigen Informationen an den Marinestützpunkt Gibraltar geliefert. Mit Lichtzeichen fragten britische Funker vom Ufer aus nach der Identität des Schiffes. Der Kapitän Yitzack Ike Aronowicz, ein schlaksiger, gerade mal 23 Jahre alter Seemann, ließ wortkarg zurückmorsen: »Go to hell.«

Die Kommunikation zwischen Kapitän Aronowicz und seinen britischen Begleitern blieb während der ganzen langen Reise insgesamt eher knapp. Als Aronowicz mit der »Warfield« in Marseille anlegte, wimmelte es dort von britischen Geheimagenten, die sich ersichtlich Mühe gaben, als britische Agenten erkannt zu werden. Die Haganah-Leute sollten sehen, wie eng sie beobachtet wurden, wie gering ihre Chancen waren, Flüchtlinge nach Palästina zu bringen. Nach einem kurzen Aufenthalt in Marseille brachte Kapitän Aronowicz das Schiff erst in den 50 Kilometer entfernten Industriehafen Port-de-Bouc und ein paar Tage später nach Porto Venere in Italien, wo der Dampfer für seine neue Aufgabe gerüstet wurde. Das hieß im Wesentlichen, dass die Schiffswände mit Stahlplatten verstärkt wurden, um die erwarteten Rammstöße auszuhalten. Auf den vier Decks wurden knapp 5000 Holzpritschen eingebaut, jeweils nur 45 Zentimeter breit und mehrere übereinander.

Als die Warfield den Hafen von Porto Venere verlassen wollte, blockierte ein italienisches Kriegsschiff die Hafenausfahrt. Erst nach mehreren Tagen machte das Kanonenboot kurzzeitig die Ausfahrt frei, was Kapitän Aronowicz sofort zum Ablegen nutzte. Das italienische Schiff begleitete die Warfield bis in internationale Gewässer und drehte dann ab.

In Port-de-Bouc bei Marseille ging das Katz-und-Maus-Spiel mit dem britischen Geheimdienst dann weiter. Am 9. Juli kabelten die Agenten nach London, dass die Warfield Richtung Westen aufgebrochen sei und dass an Land 140 Lastwagen offenbar mit Flüchtlingen aus Deutschland unterwegs seien. Schiff und Landwagen steuerten vermutlich die Hafenstadt Sète an.

In London schrillten die Alarmglocken. Außenminister Ernest Bevin reiste sofort nach Paris, um die französische Regierung zum Eingreifen zu bewegen. Paris versprach dann auch, die Juden zurückzuhalten. Doch die Anweisung verlor auf dem Weg nach Sète große Teile ihrer Entschlossenheit. Das Mitgefühl einiger französischer Beamte war größer als die Verbundenheit mit England. Die Zollbeamten, die das Schiff kontrollieren und stoppen sollten, die Grenzer, die Hafenpolizei, sie alle taten pflichtschuldig, was sie nach den Vorgaben aus Paris tun mussten – und schauten dann weg.

Um 1:00 Uhr nachts gab der französische Zolloffizier Laurent Leboutet grünes Licht für das Auslaufen des Schiffes. Er bestätigte der Regierung in Paris, dass alle 4554 Passagiere gültige Visa für Kolumbien vorgelegt hätten, von Palästina sei keine Rede gewesen. Er habe die Echtheit der Visa überprüft, es bestünde kein Grund für weitere Verzögerungen. Nur der bestellte Lotse kam nicht, sodass Aronowicz den völlig überladenen Dampfer am frühen Morgen in einem waghalsigen Manöver aus dem Hafen steuerte und dabei einmal die Hafenmole streifte und einmal auf einer Sandbank auflief.

Draußen, auf dem offenen Meer, warteten bereits die britischen Kriegsschiffe und begannen sofort mit ihrer Überzeugungsarbeit. Über Funk, mit Lichtzeichen, mit Megafonen forderten sie die Besatzung zum Umkehren auf. Kolumbien liege in der anderen Richtung. Sollte das Ziel aber Palästina sein, würden sie nie dort ankommen, jedenfalls nicht an Land gehen. Notfalls werde man Gewalt anwenden: »Widerstand ist zwecklos.« Kapitän Aronowicz schaltete auf Durchzug und verzichtete auf Erklärungen. Statt des Kapitäns griff der amerikanische Baptistenprediger John Gauel zum Megafon. Gauel, einer der wenigen Nichtjuden an Bord, wies die Briten zurecht, man befinde sich in internationalem Gewässer, die Kriegsschiffe hätten kein Recht, sich der Warfield zu nähern und sollten doch bitte Abstand halten.

Sieben Tage später, auf hoher See, ließ die Haganah die kolumbianische Flagge (manche Quellen schreiben von einer honduranischen Fahne) einholen und in einer feierlichen Zeremonie eine weiße mit blauem Davidstern aufziehen. Die Warfield bekam auch einen neuen Namen, unter dem sie später weltberühmt werden sollte: Die »Exodus 1947« sollte an den Auszug der Israeliten aus Ägypten vor 3000 Jahren erinnern, als Moses mit einem Handzeichen das Meer teilte, damit sein Volk zu Fuß auf dem kürzesten Weg ins Heilige Land zurückkehren konnte. Kapitän Aronowicz ließ während der Feierlichkeiten das Funkgerät laufen, mit dem er Kontakt zur Haganah in Palästina hielt. Radio *Kol Jerusalem*, die jüdische »Stimme Jerusalems«, übertrug das festliche Rauschen live. Auch in Föhrenwald saßen viele vor ihren Rundfunkgeräten, eingestellt auf die Kurzwellenfrequenz von *Kol Jerusalem*.

Am nächsten Tag um drei Uhr morgens wurde die Radio-Übertragung fortgesetzt, nun allerdings mit einer veränderten Tonkulisse: Statt Musik und getragener Reden bekamen die Zuhörer nun Poltern, Kampfgeschrei und Schüsse um die Ohren. Die britische Admiralität hatte die »Exodus 1947« zweimal rammen lassen und versuchte nun, die Kontrolle über das Schiff zu bekommen. Wasserfontänen schossen von den Kriegsschiffen herüber quer übers Deck der Exodus, beleuchtet von Blendscheinwerfern. Tränengas waberte, Schüsse fielen, ein 15-jähriger Junge brach mit einem Kopfschuss tot zusammen. Immer wieder kletterten britische Soldaten hoch bis zur Reling, immer wieder wurden sie zurückgestoßen, stürzten ins Meer. Kurz bevor es einigen doch gelang, bis zum Steuerruder durchzukommen, flüchtete Kapitän Aronowicz ins zweite Steuerhaus unter Deck, kappte die Hydraulik für das obere Steuerruder, an dem die britische Mannschaft nun vergeblich versuchte, den Kurs zu ändern. Das erledigte Aronowicz ein paar Stockwerke tiefer. Er steuerte die Exodus nicht wie vorgesehen nach Tel Aviv und schon gar nicht nach Zypern, sondern an der Küste entlang nach Norden, Richtung Haifa.

Die britischen Soldaten zögerten, nach unten zu gehen, wo sich Aronowicz verschanzt hatte. Dazu hätten sie sich durch die aufgeheizte Menschenmenge kämpfen müssen, die inzwischen zu allem bereit war. Seit Tagen hatten die Juden Barrikaden aufgebaut, auf dem Oberdeck Stacheldraht ausgerollt und Wurfgeschosse bereitgelegt, wie David Chatkiewicz in seinem Tagebuch schildert:

> Die jungen Männer warfen Dosen und gossen Wasser und Öl auf die britischen Soldaten. Vier von denen schafften es trotzdem, an Bord zu springen. Unsere Seemänner kämpften wie Löwen und griffen nach den Gewehren der Soldaten, warfen sie ins Meer und sperrten die Soldaten in einem Raum ein. Einer von ihnen war verletzt.
> Beim dritten Versuch, unser Schiff einzunehmen, hatten die Briten schließlich Erfolg. Obwohl wir Angst hatten, kämpften wir. Um 5 Uhr morgens ergaben wir uns, nachdem viele von uns Verletzungen erlitten hatten. Das Schiff sah aus wie ein Sieb. Die Briten hatten uns in internationalem Gewässer angegriffen, wo in Friedenszeiten keine Schiffe angegriffen werden dürfen.
> Wir erreichten den Hafen von Haifa um 18 Uhr. Wir konnten die schöne Stadt sehen, doch es wurde uns nicht gestattet, die Küsten des Heiligen Landes zu betreten. Die Briten versicherten uns, dass wir nach Zypern gebracht würden, wo wir auf unsere Zeit warten würden, um nach Eretz Israel zurückzukehren. Mit gebrochenen Herzen und ohne jegliche andere Option verblieben wir in Gefangenschaft. Wir sahen Menschen an Land, die blaue und weiße Fahnen schwenkten, aber die Polizei hielt sie davon ab, sich dem Hafenbereich zu nähern.
> Diejenigen von uns, die stark verwundet waren, wurden ins Krankenhaus von Haifa gebracht, alle anderen mussten nach der Mahlzeit am Freitagabend auf die Transportschiffe steigen. Sie nahmen uns all unseren Besitz ab, darunter auch Briefe, die wir Verwandten in Eretz Israel bringen wollten. Sie suchten nach Gewehren und Pfeilen und nahmen all unsere Fleisch- und Fischdosen, um uns davon abzuhalten, die Soldaten damit zu bewerfen.

Das Tagebuch von David Chatkievicz ist ein flaches rotes Büchlein, nicht größer als eine Postkarte. Cwi Chatkievicz[42], der inzwischen 74-jährige Sohn von David, schiebt es mir vorsichtig über den Tisch. Ich zögere, darin zu blättern, weil sich einige der leicht vergilbten Seiten bereits lösen und die Gefahr besteht, dass der aufkommende Wind sie wegtragen könnte. Die Einträge sind in Hebräisch geschrieben, in einer sehr schönen, gleichmäßigen Handschrift auf zeilenlosem Papier. Cwi hat eine deutsche Übersetzung anfertigen lassen, die er mir auf den Laptop gemailt hat. Wir sitzen auf der Terrasse eines Restaurants in Haifa, ein paar hundert Meter entfernt von der Stelle, an der die Exodus damals, eskortiert von britischen Kriegsschiffen, in den Hafen einfuhr.

Cwi war damals dabei, aber noch nicht geboren. Seine Mutter war eine der rund 50 Schwangeren, die in Sète auf die »President Warfield« gestiegen und mit der »Exodus 1947« in Haifa angekommen sind. Unter den Passagieren waren auch viele Föhrenwalder. Eine von ihnen war die damals zweijährige Lea Bardyga. Ihre Eltern kamen aus Ostpolen, wie auch die Eltern von Cwi Chatkiewicz. Während die Chatkiewicz' in Russland überlebt hatten, er als Soldat der russischen Armee, sie als Flüchtling, waren die Bardygas aus ihren Heimatdörfern ins Getto von Werkowicz verschleppt worden. Sie konnten in die Wälder fliehen, schlossen sich dort anderen Juden an und hielten sich dort bis Kriegsende versteckt. Als sie danach in ihre Heimatorte zurückkehrten, fanden auch sie dort keine Verwandten mehr vor, keine jüdischen Einrichtungen und keine jüdischen Freunde, dafür umso mehr Ablehnung durch die früheren Nachbarn. Mithilfe der Fluchtorganisation Bricha kamen die einen schließlich in ein DP-Lager in Ulm, die anderen nach Föhrenwald. Das Ziel aber war und blieb Palästina. Nur dafür hatten sie all die Strapazen quer durch Europa nach Deutschland und dann noch einmal von Deutschland bis hierher in Kauf genommen.

Genau da standen sie nun an diesem 18. Juli 1947, in Palästina, dem Land ihrer Sehnsucht, auf einer Pier im Hafen von Haifa, vor sich die Stadt, wie sie malerisch den Hang hochkletterte und oben drüber das Karmelgebirge. Die Verheißung, das Land ihrer Sehnsucht, es war so nah und gleichzeitig so unerreichbar weit weg. Eretz Israel, das Land, das ihnen einst von Gott und vor 30 Jahren auch von den Briten versprochen worden war, blieb ihnen verschlossen. Der einzige Trost, der den wütenden und verzweifelten Flüchtlingen blieb, war der Gedanke, dass die Briten sie nicht ewig auf Zypern festhalten konnten, dass sie irgendwann den Weg nach Palästina frei machen würden. Vielleicht schon in Wochen, vielleicht in Monaten, vielleicht aber auch erst in Jahren. 300 Kilometer liegen zwischen Haifa und Zypern, eine kleine Bootsfahrt, angesichts der vielen Tausend Kilometer, die jeder von ihnen in den letzten Jahren zurückgelegt hatte.

Nach Sonnenuntergang, als der Wind den Gesang des Muezzins von der Stadt zum Hafen herüberwehte, wurden die Männer, Frauen und Kinder von der Pier auf die drei Transportschiffe getrieben, die weiter vorne an der Pier warteten. David und Mali Chatkiewicz stolperten auf die »Empire Rival«, auch Lea Bardyga und ihre Eltern kamen auf dieses Schiff. Andere landeten auf der »Ocean Vigour« oder auf der »Runnymede Park«. Irgendwann nachts verbreitete sich die Nachricht, dass sie gar nicht ins nahe Zypern gebracht würden. Aber wohin dann? Die Gerüchte waberten, Tobruk in Libyen wurde genannt, Gibraltar, oder sogar Madagaskar?

Um 8 Uhr morgens liefen die Schiffe aus Haifa aus. Knapp 16 Stunden hatten die Bardygas und die Chatkiewicz' die Luft des gelobten Landes geatmet, hatten gehofft, waren verzweifelt und hatten wieder gehofft. Jetzt wurden sie erneut deportiert, wieder einmal gegen ihren Willen weggebracht, und wieder einmal wussten sie nicht, wohin man sie bringen würde. Sie fühlten sich einer fremden Macht ausgeliefert, betrogen von den Befreiern und von der Welt im Stich gelassen. Als das Schiff an der Insel Zypern vorbeifuhr, ahnten sie, dass sie Palästina so schnell nicht wieder sehen würden. Wenig später teilten ihnen die Briten mit, dass sie nach Marseille zurückgebracht würden.

Die britische Regierung wollte ein Exempel statuieren. Alle

Juden in Europa sollten begreifen, dass die Reise nach Jerusalem nichts bringen würde, dass sie nach strapaziösen Wochen auf dem Schiff immer wieder an derselben Stelle ankommen würden, an der sie aufgebrochen waren. Je länger der Konflikt mit den Juden nun schon andauerte, desto genervter, gereizter und unerbittlicher reagierten die britischen Autoritäten.

Zwar hatten die 4500 Menschen jetzt auf den drei Deportationsschiffen deutlich mehr Platz als auf der »Exodus«, doch es gab keine Holzpritschen, die Juden mussten auf dem Stahlboden schlafen. Stahl, überall Stahl, der Boden, die Wände, die Decken, die Gitter vor den Fenstern, alles aus Stahl, den die sengende Mittelmeersonne erbarmungslos aufheizte. Eine halbe Stunde durften die Passagiere jeden Tag in Gruppen aufs Oberdeck an die frische Luft, den Rest der Zeit verbrachten sie in den Glutöfen unter Deck. In die Verzweiflung mischte sich der Hass.

Sonntag, 27. Juli – Wir sind nicht mehr weit von Frankreich entfernt. Die Briten informierten uns, dass wir am Dienstag Frankreich erreichen würden und dass die französische Regierung sich bereit erklärt hat, uns zu versorgen und uns das Recht zu geben, in Frankreich zu leben.

Montag, 28. Juli – Am Abend näherten wir uns der Küste. Während der Nacht fuhr das Schiff mehrfach vor und zurück.

Dienstag, 29. Juli – Gegen Mittag steuerte ein kleines Boot mit Journalisten verschiedener Zeitungen auf uns zu. Sie erzählten, dass die Passagiere des bereits angelandeten Schiffes sich weigerten, von Bord zu gehen. Wenig später kam ein weiteres Boot mit jüdischen Männern, die uns rieten, wir sollten das Schiff ebenfalls nicht verlassen.

Um 18 Uhr kam eine Delegation der französischen Regierung an Bord und sagte, wir seien in Frankreich willkommen und eingeladen, an Land zu gehen. Einer von uns erklärte ihnen, dass wir das Schiff nicht verlassen würden. Wir wollten nach Eretz Israel, sonst nirgendwohin. Die französische Delegation solle allen erzählen, wie die Briten mit uns umgegangen sind. Wir wiederholten einstimmig, dass wir uns nicht von Bord bewegen werden.

Morgens um 3.30 Uhr wurden wir von einer schreienden Frau aus dem Schlaf gerissen. Wir stimmten alle in das Schreien ein, ohne überhaupt den Grund zu kennen. Irgendwann fanden wir heraus, dass ein kleiner Junge von der Toilette auf den Boden gefallen war, also schrie er.

Die Nerven lagen blank. Auf beiden Seiten. Auch die Briten wussten nicht weiter. Drei Wochen lagen die Schiffe in Port-de-Bouc vor Anker, gut 50 Kilometer westlich von Marseille an der Rhônemündung. Ein paar Alte und Kranke sind gleich am Anfang an Land gegangen, haben die französische Einladung angenommen. Aber mehr als 4300 sind an Bord geblieben. Paris drängte die Briten, die drei Transportschiffe müssten endlich den Hafen verlassen. An der Küste versammelten sich regelmäßig Demonstranten, erklärten ihre Solidarität mit den Juden, protestierten gegen die Konzentrationslager auf dem Wasser, wie sie es nannten. Die Deportierten der Exodus erregten inzwischen weltweit Aufsehen, die Zeitungen beschrieben die unsäglichen Zustände an Bord, kommentierten fassungslos, wie die Briten die Überlebenden des Holocaust behandelten.

In kleinen, wendigen Motorbooten umkreisten Journalisten und Fotografen immer wieder die Transportschiffe, schrien ihre Fragen hinauf zu den deportierten Juden und notierten die wütenden Antworten. Dazwischen tauchten regelmäßig andere Boote auf. Mitglieder der Haganah näherten sich darin den großen Schiffen, rissen die kleinen Konservendosen an sich, die von den Passagieren an Schnüren die Bordwand hinuntergelassen worden waren, kleine Briefkästen, in denen Nachrichten steckten. Schnell hefteten die Haganah-Leute ihrerseits Botschaften an die Schnüre und drehten sofort wieder ab.

In wenigen Jahren hatte die Haganah in ganz Europa ein Netz von Mitarbeitern aufgebaut, die sich um die Einwanderung der Holocaust-Überlebenden nach Eretz Israel kümmerten. Manche

Mitglieder waren aus Palästina angereist, andere kamen aus den Reihen der Partisanen und der ehemaligen KZ-Häftlinge. Darunter waren Leute wie Gedalyahu Lachman, der nach der deutschen Kapitulation jüdische Waisenkinder aus Polen nach Föhrenwald geschleust hatte und dann als Vorsitzender des jüdischen Lagerkomitees aus dem chassidischen Zentrum ein zionistisches gemacht hatte. Lachman war nach gut eineinhalb Jahren in Föhrenwald nach Südfrankreich gegangen, um bei der Organisation der illegalen Reisen nach Palästina mitzuarbeiten. Ob er auf einem der kleinen Boote war oder in einem Büro im Marseiller Hafen, oder irgendwo im Hinterland, das weiß auch sein Sohn in Jerusalem nicht. Sicher ist nur, dass Lachman in Frankreich war und vermutlich ganz in der Nähe, als die Exodus von Sète aufbrach und auch als sie wieder in Marseille und in Port-de-Bouc festmachte – und dass er miterlebte, wie die Regierung in London am 21. August die Nerven verlor.

An diesem Tag ließ die britische Regierung auf den drei Schiffen, die vor der französischen Küste vor Anker lagen, Handzettel verteilen: »Diejenigen von Euch, die sich nicht bis morgen vor 18:00 Uhr aufmachen, in Port-de-Bouc die Schiffe zu verlassen, werden auf dem Seeweg nach Hamburg gebracht.«

Hamburg also. Ausgerechnet nach Hamburg, nach Deutschland sollten sie gebracht werden. In der verzweifelten Logik der britischen Regierung war Deutschland das Land, in dem die Juden zuletzt gewohnt hatten und das sie aufnehmen musste und nicht ablehnen konnte, das Land, aus dem sie illegal nach Palästina aufgebrochen waren. Aus Sicht der Passagiere dagegen war Deutschland das Land, das ihr Leben zerstört hatte, das ihre Gesundheit ruiniert und sie in Armut und Elend gestürzt hat, das ihre Freunde und Verwandten ermordet hatte. Alle hatten sie geschworen, Deutschland nie wieder zu betreten.

Trotzdem ging nach diesem Aufruf kein einziger Jude in Frankreich von Bord. Jetzt erst recht nicht. Viele konnten sich nicht vorstellen, dass die Drohung ernst gemeint sein könnte: Die britische Marine transportiert Tausende von Juden gegen ihren Willen zurück ins Land der Konzentrationslager – solche Schlagzeilen konnte London einfach nicht wollen. Das Tagebuch von David Chatkiewicz endet unmittelbar vor dieser Wendung mit einem kryptischen Eintrag über einen »exzellenten Ball« im Unterdeck, an dem englische und französische Pioniere teilgenommen hätten. Dieser letzte Eintrag war womöglich ein sarkastischer Kommentar zur Lage der Holocaust-Überlebenden vor der französischen Küste.

Als die drei Schiffe am 22. August um 18:20 Uhr tatsächlich ablegten, waren David Chatkiewicz und seine Frau Mali nach wie vor an Bord, so wie mindestens 4300 andere Holocaust-Überlebende. Aber Chatkiewicz hatte offenbar keine Kraft mehr, diesen letzten und besonders demütigenden Teil der Reise zu beschreiben. Kein Eintrag also über den Zwischenstopp in Gibraltar, wo zusätzliche britische Soldaten an Bord gingen, Soldaten, denen man gesagt hatte, sie würden Kriminelle nach Hamburg begleiten. Kein Wort über das Entsetzen, als die Juden merkten, dass die drei Schiffe am Leuchtturm von Sagres an der Südküste Portugals vorbei tatsächlich nach Norden abbog, Richtung Deutschland, tatsächlich Deutschland. Kein Wort über den bitterkalten Regen und über die Stürme in der Biskaya. Kein Eintrag über das Mädchen, das an Bord der »Ocean Vigour« zur Welt kam, kein Eintrag über die Seebestattung, als dieses Mädchen die Welt nach wenigen Stunden wieder verlassen hatte. Und kein Bericht von der Ankunft im Hamburger Hafen, wo das Drama der Exodus-Juden weiterging.

Am 8. September, gut eine Stunde vor Sonnenaufgang, legte die »Ocean Vigour« als Erstes der drei Schiffe im Hamburger Hafen an. Eine Handvoll Journalisten wartete auf den Docks, Fotografen waren nicht dabei. Die britische Besatzungsmacht wollte die Öffentlichkeit nicht ganz aussperren, aber sie wollte auch keine Bilder vom letzten Akt dieser Tragödie zulassen. Die wenigen Bilder, die es von der Landung der Ocean Vigour gibt, sind aus der Entfernung aufgenommen, durch das grobe Stahlgitter, mit dem die Soldaten einen Korridor von den Schiffen zum

Bahnhof aufgebaut hatten, so, als ob man die Ankunft wilder Tiere erwartete.

Über Lautsprecher forderten die Briten die Passagiere in sechs Sprachen auf, die Ocean Vigour zu verlassen. Dann begann die Schlacht. Mit Schlagstöcken und Gewehren trieben britische Militärpolizisten die Männer, Frauen und Kinder aus dem Bauch des Schiffes nach oben und dann auf die Mole. Verzweifelte Schreie, wütende Schreie, zornige Schreie, es wurde sehr laut im morgendlichen Hafen. Bei den Überlebenden des Holocaust kamen schlimme Erinnerungen auf.

Genau einen Tag später kam auch die »Empire Rival« an, auf der David und Mali Chatkiewicz und die zweijährige Lea Bardyga mit ihren Eltern reisten. Doch diesmal war alles anders. Die Juden gingen ohne Widerstand von Bord, manche liefen mehr, als dass sie gingen. Die Engländer schöpften Verdacht, durchsuchten das Schiff und fanden ein Sprengstoffpaket mit einem selbst gebastelten Zeitzünder dran. In einer nahen Kaserne wurde die Bombe zur Explosion gebracht, Fensterscheiben splitterten, aber es gab keine Verletzten. Die Bombe hätte gereicht, um die »Empire Royal« im Hamburger Hafen zu versenken.

Bei der neun Stunden später eingetroffenen »Runnymede Park« kam es dann wieder zu Prügelszenen und Verletzten. Rund 30 Flüchtlinge wurden schließlich von britischen Militärpolizisten von Bord getragen, manche hatten blutige Kopfverbände, andere waren bewusstlos. Den wenigen zugelassenen Journalisten bot sich ein seltsames und fast schon ikonisches Bild der britischen Mandatsmacht: Hunderte Militärpolizisten prügelten mit Schlagstöcken auf Juden ein, während man gleichzeitig britische Soldaten sah, die Kinder an die Hand nahmen und den Müttern halfen, ihr karges Gepäck von Bord zu bringen. Die Befreier wären so gerne gute Helfer der Juden gewesen, doch sie wussten sich selbst nur mit Gewalt zu helfen.

»Denkt an Belsen«, riefen einige der Juden den britischen Soldaten zu. Als ob man sie daran hätte erinnern müssen, dass keine hundert Kilometer südlich das KZ Bergen-Belsen stand, aus dem viele Juden von den britischen Truppen befreit worden waren. Damals waren die Briten noch als Retter gefeiert worden.

Das Konzentrationslager war kurz nach Kriegsende von den Alliierten abgebrannt worden, um die Verbreitung von Tuberkulose-Bakterien und anderen Krankheitserregern zu verhindern, die in den KZs allgegenwärtig waren. Gleich daneben ließen die Briten in einer ehemaligen Wehrmachtskaserne das größte Auffanglager in Deutschland für Displaced Persons einrichten. Rund 12 000 Juden waren dort in den Jahren nach dem Krieg untergebracht, anfangs zusammen mit 10 000 nichtjüdischen Polen, die meisten davon ehemalige Zwangsarbeiter und Kriegsgefangene. Am Tag vor der Ankunft der Exodus-Passagiere im Hamburger Hafen versammelten sich auf dem Platz der Freiheit in Bergen-Belsen einige Tausend Juden, protestierten gegen die britische Palästina-Politik und schrien sich die Wut aus dem Leib.

In vergitterten Zügen wurden Lea Bardyga, David Chatkiewicz und 1400 weitere Passagiere der Empire Rival nach Lübeck gebracht, ins DP-Lager Pöppendorf. Die Passagiere der beiden anderen Schiffe kamen ins nahe gelegene Lager »Am Stau«. Manche hatten damit gerechnet, dass sie nach Bergen-Belsen transportiert würden. Doch die britische Armeeführung wollte nach den fürchterlichen Schlagzeilen die allerfürchterlichste vermeiden, nämlich, dass sie Juden aus Palästina zurück nach Bergen-Belsen deportiert und dort wieder hinter Stacheldraht und Wachtürmen eingesperrt hätte.

Stattdessen wurden die Exodus-Passagiere nun in den provisorischen Lagern Pöppendorf und Am Stau eingesperrt. Sie lebten dort in Holzbaracken und halbrunden Wellblechhütten und sogar in Zelten und durften, anders als in den normalen DP-Lagern, das umzäunte Gelände nicht verlassen. Britische Wachmannschaften sorgten dafür, dass sich die Rückkehrer nicht sofort wieder auf den Weg nach Palästina machen konnten. Fast zwei Monate lang blieben David und Mali Chatkiewicz und Lea Bardyga mit ihren Eltern inhaftiert. Dann gaben die Briten auf. Sie zogen die Wachmannschaften ab. Weil die Baracken nicht winterfest waren, durfte ein Teil der Exodus-Passagiere in die ehemalige Marine-Kaserne Sengwarden umziehen, andere kamen in feste Unterkünfte nach Emden und nach Neumünster.

Schon Mitte September, wenige Tage nach dem vernichtenden Presseecho auf die Rück-Deportation der Juden nach Deutschland, hatte die britische Regierung eine Sitzung der Vollversammlung der Vereinten Nationen beantragt und angekündigt, sie werde das Mandat für Palästina niederlegen. Das Exodus-Drama hatte das lange Scheitern der britischen Mandatsmacht in Palästina endgültig besiegelt.

Am 29. November 1947 beschlossen die Vereinten Nationen in New York mit 33 zu 13 Stimmen, dass Palästina bis spätestens zum 1. Oktober 1948 in einen unabhängigen arabischen und einen unabhängigen jüdischen Staat geteilt werden solle. In Föhrenwald, in Bergen Belsen, in Pöppendorf und Am Stau brachen die Menschen in Jubelstürme aus, versammelten sich auf den zentralen Plätzen der Lager und schwenkten weiße Fahnen, auf denen ein blauer Judenstern aufgenäht war. Leas Eltern begannen sofort wieder Pläne zu schmieden, wie sie so schnell wie möglich wieder nach Palästina reisen könnten. David Chatkiewicz, der Tagebuchschreiber, hatte erst einmal keine Zeit für neue Pläne. Seine Frau Mali brachte an diesem 29. November um 17:45 Uhr im Städtischen Krankenhaus von Wilhelmshaven ihren Sohn Cwi Yehuda zur Welt.

Während die Juden in aller Welt den Teilungsbeschluss der Vereinten Nationen frenetisch begrüßten, wurde er von allen arabischen Ländern vehement zurückgewiesen. In Palästina kam es zu heftigen Auseinandersetzungen zwischen Arabern und Juden, die in den folgenden Monaten noch zunehmen sollten. Die britische Regierung präzisierte, dass sie das Mandat am 15. Mai 1948 niederlegen werde und bis dahin weiterhin die Einreisebeschränkungen für Juden gelten würden.

Die Haganah passte ihre Strategie an. Nicht mehr Familien mit Schwangeren und Kindern sollten erste Priorität für die Reise nach Palästina haben, sondern kampffähige junge Männer und

Frauen. In Föhrenwald wie in allen anderen DP-Lagern wurden Rekrutierungsbüros eröffnet. Die Sportlehrer an den jüdischen Schulen und die Trainer in den jüdischen Sportvereinen, von denen viele im Hochlandlager bei Königsdorf ihre militärische Grundausbildung erhalten hatten, forcierten die Heranführung der Jugendlichen und der jungen erwachsenen Männer an die künftige israelische Armee.

Als David Ben Gurion am 14. Mai 1948 in Tel Aviv den Staat Israel ausrief, ging eine Welle der zionistischen Begeisterung durch die DP-Lager in Deutschland. Die Aufbruchstimmung steckte auch jene an, deren persönliche Situation gerade nicht so ideal war für einen Umzug in ein Kriegsgebiet. Trotz der Kriegserklärung von sechs arabischen Staaten, trotz des Einmarsches ihrer Armeen in Palästina, trotz allem brachen viele DPs nach Südfrankreich auf und bestiegen eines der vielen Schiffe, die nun ohne Behinderung durch die britische Marine nach Tel Aviv und Haifa ablegten.

Noch im Mai, wenige Tage nach der Staatsgründung, machten sich Lea Bardygas Eltern mit ihrer kleinen Tochter auf den Weg nach Israel. Lea war damals gerade drei Jahre alt und ihre Mutter erneut schwanger, im achten Monat. Doch sie wollten nach Israel, so schnell wie möglich. Sie wollten keine Zeit mehr verlieren.

David und Mali Chatkiewicz warteten noch bis Oktober, bis ihr Sohn zehn Monate alt war, dann stiegen auch sie wieder in den Zug nach Marseille und gingen dort an Bord des Schiffes »Caserta«, das am 10. Oktober 1948 in Tel Aviv anlegte. Sie wurden in ein Auffanglager irgendwo in der Mitte Israels gebracht. Ein Jahr lang lebten sie dort in Zelten, weil es nichts anderes gab. Es herrschte Krieg, und jeden Monat kamen Tausende Juden aus Europa an, vor allem aus den DP-Lagern in Deutschland. Die Zeltstädte wuchsen, das Leben war primitiv, es fehlte an allem, an ausreichend Essen, an Schutz vor der Hitze, an medizinischer Versorgung.

Nach einem Jahr fand David Chatkiewicz eine Stelle als Schreiner bei einer Baufirma in Akko, der alten Kreuzfahrerstadt hoch im Norden, noch nördlicher als Haifa. Seine Ausbildung zum Schreiner hatte er im DP-Lager bei Ulm gemacht, in Deutschland, in einer der sogenannten ORT-Berufsschulen für Juden, wie es sie auch in Föhrenwald gab. Jetzt zahlte es sich aus, dass er damals trotz seiner bereits 40 Jahre drangeblieben war und nicht aufgegeben hatte. Ein paar Jahre später ergab sich dann die Möglichkeit, nach Haifa zu ziehen, auf die andere Seite der weiten Bucht. Sein Sohn Cwi lebt heute immer noch dort, nicht weit vom Hafen, da, wo sie vor 75 Jahren mit der »Exodus 1947« zum ersten Mal angekommen waren.

Auch Lea Bardyga, die seit ihrer Heirat vor vielen Jahren Goren heißt, wohnt ganz in der Nähe von Haifa, in Kiryat Ti'won. Von der Zeit in Föhrenwald weiß sie nichts mehr, da war sie zu klein. Doch die Zeltsiedlung, in der sie das erste Jahr in Israel verbrachte, die hat sie noch vor Augen. Ihre Eltern haben damals warnende Briefe nach Föhrenwald geschickt: Kommt nicht nach Israel, hatten die Eltern geschrieben, das Leben ist so unglaublich hart hier. Geht nach Amerika, wenn ihr könnt, das Klima, der Krieg und die Lebensbedingungen sind nicht für uns gemacht.

Heute erinnert fast nichts mehr an die harten Anfangsjahre. Das Haus, die Siedlung, die Stadt, das alles könnte auch in Europa sein. Lea Goren ist in Israel angekommen, es ist ihre Heimat. Mit ihren vier erwachsenen Söhnen spricht sie hebräisch. Doch Föhrenwald, an das sie sich nicht mehr erinnert, spielt nach wie vor eine wichtige Rolle in ihrem Leben. Denn einige ihrer engsten Freunde in Haifa sind ehemalige Föhrenwalder. Das verbindet immer noch. Sie treffen sich regelmäßig, mit manchen telefoniert Lea Goren fast jeden Tag. Vor Kurzem ist sie mit einem ihrer Söhne nach Föhrenwald gereist, hat das Haus gefunden, in dem sie mit ihren Eltern gelebt hat. In der Ausstellung im Badehaus hat sie etwas von dem Schtetl gespürt, von dem ihre Eltern erzählt hatten. Es habe ihr gutgetan, sagt sie, dass doch nicht alles ausgelöscht ist.

Was sind Partisanen?

Die Sehnsucht nach Muskeljuden

»Die Bielskis waren keine Heiligen, sie waren rohe Burschen, aber die Zeit im Krieg hat sie zu besseren Menschen gemacht.«

Assaela Weinstein, Tochter des Partisanenführers Assael Bielski

Partisanen hatten bei uns zu Hause einen schlechten Ruf. Ich wusste als Kind zwar lange nicht, wer die Partisanen waren und was sie uns angetan hatten. Partisanen waren offensichtlich Teil dieses Krieges gewesen, über den so wenig geredet wurde. Aber manchmal fiel das Wort doch, und dann war es egal, ob mein Vater es aussprach oder einer seiner Freunde oder sonst jemand seiner Generation. Sie sprachen es mit Verachtung und Abscheu aus, es war mehr geraunt als gesagt und klang vor allem unheimlich. Es hörte sich nach Verrat an, nach Gemeinheit, Hinterlist, nach unberechenbarer Gefahr und unfairem Kampf. Es war die Sicht der deutschen Soldaten auf die Partisanen in Russland, die sich in uns festsetzte.

Im Krieg ist die Angst stärker als der Verstand. Als mein Vater es im Kaukasus zum ersten Mal mit Partisanen zu tun bekam, da wusste er längst, dass er diesen Krieg in Russland auf keinen Fall gewinnen wollte. Da hatten ihm seine Vorgesetzten längst gesagt, dass er nach dem gewonnenen Krieg weiter im Kaukasus gebraucht würde, als Soldat, um den neuen deutschen Lebensraum abzusichern, in dem er aber gar nicht leben wollte. Und er muss auch gewusst oder zumindest gespürt haben, dass die Menschen, auf die er schoss, und die Dörfer, die seine Einheit plünderte, mehr Recht auf diesen Lebensraum hatten als seine Vorgesetzten und dass die Menschen guten Grund hatten, sich mit allen Mitteln zur Wehr zu setzen.

Als mein Vater Jahre nach dem Krieg aus einem britischen Gefangenlager heimkehrte, da hatte er mit Amerikanern und Briten längst seinen Frieden gemacht und mit den Russen zumindest eine Art inneren Waffenstillstand. Nur mit den Partisanen war er immer noch im Krieg, auch nach 50 Jahren noch. Es gab keine Chance auf Versöhnung oder auch nur auf Verstehen, vielleicht, weil er nie einen Partisanen aus der Nähe kennengelernt, nie einem Partisanen in die Augen gesehen hat. Im Krieg wäre eine solche Begegnung für einen von beiden tödlich ausgegangen. Und nach dem Krieg ahnte er nicht, dass er in der Marktstraße tagtäglich ehemaligen Partisanen begegnete. Einige haben mit Sicherheit in seinem Laden eingekauft.

Föhrenwald war nach dem Krieg der europäische Sammelpunkt der Kampfgruppe der Bielski-Brüder aus den Naliboki-Wäldern im heutigen Belarus. Auf einem Foto aus dem Jahr 1946 stehen und sitzen knapp 70 Männer, Frauen und Kinder vor dem Häusern 10 und 12 in der Florida-Street von Föhrenwald. Keine gebrochenen Menschen, wie man sie sonst oft auf Bildern von Föhrenwald sieht, sondern Menschen mit stolzen Gesichtern unter keck getragenen Schiebermützen. An der Hauswand hinter ihnen hängt eine große, selbst gebastelte Gedenktafel, die in hebräischer Schrift an die Taten der Bielski-Partisanen von 1941 bis 1944 erinnert.

Als die deutsche Wehrmacht im Juni 1941 die Sowjetunion überfiel, marschierte sie als Erstes durch die sowjetisch-besetzten Ostgebiete Polens. In Novogródek bauten die SS- und Polizeieinheiten, die im Gefolge der Wehrmacht einzogen, Mauern und Stacheldrahtzäune um das jüdische Schtetl, zwangen alle Juden der Umgebung, in dieses Getto zu ziehen und für die Deutschen zu arbeiten. Im Dezember fand die erste sogenannte »Aktion« statt, die Massenerschießung Tausender Juden, die von der SS als nutzlos eingestuft worden waren. Auch die Eltern der Bielski-Brüder wurden an diesem Tag erschossen.

Die vier Brüder, Tuvia, Zusya, Assael und Aharon, tauchten daraufhin ab, versteckten sich bei christlichen Freunden, bevor sie schließlich in die weitgehend unzugänglichen Naliboki-Urwälder zogen. Anfangs blieben sie in der Nähe der Siedlungen, hielten Kontakt zu Bauern, denen sie vertrauten, und lotsten nachts jüdische Verwandte und Freunde aus dem Getto in den Wald. Die Gruppe wuchs, immer mehr Juden schlossen sich an, manche brachten Waffen mit, manche das Wissen, wie man Munition herstellt. Bald waren sie ein paar Hundert, später mehr als tausend Juden, die sich in Erdlöchern und notdürftig zusammengezimmerten Hütten einrichteten. Mit der Zeit entstand ein kleines Schtetl im Wald, mit Geschäften und Handwerkern und einer kleinen Werkstatt, in der die Waffen repariert und Munition hergestellt wurde. Manchmal wurden sie verraten. Dann rückten bald die Deutschen an, und die ganze Gruppe musste überstürzt aufbrechen und tiefer in den Wald ziehen. Sie durchquerten riesige Sümpfe, marschierten tagelang durch Regen und Wind und bauten schließlich neue Unterkünfte in einer neuen Umgebung.

Es gibt einen US-amerikanischen Film über die Bielski-Partisanen mit James-Bond-Darsteller Daniel Craig in der Hauptrolle als Partisanenchef Tuvia Bielski. Der Film lehnt sich anfangs an die reale Geschichte an, artet aber dann in abendfüllendes Geballere aus. Mit der Wirklichkeit hat das wenig zu tun. Schusswechsel mit den deutschen Truppen waren eher selten, und dann sehr kurz. Tuvia konzentrierte sich vielmehr darauf, die Gefahren für seine wachsende jüdische Gemeinde möglichst einzudämmen. Natürlich gab es auch Sabotageakte gegen die Deutschen und Überfälle auf lokale Polizeistationen, um Waffen zu erbeuten. Doch die meiste Zeit ging es darum, Lebensmittel heranzuschaffen und Kollaborateure auszuschalten, die den Deutschen die Standorte der Waldjuden verrieten. Diese Überraschungsangriffe waren brutal und blutig, sie sollten der Abschreckung dienen. In der Regel brachten die Bielski-Partisanen die ganze Familie um, brannten das Haus nieder und stellten ein Warnschild auf: Das passiert mit Kollaborateuren, die Juden verraten. Alle Bauern der Umgebung sollten wissen, dass es tödlich ist, den Deutschen bei der Verfolgung der Juden zu helfen. Die deutsche Besatzungsverwaltung des Generalgouvernements setzte ein Kopfgeld von 10 000 Reichsmark für Hinweise zur Festnahme von Tuvia Bielski aus.

Mehr als zweieinhalb Jahre verbrachten die Bielski-Partisanen im Wald. Fast alle überlebten. Als die Rote Armee im Sommer 1944 die deutsche Wehrmacht aus der Gegend vertrieb, kehrten die Bielski-Brüder mit 1230 Juden in die Zivilisation zurück, 1230 gerettete Menschenleben.

Doch ihre alte Heimat lag nun nicht mehr in Polen, sondern war in der Zwischenzeit von der Sowjetunion annektiert und Weißrussland zugeschlagen worden. Nowogródek und die umliegenden Dörfer gehörten nun zur Sowjetunion, und weil der Krieg noch nicht zu Ende war, wurden wehrfähige Männer in die Rote Armee eingezogen. Die meisten Bielski-Partisanen machten sich deshalb sofort nach Westen auf.

Nur Asael Bielski landete in der Roten Armee. Ob freiwillig oder auf Druck der sowjetischen Armeeverwaltung, ob aus kommunistischer Überzeugung oder weil er unbedingt weiter gegen die Deutschen kämpfen wollte, die seine Eltern umgebracht hatten, das lässt sich nicht mehr feststellen. Asael Bielski fiel im Februar 1945 bei der Schlacht um Marienburg in Ostpreußen. Zwei Monate später kam in Weißrussland seine Tochter zur Welt, eine Tochter, von der er nichts wusste und die in Erinnerung an ihren Vater Assaela getauft wurde.

Assaela Weinstein, wie sie heute heißt, lebt im Norden von Tel Aviv. Ihr Mann, Amnon Weinstein, sammelt und repariert die »Violins of Hope«. Die Violinen der Hoffnung sind Geigen jüdischer Musiker, die im Holocaust umgekommen sind, aber auch Geigen, deren ehemalige Besitzer im KZ wegen ihrer Musik überlebt haben und danach nie wieder spielen wollten. Amnon Weinstein hat diese Violinen nicht gesucht, sie sind auf verschlungenen Wegen zu ihm, dem Geigenbauer, gekommen. Gemeinsam mit seiner Frau organisiert er Musikveranstaltungen mit den Violinen der Hoffnung. Gerade waren sie mit ihren Instrumenten in Guadeloupe, jetzt sind sie wieder zurück in ihrer Wohnung, die mit afrikanischer Kunst vollgestellt ist.

Assaela ist Journalistin und Schriftstellerin, ihre Themen drehen sich sehr oft um den Holocaust, ihr ganzes Leben dreht sich um den Holocaust, wie das bei vielen europäischen Juden heute noch so ist. Auch ihre Cousine Bella Rubin, die in Föhrenwald geboren ist und wie Assaela am Nordrand von Tel Aviv wohnt, auch sie lässt die Vergangenheit nicht los. Bella Rubin forscht und schreibt darüber, wie Traumata über mehrere Generationen vererbt werden.

Assaela Weinstein redet mit den Händen, mit den Augen, mit ihrem ganzen Körper. Sie formuliert gewissenhaft, langsam und konzentriert, macht lange Kunstpausen, in denen sie zum Fenster hinausschaut in den hellblauen israelischen Himmel. Als sie fertig ist, hat der Himmel draußen schon eine andere Färbung:[43]

> »Föhrenwald ist für mich keine große Sache. Die große Sache war das Überleben meiner Familie im Wald, wo die Bielskis mit ihrer Einheit viele Menschenleben gerettet haben. Föhrenwald war nur die Nachwirkung. Nach dem großen Drama kam das kleine Drama. Aber worüber wir in unserer Familie noch heute fortwährend reden, das ist die Zeit in den Naliboki-Wäldern. Das war anders als bei den Juden, die durch die Konzentrationslager gegangen sind und das Schlimmste erlebt haben, was man erleben kann. Diese Menschen haben danach oft geschwiegen, weil sie ihre Kinder nicht damit belasten wollten. Partisanen wie meine Eltern waren das Gegenteil, die haben nie aufgehört, über die Zeit von damals zu reden.
>
> Wir sind eine große Familie, die im Krieg immer größer geworden ist. Alle Juden, die mit den Brüdern gekämpft und

mit ihnen überlebt haben, wurden Teil unserer Familie. Viele von ihnen kamen später regelmäßig nach Tel Aviv und verbrachten ihren Urlaub bei uns. Dann wurden ständig Geschichten von damals ausgetauscht. Sie konnten über nichts anderes reden.

Doch im Rückblick sieht vieles anders aus. Als die Deutschen 1941 nach Nowogródek kamen, konnte sich niemand vorstellen, dass es so etwas wie den Holocaust geben würde. Als Erstes haben die Deutschen alle Radiogeräte konfisziert. Niemand sollte Nachrichten hören, niemand sollte erfahren, was die Deutschen in anderen Gebieten bereits getan hatten. Wo immer sie ein Getto eingerichtet haben, haben sie als Erstes den Judenstern eingeführt und die Radiogeräte mitgenommen.

Einer meiner Onkel hatte ein Auto, er war bei der Feuerwehr. Er ist sofort nach dem Einmarsch der Deutschen mit diesem Auto nach Osten gefahren, nach Russland. Er kam gar nicht auf die Idee, Frau und Kinder mitzunehmen, weil alle Welt dachte, dass Frauen und Kinder sicher seien. Die Leute glaubten, die Deutschen wären nur hinter den Männern her und würden die Männer kastrieren, um so das Judentum zu beenden. Heute fragt man sich, wer so etwas Bescheuertes erfunden hat, aber die Leute damals hatten keine Ahnung, was die Deutschen geplant hatten.

Ein paar Monate später haben diese Deutschen 5600 Menschen in den Wald geführt und erschossen. Das war am 8. Dezember, etwas außerhalb der Stadt, sie haben vorwiegend Frauen und Kinder umgebracht, darunter auch zwei Schwestern meiner Mutter. Ein paar Tage später haben sie dann auch zwei ihrer Brüder erschossen und deren Kinder und die Großeltern väterlicherseits und zwei Cousins. Das war der Moment, als die Bielski-Brüder untertauchten. Am Anfang haben sie sich bei polnischen Christen versteckt. Als sie merkten, dass das nicht mehr sicher ist, sind sie in die Wälder gegangen und sind Partisanen geworden.

Mein Vater, Assael Bielski, hat den Anfang gemacht, er war der Erste, der in den Wald ging. Er wollte die Frau retten, die er liebte. Sowohl die Eltern meines Vaters, die Bielskis, als auch die Eltern meiner Mutter waren Müller. Sie lebten etwa zehn Kilometer voneinander entfernt und waren in ihren Dörfern jeweils die einzige jüdische Familie. Sie hatten viele Kunden und Geschäftspartner, mit denen sie auch befreundet waren. Sie waren in den Dörfern rundum bekannt und geschätzt und konnten sich dort verstecken. Aber die Bielskis begriffen sehr schnell, dass das zu gefährlich war, für sie und auch für die Leute, die ihnen Unterschlupf gaben. Viele in unserer Familie hatten kleine Kinder, und wenn die jiddisch sprachen, dann war das riskant für alle. Eine meiner Cousinen, Bella, kam als Zweijährige bei einer alten polnischen Lady unter. Diese Frau hat die Kleine so lange im Kohlenkeller eingesperrt, bis sie ihre jiddische Sprache vergessen und nur noch polnisch gesprochen hatte. Erst dann durfte Bella frei herumlaufen.

Die Bielskis waren einfache Bauern, die auch eine Getreidemühle betrieben. Die Familie meiner Mutter dagegen betrieb mehrere Mühlen und strebte nach Höherem. Die Dzieciolskis glaubten an den Wert der Bildung. Schon die Großmutter hatte eine höhere Schule besucht, der Großvater war ein bekannter Rabbiner. Jeden Herbst kam ein Hebräisch-Lehrer ins Haus, der den ganzen Winter über bei der Familie lebte und die elf Kinder unterrichtete. Später wurden die Kinder in die Stadt geschickt, ins Schtetl, in eine der Tarbut-Schulen. Das waren weltliche jüdische Schulen, in denen auf Hebräisch gelehrt wurde. Meine Mutter machte danach sogar eine Ausbildung zur Lehrerin.

Mein Vater, Asael Bielski, warb um diese Chaya, wie sie hieß. Aber meine Mutter war nicht an ihm interessiert, und die Großmutter hat sie in der Ablehnung bestärkt. Die Bielskis waren arm und ungebildet, sie lebten auf einem Lehmboden, während der Boden im Haus meiner Mutter schon gepflastert war. Die Bielskis waren einfach keine gute Partie.

Doch die Gefahr änderte die Spielregeln. Asael war stark und clever und versprach, nicht nur sie, sondern ihre ganze Familie zu retten, insgesamt 17 Juden. Er besuchte Chaya regelmäßig in dem Stall, in dem sie sich zusammen mit einem Neffen versteckt hielt. Sie war krank, weil es so kalt war, und er brachte ihr Medikamente. Sie spürte, dass er ihre einzige Chance war zu überleben. Also willigte sie irgendwann ein. In der Nacht holten sie die verstreuten Familienmitglieder aus ihren Verstecken und gingen alle zusammen in den Wald.

Als Brautgeschenk gab mein Vater meiner Mutter einen Revolver und hämmerte ihr ein: Was auch immer passieren wird, stell sicher, dass danach noch eine letzte Kugel im Magazin ist, eine Kugel für dich selbst. Du darfst den Deutschen nicht lebend in die Hände fallen. Das war der erste Leitsatz der Partisanen: Den Deutschen nicht lebend in die Hände zu fallen. Der zweite Leitsatz war, sich niemals erniedrigen zu lassen. So hat uns später unsere Mutter erzogen: Erlaube niemals jemandem, dich zu erniedrigen. Unter keinen Umständen.

Mein Vater, meine Mutter und ihre Verwandtschaft, das war der Beginn der Bielski-Partisanen. Sie rechneten nicht damit, den Krieg zu überleben, aber im Wald waren sie zusammen, und mein Vater hat sich um sie gekümmert. Fürs Erste würden sie leben. Sehr bald kamen die Brüder meines Vaters dazu, Zus und Tuvia. Die beiden haben dann Leute ins Getto von Novogródek geschickt, um einen weiteren Cousin zu holen. Sie sagten, komm raus, bring noch ein paar junge Leute mit, versucht, an Gewehre, an Pistolen und an Munition zu kommen. Kommt in den Wald, ihr könnt bei uns bleiben und mit uns abwarten, was passiert. Das hat der Cousin dann gemacht, und sie haben danach noch weitere Menschen aus dem Getto geschleust, anfangs vor allem junge Leute, die eine Chance hatten, irgendwie an Waffen zu kommen.

Die Bielskis waren keine Heiligen, sie waren rohe Burschen, aber die Zeit im Krieg hat sie zu besseren Menschen gemacht.

Tuvia ist zu einem Anführer herangereift, zum einen, weil er die Anlagen dafür hatte, zum anderen haben ihn die Umstände der deutschen Besatzung dazu gemacht. Es kamen dann immer mehr Menschen in den Wald, auch alte, und Tuvia hat sie aufgenommen, gegen die Stimmen einiger Partisanen, die dafür plädierten, nur bewaffnete Kämpfer aufzunehmen. Aber Tuvia blieb eisern. Er wusste, wenn er diese Menschen abweisen würde, dann würden die Deutschen sie umbringen. Mit der Zeit kamen immer mehr Leute aus dem Getto, die der Selektion und den Massenerschießungen entkommen wollten.

Aber auch im Wald war es gefährlich. Jeder, der ihnen begegnete, konnte sie umbringen. Auch anderswo sind viele Juden in die Wälder geflohen, nur wenige haben die Zeit dort überlebt. Sie wurden ununterbrochen gejagt, von den Deutschen, von der lokalen Polizei, von polnischen und von weißrussischen Polizisten, sie waren nirgends sicher. Es gab selbst polnische und russische Partisanen, die gegen die Deutschen gekämpft und gleichzeitig Juden ermordet haben. Alle waren damals gegen die Juden, die hatten keine Unterstützung, von niemandem. Manche haben Juden umgebracht, weil sie ihre Schuhe haben wollten. Manchmal auch für nichts, einfach nur, weil sie betrunken waren. Einmal kamen zwei russische Soldaten in das Waldstück, wo sich die Bielski-Gruppe verborgen hielt. Sie fragten nach einem Arzt, und als der Arzt mit ihnen mitging, haben sie ihn erschossen, einfach so, zum Spaß. Sie waren betrunken, das war alles. Ein jüdisches Leben war nichts wert, jeder konnte Juden umbringen, ohne jedes Risiko, bestraft zu werden. Das ist der Grund, warum Israel gegründet wurde. Dieses Land ist die Antwort auf den Holocaust. Weil jüdisches Leben zählt. Jewish lives matter.

Damals zählte jüdisches Leben nichts, und deshalb wurde es zur Mission der Bielski-Brüder, so viele jüdische Leben wie möglich zu retten. Wenn Tuvia seine Partisanen-Einheiten losgeschickt hat, um einen Zug in die Luft zu sprengen oder eine Brücke oder wenn sie einen wichtigen Ort befreien sollten, dann sagte er immer: Es ist nicht unser Job, die deutsche Armee zu besiegen, unser Job ist, dass möglichst viele überleben. Wenn ihr zu einem Einsatz aufbrecht, stellt sicher, dass ihr alle eure Leute wieder mit zurückbringt. Es geht ums Überleben. Es ist besser, eine alte Frau zu retten, als den Krieg zu gewinnen. Der Krieg ist nicht unsere Aufgabe.

Das war ihr Motto. Jeder konnte sich der Gruppe anschließen, außer Leute mit Babys, das wäre nicht gegangen. Die Partisanen mussten immer wieder ohne Vorwarnung weglaufen, sie mussten sich verstecken, das wäre mit Babys nicht möglich gewesen. Babygeschrei hätte alle verraten. Tuvia war großzügig, aber er war auch vorsichtig und hat weit vorausgedacht. Als die Deutschen geschlagen waren und aus der Gegend verschwanden, da hat er allen Zertifikate ausgestellt, dass sie gegen die Deutschen gekämpft hatten und deshalb nicht noch einmal in den Kampf geschickt werden sollten. Sie hatten alle Angst vor den Russen und wollten nicht auch noch in die Rote Armee geholt werden.

Mein Vater war nicht so clever wie Tuvia, er wurde in die Rote Armee eingezogen. Alle haben gesagt, lauf weg, hau ab. Meine Mutter behauptete später, er habe es abgelehnt, wegzulaufen, er sei in die Rote Armee eingetreten mit den Worten: Niemand sollte sagen, ein Bielski sei ein Deserteur. Aber das glaube ich ihr nicht. Ich glaube nicht, dass er das gesagt hat, auch wenn meine Mutter das später so dargestellt hat. Ich bin sicher, er konnte sich nicht wehren. Wie auch immer, er war jedenfalls in der russischen Armee und hat den Krieg nicht überlebt.

Tuvia und Zus, meine beiden Onkel, haben sich wie fast alle anderen sofort abgesetzt. 1945 waren sie bereits in Palästina. Sie sind mit dem Zug durch Rumänien gefahren und dann auf einem Schiff nach Palästina gelangt. Ihre Geschichte als Partisanenführer hat sich schnell herumgesprochen, sie wurden überall durchgelassen, und selbst die Briten haben ihnen bei der Einreise nach Palästina keine Steine in den Weg gelegt.

Meine Mutter blieb im sowjetischen Gebiet. Sie wartete auf ihren Mann, sie war schwanger, das Baby in ihrem Bauch war ich. Aber sie hatte kein Geld und keinen Platz, wo sie bleiben konnte. Sie hat sich durchgeschlagen, und weil sie Russisch konnte, hat sie irgendwann als Sekretärin für den sowjetischen Geheimdienst NKWD gearbeitet. Als sie vom Tod meines Vater erfuhr, wollte sie auch nach Westen, aber die Russen wollten sie nicht gehen lassen. Wer einmal für den NKWD gearbeitet hat, durfte nicht mehr ausreisen.

Alle anderen aus der Bielski-Familie waren längst weg, nach Westen, nach Polen, nach Deutschland. Sie wollten irgendwie in die amerikanische Zone kommen, und so landeten die meisten in Föhrenwald. Meine Mutter war plötzlich völlig allein in Russland, eine Witwe mit einem Baby, und sie war auch noch sehr krank, sie hatte sich bei meiner Geburt im Krankenhaus Typhus geholt. Der Doktor sagte ihr, dass entweder sie oder ihr Baby überleben würde, man könne nicht beide retten. Sie entschied sich für das Baby. Aber sie hatte unter den Krankenschwestern eine Freundin, die für sie Penicillin gestohlen hat. Die hat ihr das Leben gerettet.

Als sie wieder gesund war, hat sie einen Weg nach Westen gesucht. Sie ist dann in einen Viehwaggon voller Schweine geklettert, die laut der Schilder am Waggon für Berlin bestimmt waren. Sie wusste, dass die Polizei die Schweine ja wohl nicht kontrollieren würde. Später hat sie mir erzählt, dass sie jedes Mal, wenn ich als Baby geschrien habe, einige Schweine getreten hat. Die Tiere machten dann so viel Lärm, dass niemand das Babygeschrei hören konnte.

Meine Mutter war wie eine Entfesselungskünstlerin, sie war nie hilflos, sie fand immer irgendeinen Weg in die Freiheit. Der Zug war dann tagelang unterwegs. Wenn ich mich recht erinnere, hat sie sogar von zwei Wochen gesprochen. Ich bin nicht sicher, ob das stimmt. Aber der Zug endete in Ostberlin, im russischen Sektor. Das war für sie eine Katastrophe, sie war ja illegal aus Russland ausgereist und hatte nun Angst, von russischen Soldaten entdeckt und wieder zurückgeschickt zu werden. Als sie aus dem Zug stieg, sah sie zwei jüdische Frauen, die offensichtlich mit einer Gruppe jüdischer Waisenkinder angekommen waren. Sie schloss sich den Frauen an, versprach zu helfen und hoffte, mit dieser Gruppe in einen der West-Sektoren der Stadt zu kommen. Am Übergang zur französischen Zone wurden sie aufgehalten, ein Soldat sagte, sie dürften nicht in den französischen Sektor. Sie hat dann darauf bestanden, den obersten Kommandeur der französischen Zone zu sprechen, vorher werde sie sich hier nicht wegbewegen. Und so warteten sie erst mal, Stunden, vielleicht den ganzen Tag, ich weiß es nicht. Die Kinder wurden unruhig, sie hatten Hunger, Durst, wurden müde. Das waren alles Waisenkinder, die in christlichen Familien, manche in Klöstern überlebt hatten, sie hatten alle ihre Eltern verloren, waren traumatisiert und unruhig. Als der Kommandeur endlich kam, da hat meine Mutter gesagt, hör Dir meine Geschichte an, und dann entscheide, ob Du uns wirklich zurückweisen willst. Sie hat dann ihre ganze Geschichte erzählt, die Geschichte der Bielski-Partisanen, wie sie gegen die Deutschen gekämpft und 1200 Juden gerettet haben, wie sie dank tausend Wunder den Krieg überlebt hatten und wie sie von den Russen befreit wurden und dann vor den Russen weggelaufen sind. Und jetzt, sagte sie, wollen wir nach Palästina. Wir wollen nicht nach Deutschland und auch nicht nach Frankreich, wir wollen keine Flüchtlinge mehr sein. Der Kommandeur war beeindruckt und gab ihnen schließlich den Weg frei in den französischen Sektor.

Die ganze Gruppe durfte nach Westberlin und ist dann nach kurzer Zeit mit dem Zug nach Föhrenwald gefahren. Dort ist der größte Teil der Familie wieder zusammengekommen, die Bielskis, soweit sie überlebt hatten, und viele Partisanen, die längst Teil der Familie geworden waren. Und es kamen immer mehr, weil es sich in den jüdischen Flüchtlingstrecks schnell herumgesprochen hatte, dass Föhrenwald der Sammelpunkt der Bielskis war. Wer viele Verwandte und Bekannte verloren hat, sucht umso entschlossener nach denen, die übrig geblieben sind.

So kam meine Mutter Ende 1945 nach Föhrenwald, als junge, schöne Witwe, voller Energie und voller Leben. Sie fand schnell Aufgaben im Lager, arbeitete als Lehrerin für Hebräisch, schrieb in der Lagerzeitung *Bamidbar*, knüpfte ein Netzwerk mit Leuten, die nach Palästina weiterziehen wollten. Palästina oder Amerika, das war für viele die große Frage. Einer ihrer Brüder hat in Föhrenwald drei Jahre gewartet, bis er endlich ein Visum für Amerika bekam. Amerika kam für meine Mutter nicht infrage, sie wollte in ihre neue Heimat, ihr Zuhause, so hat sie Palästina gesehen. Nach Amerika zu gehen, das wäre für sie eine Flucht gewesen, ein Weglaufen vor der eigenen Bestimmung.

Die Gruppe um die Bielskis in Föhrenwald wuchs weiter. Es gibt Fotos aus dieser Zeit in Föhrenwald, auf denen 60, 70 Leute vor den Hauseingängen 10 und 12 in der Florida-Straße stehen und sitzen, hinter ihnen, an der Hauswand eine Gedenktafel, die an die Heldentaten der Bielski-Partisanen erinnert. Viele Männer sind auf dem Bild, wenige Frauen, und noch weniger Kinder. Es waren deutlich mehr Männer als Frauen, das kann man auf einen Blick sehen, die den Holocaust im Wald überlebt haben.

Meine Mutter hatte viel zu tun im Lager, deshalb hat mein Großvater Aron auf mich aufgepasst. Er hat mich herumgeführt in Föhrenwald und in den umliegenden Wäldern, und manchmal sind wir auch in die Marktstraße von Wolfratshausen gegangen. Irgendwann ist ein junger Mann hinter uns gegangen. Er ist uns bis zu unserem Haus gefolgt. Er sprach jiddisch, und er sprach es im Dialekt unserer Heimat um Novogródek. Das hörte man sofort, und das schaffte Vertrauen. Dieser junge Mann hat meine Mutter gefragt, ob er gelegentlich vorbeikommen dürfe, um mit mir spazieren zu gehen. Der Mann hieß Ashel Girzovski, er hat seine beiden kleinen Töchter verloren, und ich habe ihn an die beiden erinnert. Meine

Mutter hat daraus geschlossen, dass er ein guter Vater sein würde. Sie haben bald danach geheiratet. Er ist mein Stiefvater geworden. Ein guter Stiefvater.

In Föhrenwald gehörte jeder zu irgendeiner Gruppe oder Partei, entweder zu den Orthodoxen, zu den Ultra-Orthodoxen, zu den Sozialisten oder zu den Kibbuz-Anhängern, die es in allen Schattierungen gab. Das entsprach im Wesentlichen den politischen Gruppierungen im späteren Israel. Föhrenwald war ein Spiegel des späteren Israel. Meine Mutter hat sich der sozialistischen Kibbuz-Gruppe angeschlossen. Das heißt, wir lebten schon in Föhrenwald in einem Kibbuz mit Leuten, die alles teilten. Und später in Israel haben wir dann die ersten Jahre wieder im Kibbuz gelebt, in Givat HaShlosha in der Nähe von Tel Aviv.

Wir sind im Juni 1947 in Palästina angekommen. Meine Mutter und meine Großeltern hatten von den Briten ganz normale Visa bekommen. Der Name Bielski reichte, und die Türen öffneten sich. Meine beiden Onkel Zus und Tuvia wurden in Palästina als Helden gefeiert. Selbst Moshe Sherett, der erste Außenminister und spätere Premierminister Israels, kam sie besuchen. Er hat ihnen sogar Taxilizenzen beschafft, als Anerkennung für ihre Heldentaten in Polen und Belarus. Sie hatten keine Ausbildung, sie wussten besser als andere, wie man im Krieg überlebt, aber sonst hatten sie nichts gelernt. Taxifahren war ihr Lebenstraum.

Viele sagen heute, dass die Verehrung für die Bielskis vor allem deshalb so groß war, weil die Brüder dem jüdischen Selbstbild entsprachen, das in Palästina zu dieser Zeit besonders stark gepflegt wurde: dem Bild vom Muskeljuden, vom starken Juden, der sich nicht unterdrücken lässt, der sein Schicksal in die Hand nimmt, der die Wüste fruchtbar macht und seine Feinde besiegt. Diese Muskeljuden hätten dann auf die Gettojuden heruntergeschaut, die sich wie Lämmer zur Schlachtbank hätten führen lassen. In der Tat waren die Bilder von den Menschenmassen, die zu ihrer Erschießung in den

Wald gingen und dann noch Gräben aushoben und die Kleider ablegten, diese Bilder waren schwer auszuhalten und für die Juden in Palästina damals nicht zu verstehen.

Es ist eine weitverbreitete Ansicht, dass die Muskeljuden die Opferjuden verachteten und ihnen damit die Integration in Israel so schwer gemacht hätten. Ich kenne diese Ansicht, aber ich teile sie nicht. Ich glaube, viele der Schwierigkeiten der Holocaust-Überlebenden in Palästina haben mit der Immigration ganz allgemein zu tun. Einwanderer hatten es immer und überall schwer, vor allem in der ersten Generation. Der zweiten und dritten Generation fällt dann vieles leichter.

Aber es stimmt, dass die Juden, die schon länger in Israel lebten, von den Gräueln des Holocaust lange nichts hören wollten. Sie haben es nicht geleugnet, sie wollten es bloß nicht hören, sie wollten sich nicht damit auseinandersetzen, sie wollten Juden nicht als Opfer sehen. Aber das erklärt die Probleme der Einwanderer nur zum Teil. Da ist noch mehr, Migration ist immer hart.

1961 hat sich die Stimmung in Israel dann grundlegend geändert. Der Eichmann-Prozess war ein Schock für das ganze Land. Ich ging noch zur Schule und erinnere mich, dass zum ersten Mal der Holocaust in Israel wirklich diskutiert wurde. Man konnte die Geschichte nicht mehr länger beiseiteschieben. Wir waren alle vollkommen hypnotisiert. Ich war damals 16 und bin jeden Tag nach der Schule sofort nach Hause gerannt, um so schnell wie möglich das Radio anzuschalten. Ich wollte nichts verpassen.

Schon vor dem Prozess gab es jeden Mittag um 1:30 ein Programm, wo zehn Minuten lang Namen von Überlebenden vorgelesen wurden, die nach Angehörigen suchten. Da wurden nicht nur die Namen erwähnt, sondern auch das Schtetl, aus dem sie ursprünglich kamen, und so weiter. Ich habe immer gehofft, dass mein Vater vielleicht doch noch am Leben sein könnte und irgendwann sein Name genannt würde. Das war meine persönliche Beziehung zum Radio.

Im Eichmann-Prozess hörten wir plötzlich die Stimmen der Überlebenden, und sie erzählten vom Widerstand in den Gettos und der verschwindend geringen Chance, lebend davonzukommen. Ein Moment, der berühmt geworden ist, war der Moment, als der Staatsanwalt gesagt hat: Ich stehe hier, und hinter mir stehen sechs Millionen Menschen, die zu Ihnen sprechen. Genauso haben wir das empfunden. Wir konnten in diesen acht Monaten nichts anderes denken und reden. Der Prozess bestimmte das Leben in Israel. Plötzlich hatten Menschen eine Stimme, die bis dahin nicht geredet haben.

Der Prozess brachte die ganze Geschichte von Auschwitz ans Tageslicht, eine Geschichte, die viele in Israel am eigenen Leib erlebt hatten, die aber bis dahin kein Thema war. Ich habe vor diesem Prozess nichts von Auschwitz und dem ganzen Horror der Konzentrationslager gewusst. Vermutlich hatte ich vorher schon Bilder von der Judenvernichtung gesehen, aber ich dachte, das wären Einzelfälle. Ich hatte nicht verstanden, dass dies das Schicksal von so vielen war, dass es das Schicksal von Millionen war. In unserer Familie war es ja nicht so. Ich kannte nur die Erzählungen von den abenteuerlichen und meist erfolgreichen Partisanenkämpfen. Alle diese Erzählungen hatten immer einen positiven Grundton. Das war ja nicht nur eine harte, sondern auch eine aufregende Zeit. Die waren alle jung damals, viele hatten sich in dieser Zeit ineinander verliebt, wurden Paare, so wie meine Eltern. Als Kind hatte ich immer das Gefühl, dass die Eltern und Verwandten und Freunde über eine romantische Zeit redeten. Natürlich redeten sie auch über die Ängste und Gefahren, sie mussten immer wieder fliehen, sie hatten Hunger, sie froren, sie mussten kämpfen, ihr Leben war ständig bedroht. Aber im Rückblick überwogen die Heldentaten und wie sie mit den Schwierigkeiten zurechtkamen, wie sie zusammengelebt, wie sie Menschenleben gerettet haben.

Ich habe meine Mutter einmal gefragt, was denn nun stimmt, die Geschichte von den Konzentrationslagern oder das, was die Partisanen in unserem Haus vom Krieg erzählt hatten. Das passte nicht zusammen, und als meine Mutter darauf bestand, dass beides der Wahrheit entsprach, da habe ich ihr nicht geglaubt. Das konnte nicht sein, das war unmöglich.

Der Eichmann-Prozess war eine monatelange Serie von Lehrstunden für uns. Ich persönlich habe zum ersten Mal die ganze Wahrheit über den Zweiten Weltkrieg und über die Judenvernichtung erfahren. Wir hörten Menschen zu, die schilderten, wie sie jahrelang in panischer Angst gelebt hatten, wie sie nackt waren, immer hungrig, voller Läuse, wie sie wie Tiere behandelt wurden und sich dann wie Tiere verhielten und wie sie auf Schritt und Tritt erniedrigt wurden. Ich konnte das alles nur langsam begreifen. Andere, die vielleicht schon etwas mehr über den Holocaust wussten, lernten nun, dass die Menschen nicht einfach willenlos zur Schlachtbank gegangen waren, sondern dass es sowohl in den Gettos als auch in den Konzentrationslagern Widerstand gab. Und sie lernten, dass die allermeisten Juden keine Chance hatten, dem mörderischen System der Nationalsozialisten zu entkommen.

Diese gemeinsame Lektion hat Israel verändert. Der Prozess hat uns gezwungen, der Realität ins Gesicht zu sehen. Unsere Realität war nicht lustig, wir kamen vom Weltkrieg in den Unabhängigkeitskrieg. Jeder ging hier erst mal in die Armee mit allen Folgen für das eigene Leben und für die eigenen Gedanken. Aber der Horror, den so viele von uns Juden im Zweiten Weltkrieg erlebt haben, hat uns das sichere Gefühl gegeben, dass wir auf der richtigen Seite sind. Wir glaubten und glauben, dass wir ein Recht haben auf dieses Land, weil dieses Land für unser Überleben notwendig ist.

Israel war nie ein sicheres Land, und ich fürchte, es ist auch heute kein sicheres Land. Viele Menschen ziehen weg, weil sie hier nicht leben wollen. Es ist kein gutes Leben, wir sind nicht auf der sicheren Seite. Der Prozess hat vieles verändert. Ich bin eine überzeugte Anhängerin der ursprünglichen zionistischen Idee: Ein jüdischer Staat für jüdische Menschen und auch für

Araber. Sie müssen gleiche Rechte haben in diesem Staat. Und ich rede jetzt nur von Israel, nicht von der Westbank. Die Westbank ist arabisches Land, von dem die Siedlungen abgezogen werden müssen. Aber Israel sollte ein palästinensischer Staat sein, wo Juden und Araber Seite an Seite in Sicherheit leben können. Aber wir, die wir das so sehen, sind in diesem Land in der Minderheit.

Tuvia und Zus sind übrigens 1955, nach zehn Jahren in Israel, in die USA ausgewandert. Sie wollten einfach ein besseres Leben haben. Zus arbeitete dort als Taxifahrer und gründete sein eigenes Taxiunternehmen. Er starb 1995 als wohlhabender, aber weitgehend unbekannter Mann. Tuvia wurde Lastwagenfahrer, seinen Ruhm konnte auch er nicht nach Amerika mitnehmen. Als er 1987 starb, wurde er in Long Island begraben und wenig später auf einen Friedhof in Jerusalem umgebettet. Das hatte er sich gewünscht. Er wollte in Israel begraben werden. Hier ist er immer noch ein Held.«

Die Illegalen

Unerlaubt zurück aus Israel

»Meine Mutter war ein Stadtmädel, mit ihren Stöckelschuhen war sie im Kibbuz schon optisch fremd.«
Manfred Friedländer, jüdischer Rückkehrer in Deutschland

Irgendwann nach seinem 90. Geburtstag fing Heinrich Bukszpan an, seine Geschichten vom Krieg und von Israel zu erzählen, von seiner verbotenen Rückkehr nach Deutschland, von seiner Hochzeit in Wolfratshausen und von seiner Diskothek auf der Geislinger Steige. Aber er erzählte das nicht seinen Kindern, die seit fast 60 Jahren darauf gewartet hatten. Er fuhr von seiner Wohnung im Münchner Südosten in die Stadtmitte, oft zum Jakobsplatz an der neuen Synagoge. Dort stand er dann mit seinem Rollator, den rot-weißen Schal des FC Bayern um den Hals, und wenn er sah, dass sich Passanten für die Synagoge oder für die erklärenden Texte am jüdischen Buchladen interessierten, dann sprach er sie schon mal an. Er zeigte ihnen seinen israelischen Pass, der ihn als Staatsbürger Israels mit der Nummer 252 ausweist und einen Stempel trägt, auf dem steht, dass er nicht nach Deutschland reisen darf. Und manchmal zeigte er ihnen auch Fotos von Tel Aviv, von Jerusalem und von Föhrenwald.

Um 2017 stand es dann sogar in der Zeitung, dass Heinrich Bukszpan auf dem Jakobsplatz unglaubliche Geschichten aus seinem jüdischen Leben erzählt, dass ihm die Passanten gerne zuhören, dass er trotz allem in Deutschland angekommen und Münchner geworden sei. Aber als ihn seine beiden Kinder Maximilian und Brigitte Bukszpan darauf ansprachen, da hatte er schon wieder aufgehört mit dem Erzählen. Gegenüber Sohn und Tochter blieb er weiterhin zurückhaltend, was seine Vergangenheit anging. Sie haben dann doch einiges herausbekommen, manches durch Hartnäckigkeit, manches durch Zufall. Als der Sohn Maximilian, Fremdenführer in München und in der KZ-Gedenkstätte Dachau, bei einer Fortbildung in Flossenbürg in den dortigen KZ-Akten den Namen seines verschollenen Onkels gefunden hatte, da wurde der Vater hellwach. Da fing er an zu reden, wollte mithelfen, seinen tot geglaubten Bruder zu finden, der vielleicht doch noch lebte. Und als Brigitte Bukszpan erwähnte, dass sie mit ihrem Sohn übers Wochenende in einer Jugendbildungsstätte bei Königsdorf ein Familienwochenende verbracht hatte, da fiel ihm ein, dass er da auch schon mal war. Im Hochlandlager bei Königsdorf, da habe er gleich nach dem Krieg kämpfen gelernt, kämpfen und schießen.

Heinrich Bukszpan, wie er sich in Deutschland nannte, war einer der Ersten, der in Deutschland von der Haganah für eine militärische Ausbildung angeworben wurde. 1923 geboren, ist er als Chaim Bukszpan in Krakau aufgewachsen. Vier Konzentrationslager hat er überlebt, sechs Jahre gegen seinen Willen für Deutschland und für deutsche Unternehmen gearbeitet. Er hat in einem deutschen Arbeitslager in Polen mit hochgiftigem Sprengstoff hantiert und sich dabei die Lunge verätzt, er hat tonnenschwere Bahngleise verlegt und in einem Außenlager von Buchenwald bei Eiseskälte KZ-Baracken gebaut. Er hat unter Lebensgefahr amerikanische Fliegerbomben entschärft und vor Breslau die letzten Panzersperren gegen den Vormarsch der Roten Armee betoniert. Eines Morgens waren die SS-Bewacher geflohen, und die russischen Soldaten waren da.

Er hat sich dann bald nach Westen abgesetzt und landete im DP-Lager Heidenheim an der Brenz in Baden-Württemberg. Nach ein paar Monaten war er wieder so weit bei Kräften, dass er einem Späher der Haganah auffiel, weil er so stark und selbstbewusst war, also kampftauglich. Die Haganah schickte ihn nach Königsdorf, ins Hochlandlager. Zwei Monate dauerte die Ausbildung an der Waffe. Das heißt, Waffen waren rar, deshalb haben sie die meiste Zeit mit Holzprügeln geschossen und mit Steinen geworfen, die in etwa das Gewicht von Handgranaten hatten. Dann schickte ihn die Haganah nach Marseille, wo er auf einem winzigen und heillos überladenen Fischkutter nach Palästina schaukelte. Das Schiff kam durch, die Briten hatten die Seeblockade zu dieser Zeit bereits gelockert, doch Chaim Bukszpan war sieben Tage lang übel, er litt an Seekrankheit.

In Palästina ging das militärische Training erst einmal weiter, doch jetzt mit richtigen Waffen. Als David Ben Gurion am 14. Mai 1948 den Staat Israel ausrief, feierte Chaim Bukszpan mit seinen Kameraden. An diesem Tag überwog die Freude, am nächsten Tag kam die Angst, die Angst um den blutjungen Staat. Den 600 000 Juden standen nicht nur gut eine Million palästinensischer Araber gegenüber. Die Regierungen von Libanon, Syrien, Jordanien, Ägypten und Irak hatten dem neuen Staat sofort den Krieg erklärt. Sie schworen, dass sie den jüdischen Staat nicht akzeptieren und die Juden ins Meer treiben würden. Die kleine jüdische Armee mit ihren anfangs kaum 50 000 Mann kämpfte gegen eine Übermacht der um ein Vielfaches größeren Nachbarstaaten. Doch die Juden waren entschlossener, für sie ging es ums Überleben. Israel oder nichts, es gab keinen Plan B.

Im Frühjahr 1949 ging Plan A auf. Die arabischen Armeen zogen sich geschlagen zurück, im Juni unterzeichnete eine Regierung nach der anderen die Waffenstillstandsabkommen mit Israel. Die israelische Armee hatte auf ganzer Linie gesiegt, und Bukszpan war bei den Siegern, endlich bei den Siegern. Als der neue Staat für seine Bürger Pässe drucken ließ, da stand der verdiente Soldat Chaim Bukszpan weit vorne auf der Liste, auf Platz 252. So steht es auch in seinem Ausweis: Israelischer Staatsbürger, Pass Nr. 252. Doch das Leben wurde nicht einfacher. Der Frieden war brüchig, die Sieger spürten den Hass im Nacken, den Hass der arabischen Palästinenser im eigenen Land und noch mehr den

Hass der arabischen Flüchtlinge rundherum. 750 000 Palästinenser waren während des Krieges geflohen oder von israelischen Truppen verjagt worden und kauerten nun in erbärmlichen Flüchtlingslagern knapp jenseits der Grenzen. Israel, so viel war klar, würde auf unabsehbare Zeit umzingelt sein von Arabern, die den Juden den Tod wünschten.

Chaim Bukszpan war stolz, aber er fühlte sich nicht wohl. Er wollte endlich in Frieden leben, verließ die Armee und mühte sich in Tel Aviv, Fuß zu fassen in einem zivilen Leben. Verwandte und ehemalige Freunde aus den Konzentrationslagern vermittelten ihm Jobs, aber er kam nicht so recht in die Spur. Er hatte nie Hebräisch gelernt, die Hitze machte ihm ebenso zu schaffen wie die ständige Unsicherheit, wann der nächste Krieg ausbrechen könnte. Fünf Jahre nach seiner enthusiastisch gefeierten Ankunft in Palästina packte Chaim Bukszpan die Koffer, stieg auf ein Schiff nach Venedig und fuhr von dort mit dem Zug nach Linz in Österreich, knapp hundert Kilometer vor der deutschen Grenze. In Linz hatte er einen Freund aus Konzentrationslager-Zeiten, bei dem er übernachten konnte. Der Freund vermittelte ihm eine Schleuser-Organisation, die ihn über die grüne Grenze schmuggeln würde.

Aber an der deutschen Grenze wurde er von Grenzsoldaten aufgegriffen und ins Gefängnis gesteckt, wegen versuchter illegaler Einreise nach Deutschland. Denn in seinem israelischen Pass Nr. 252 war ein dicker Stempel, dass dieser Pass für alle Länder dieser Welt gelte, aber nicht für Deutschland. Israels Staatsgründer wollten nicht, dass Juden nach Deutschland zurückkehrten. Kein Jude sollte jemals wieder im Land der Mörder leben. Das war damals weitgehend Konsens in der jüdischen Weltgemeinschaft. Der jüdische Weltkongress teilte 1950 mit, dass Juden, die unbedingt in Deutschland bleiben wollten, nicht mehr Teil der Gemeinschaft der Juden seien. Die zionistische Jewish Agency setzte im August desselben Jahres den Juden, die noch in Deutschland lebten, eine Frist von sechs Wochen, den verfluchten Boden zu verlassen. Andernfalls würde man sie nicht mehr als Juden betrachten. Wenig später forderte der Präsident des jüdischen Weltkongresses alle jüdischen Organisationen auf, den Kontakt zu den jüdischen Gemeinden in Deutschland abzubrechen.

Chaim Bukszpan wollte trotzdem nach Deutschland. Er war jetzt dreißig Jahre alt und hatte kein anderes Land, in dem er leben könnte. In Israel hatte er sich nicht mehr wohlgefühlt, zu viel Hitze, zu viel Wüste, zu viele Feinde. In Polen, wo er herkam, hatte er nichts mehr verloren. Als er acht Jahre vorher in Breslau an den verlassenen Panzersperren stand und plötzlich frei war, da ist er sofort nach Krakau gefahren, nach Hause. Aber da war kein Zuhause mehr, auch bei ihm, kein jüdisches Viertel, keine Eltern, keine Verwandten, keine Freunde, alles ausgelöscht, ermordet, vertrieben. Da wollte er nicht wieder hin. Also nach Deutschland, in das Land, das ihn gequält hatte, aber dessen Sprache er verstand. Dazu kam, dass die bayerische Regierung Haftentschädigung für die Zeit im KZ bezahlte und dass die deutsche Regierung an einem weiteren Entschädigungsgesetz arbeitete, das verfolgten Juden eine finanzielle Wiedergutmachung versprach. Die Details waren noch nicht ganz klar, klar war aber, dass in dem Gesetz viele Einschränkungen und Ausnahmen vorgesehen waren und dass die Entschädigung am ehesten zu bekommen war, wenn man in Deutschland war.

Die Grenzbeamten, denen Bukszpan seinen israelischen Pass hinhielt, zeigten auf den Stempel: »Not Valid For Germany«, gilt nicht für Deutschland. Bukszpan war nicht der Erste, den sie mit diesem Stempel aufgriffen. Anfangs waren die Grenzer noch unsicher gewesen, wie sie damit umgehen sollten. Man konnte die Juden nach allem, was geschehen war, doch nicht schon wieder einsperren. Auch in den Ministerien war man sich nicht einig. Einerseits war da Adenauers Versuch einer Versöhnungspolitik mit Israel, andererseits wollte man die DP-Lager endlich auflösen und war froh um jeden Juden, der ins Ausland ging. Und jetzt kamen die wieder zurück, nicht nur vereinzelt, sondern in beträchtlicher Zahl. Zwischen 1949 und 1953 sind schätzungsweise 3500 Juden aus Israel in Föhrenwald eingetroffen. Angesichts der etwa 140 000 Holocaust-Überlebenden, die nach Israel gegangen waren, sind zwei Prozent Rückkehrer an sich nicht weiter überraschend. Bei früheren Einwanderungswellen gab es deutlich mehr Menschen, die mit den Lebensbedingungen in Palästina nicht zurechtgekommen und wieder ausgereist waren. Doch die wollten damals nicht alle nach Deutschland.

Diesmal wollten sie nach Deutschland, und wenn sie an den Grenzen gestoppt wurden, dann gaben sie als Ziel ausdrücklich Föhrenwald an. Von Föhrenwald wussten sie, dass dort noch immer fast 2000 Juden lebten, dass es jüdische Einrichtungen gab, dass dort immer wieder Wohnungen frei wurden, dass sich internationale Hilfsorganisationen um die Bewohner kümmerten und dass sie dort alte und neue Bekannte finden würden. Föhrenwald war für viele, die sich in Israel überfordert fühlten, zum ersehnten Rückzugsort geworden.

Ende 1952 hatte es deshalb schon reichlich Krach gegeben zwischen der Bundesregierung in Bonn und der Staatsregierung in München. 200 jüdische Rückkehrer waren gleichzeitig in Föhrenwald eingetroffen, alle mit gültigen Visumstempel der deutschen Botschaft in Paris. *Der Spiegel* raunte, dass weitere 600 jüdische Flüchtlinge »im Anmarsch begriffen« seien und sich darüber hinaus zwischen 3000 und 4000 in Italien, Frankreich und Österreich auf die Reise nach Föhrenwald vorbereiteten. Diese Juden seien »wohl der strapaziösen Aufbauarbeiten in Israel überdrüssig«, schrieb *Der Spiegel* herablassend und rechnete spitz vor, welche sozialen Leistungen sie in Föhrenwald in Anspruch nehmen könnten. Der in Bayern für Flüchtlingsfragen zuständige Staatsminister Theodor Oberländer, der schon unter Hitler mit Juden zu tun gehabt hatte, führte den 28-köpfigen Landtagsausschuss für Angelegenheiten der Heimatvertriebenen und Kriegsfolgengeschädigten persönlich nach Föhrenwald, um ihnen die Tragweite des Problems nahezubringen. Das Auswärtige Amt in Bonn beeilte sich, die großzügige Visumsvergabe der Pariser Botschaft als Versehen zu entschuldigen, das nicht wieder vorkommen werde. Die Dienststelle in Paris habe versagt, hieß es.[44]

Die Rückkehrer beschäftigten auch die Regierung in Israel. Sie fürchtete eine Rufschädigung, wenn Juden freiwillig vom gelobten ins verfluchte Land wechselten. Israel brauchte jüdische Einwanderer, so viele wie möglich. Wenn Hunderte von Juden lieber im Land der Mörder lebten als in Israel, dann könnte das abschreckend auf potenzielle Einwanderer wirken. Die deutschsprachige Zeitung *Yedioth Hayom* zeterte in einem Sonderbericht, dass die Rückkehrer in Deutschland Gräuelpropaganda über Israel verbreiteten und das Land in schwärzesten Farben darstellten. Am schlimmsten sei die Konzentration der Rückkehrer in Föhrenwald, wo sie sich von jüdischen Wohlfahrtsverbänden aushalten ließen und ein schlechtes Beispiel abgäben. Die israelische Regierung begann die deutschen Behörden zu einer härteren Haltung gegen Juden mit israelischem Pass zu drängen. Es kam zu einem Treffen der israelischen Regierung mit einem Vertreter des Auswärtigen Amtes sowie Repräsentanten jüdischer Hilfsorganisationen. Die drei Seiten kamen überein, dass das Problem möglichst schnell und lautlos gelöst werden müsse. Das Treffen fand auf neutralem Boden in Genf in der Schweiz statt. Das Auswärtige Amt sicherte im Namen der Bundesregierung zu, die Illegalen, wie sie ganz offiziell genannt wurden, bis zu sechs Monate lang in Föhrenwald zu versorgen, und die jüdischen Organisationen versprachen, die Rückkehrer in diesen sechs Monaten zur Wiederausreise zu drängen. Die Frist von einem halben Jahr wurde später um weitere sechs Monate verlängert, sozusagen als Anerkennung dafür, dass es den jüdischen Organisationen tatsächlich gelungen war, 500 Illegale zur erneuten Auswanderung zu bewegen. Die ursprüngliche deutsche Forderung, Israel müsse die Illegalen zurücknehmen, war erst mal vom Tisch. Sie hätte ein schlechtes Licht auf alle Beteiligten geworfen.

Das war die politische Gemengelage, als Chaim Bukszpan bei Salzburg über die grüne Grenze wollte und geschnappt wurde. Er saß dann einige Tage in Abschiebehaft, bevor ihn ein jüdischer Rechtsanwalt herauspaukte und nach Föhrenwald brachte. Bukszpan kannte das Lager von sporadischen Besuchen während seiner militärischen Ausbildung im zehn Kilometer weiter südlich gelegenen Hochlandlager. Das war von Föhrenwald aus verwaltet worden, wer dort Ausweispapiere brauchte oder ins Kino oder Theater wollte, der musste nach Föhrenwald gehen oder radeln. Nun war Bukszpan zurück in Föhrenwald, diesmal um sein Leben wieder einmal neu aufzustellen. Er wohnte in der Kentucky Straße 14, fand verschiedene Jobs außerhalb des Lagers, und am Wochenende stand er beim Fußballklub Makkabi Föhrenwald im Tor. Nach einiger Zeit lernte er eine Frau kennen, der er seit zehn Jahren nahe war, ohne es zu wissen. Sie stammte aus einer assimilierten jüdischen Familie in Breslau, der Vater war Anwalt, die Mutter aus besserem Haus. Bis zur Machtübernahme der Nationalsozialisten gehörten sie zur gehobenen Breslauer Gesellschaft, sie waren Deutsche mit deutschem Pass und deutscher Bildung. Sie hatten Freunde, bei denen sie sich in der Zeit der Verfolgung verstecken konnten.

Als Chaim Bukszpan also vor Breslau den Graben für die Panzersperren ausschaufelte, kauerte Irene Jaschkowicz wenige Hundert Meter hinter ihm in einem Keller und bangte um ihr Leben. Als Chaim sich wenig später nach Westen durchschlug, da war auch Irene mit ihrer Familie unterwegs zu einem DP-Lager in Deutschland. Und als er in Israel die Armee verlassen und eine Arbeit gefunden hatte, da war sie wieder in seiner Nähe, diesmal in einem Zeltlager am Rande der Wüste. Ihre Mutter hatte unbedingt nach Israel gewollt, ihr Vater hatte sich überreden lassen. Doch die Wohnung, die ihnen vor der Abreise in Deutschland in Aussicht gestellt worden war, musste erst noch gebaut werden. Der Staat entwickelte sich erst, der Wohnungsbau lief auf Hochtouren, doch die Einwanderung lief noch schneller. Seit dem Ende des Unabhängigkeitskrieges war es, als ob jemand den Stöpsel gezogen hätte. Zehntausende strömten ins Land und wollten ihren Platz haben.

Deshalb lebte die Familie von Irene Jaschkowicz erst einmal in einem Zelt, wie so viele der Neu-Bürger aus Europa. Die Tage im Zelt waren heiß, die Nächte umso kälter, manchmal wurden sie von Schakalen geweckt, die vorne ins Zelt rein und hinten wieder raus liefen. Für ein solches Leben reichte der Pioniergeist der Mutter dann doch nicht, jedenfalls nicht lange. Nach einem Jahr zog die Familie zurück nach Deutschland, nach Föhrenwald, in die Missouri Straße 23.

Zwischen Chaim und Irene lagen jetzt noch genau 124 Meter von Haustür zu Haustür, oder 75 Meter über die Wiese zwischen den beiden Häusern. Bei so viel Schicksal dauerte es nicht lange, bis sie sich kennenlernten. Sie hatten sich was zu erzählen und kamen sich näher. Doch Chaim hatte ein Problem, er war ein Illegaler. Die Grenzbeamten hatten seinen israelischen Ausweis ungültig gestempelt, und einen deutschen Pass bekam er nicht. Er war staatenlos. Staatenlos und illegal. Als das erste Jahr in Föhrenwald abgelaufen war, das der Vertreter des Auswärtigen Amtes solchen wieder eingereisten Juden bei dem Treffen in Genf zugestanden hatte, da schickten die deutschen Behörden die Polizei. Sie wies ihn erst sachlich, dann immer ruppiger darauf hin, dass er Deutschland zu verlassen habe. Wenn er nicht freiwillig gehe, werde man ihn mit Gewalt abschieben. Immer wieder schlugen sie ihm vor, in ein anderes Land auszureisen, Südamerika, Brasilien, das wäre doch was. Bukszpan lehnte jedes Mal ab, er wollte nicht mehr umziehen, wollte nicht mehr bei null anfangen in einem Land, wo er die Sprache nicht verstand und niemanden kannte. Die jüdisch-amerikanische Hilfsorganisation JOINT, die sich in Föhrenwald um die DPs kümmerte, strich ihm daraufhin die finanzielle Unterstützung. Selbst das Zusammenleben mit den jüdischen Nachbarn wurde kompliziert. Die insgesamt 3500 Illegalen, die über die Jahre aus Israel in Föhrenwald eingetroffen waren, wurden misstrauisch beobachtet. Sie machten das prekäre Verhältnis zwischen verbliebenen Juden und den deutschen Behörden noch schwieriger. Die Nachbarn und vor allem das Selbstverwaltungskomitee befürchteten Nachteile für alle, wenn sich zu viele Illegale in Föhrenwald aufhielten. Zeitweise lebten mehr als 700 Rückkehrer in den Reihenhäusern. Das Landratsamt hatte bereits angefangen, frei werdende Wohnungen zu-

zumauern, damit sich keine weiteren Illegalen dort einrichten konnten.

1955 heirateten Chaim Bukszpan und Irene Jaschkowicz. Es war eine der vielen jüdischen Hochzeiten von Föhrenwald, und weil deutsche Behörden eine Ehe nicht anerkennen, wenn sie nur vor einem Rabbiner geschlossen wurde, heirateten sie auch im Rathaus von Wolfratshausen. Es war derselbe Standesbeamte, der zwei Jahre später meine Geburtsurkunde unterschrieben hat. Auf Bukszpans Heiratsurkunde stand, dass er ein staatenloser Ausländer war, daran änderte auch die Ehe mit einer Deutschen zunächst nichts, auch nicht an seinem prekären Aufenthaltsstatus. Die deutschen Behörden drängelten weiterhin, er habe Deutschland zu verlassen. Selbst als im Jahr danach sein Sohn Maximilian geboren wurde, wollten sie die Familie weiterhin auseinanderreißen. Er solle endlich ausreisen. Gleichzeitig machte nun auch noch die katholische Kirche Druck, die ganze Familie müsse Föhrenwald verlassen. Die Kirche hatte 1955 die gesamte Siedlung gekauft und wollte nur katholische und kinderreiche Familien dort haben.

Also zogen die Bukszpans nach München in eine kleine Wohnung. Heinrich Bukszpan wurde geduldet, nicht offiziell, mit Stempel vom Flüchtlingsamt oder so etwas. Es war einfach so, dass die Behörden irgendwann einsahen, dass er nicht freiwillig gehen würde und dass es andererseits international nicht gut ankäme, wenn die deutsche Polizei Juden mit Gewalt außer Landes schaffte. Die Bukszpans spürten das. Nicht weit vom Rosenheimer Platz eröffneten sie eine Suppenwirtschaft, den »Dorfner Hof«. Heinrich Bukszpan rührte in der Küche in großen Kesseln, seine Frau bediente im Gastraum. Als ihm jemand anbot, an der Geislinger Steige eine Diskothek aufzubauen, zogen sie dorthin und wurden Disco-Betreiber, bevor sie dann doch wieder nach München gingen, wo er sein eigenes Taxiunternehmen aufbaute. Heinrich Bukszpan nutzte jede Chance, die sich bot. Er hatte zu viel überlebt, um vor irgendetwas Angst zu haben. Doch die Vergangenheit ging nicht weg. Die Erinnerungen an die schrecklichen Zeiten ließen sich nicht ausradieren, sie blieben im Hirn. Die Verbrecher von damals seien irgendwann frei gewesen, sagte er einmal gegenüber der *Jüdischen Allgemeinen Zeitung*. Aber ihre Opfer, die unter ihnen leiden, arbeiten und sterben mussten, bekämen die Vergangenheit nie wieder aus dem Kopf. Wenn er eine Eisenbahn sehe oder höre, dann sei sofort alles da, dann sehe er sich wieder im polnischen Plaszow, wie er für die Siemens Bauunion Gleise verlegt habe. So gehe es ihm mit vielen Dingen.

Als 1972 in München die Olympischen Spiele stattfanden und palästinensische Araber elf israelische Ringer aus dem Olympischen Dorf als Geiseln entführten, da wurde Heinrich Bukszpan kurz wieder zu Chaim und spürte den Israeli in sich. Einige deutsche Politiker boten sich den Terroristen vergeblich als Austauschgeiseln für die Ringer an, um der Welt zu zeigen, wie viel ein jüdisches Leben in Deutschland inzwischen wert sei. Als am Ende einer dilettantischen, völlig missglückten Befreiungsaktion alle elf israelischen Sportler tot waren, da galt Deutschland vielen im Ausland dennoch als ein bisschen geläutert und nun erwiesenermaßen nicht mehr völlig judenfeindlich.

Heinrich Bukszpan war sich da nicht so sicher. Während die Deutschen um ihn herum längst mit ihrer eigenen Vergangenheit abgeschlossen hatten, kehrte für ihn und seine Frau und seine Kinder noch immer keine Normalität ein. Er war nach wie vor staatenlos, und deshalb blieb auch sein Sohn offiziell staatenlos. So stand es in dessen Kinderausweis. Wenn die Schulklasse einen Ausflug nach Österreich machte, brauchte Maximilian ein Visum. 35 Jahre nachdem Chaim Bukszpan von deutschen SS-Männern aus seinem polnischen Schtetl gezerrt worden war, hatten ihm die deutschen Behörden immer noch nicht verziehen, dass er, der polnische, israelische, staatenlose Jude, in Deutschland leben wollte. Irgendwie war er für die deutschen Behörden immer noch illegal. Erst zwei Jahre nach den deutsch-israelischen Gesten bei den Olympischen Spielen in München sollte auch er die deutsche Staatsangehörigkeit bekommen, er und sein inzwischen achtzehnjähriger Sohn Maximilian. Die beiden Staatsbürger-Urkunden kamen zeitgleich mit der Aufforderung für Maximilian, sich im Kreiswehrersatzamt zur Musterung für die Bundeswehr einzufinden.

Maximilian Bukszpan ging nicht zur Bundeswehr. Musste er auch nicht, Söhne von Holocaust-Überlebenden unterlagen in Deutschland nicht der Wehrpflicht. Das Kreiswehrersatzamt, zuständig für den Personalbestand der Bundeswehr, hatte es halt mal probiert, und Maximilian war nicht überrascht. Vielleicht wusste das Amt auch einfach nicht Bescheid.

Alle Söhne und Töchter von Holocaust-Überlebenden, ausnahmslos alle, die ich bei der Recherche zu diesem Buch getroffen habe, sind nach wie vor mit dem Schicksal ihrer Eltern beschäftigt und mit den Schwierigkeiten, die Deutschland bei der Aufarbeitung hat. Sie suchen nach Spuren, nach Verwandten, nach Erklärungen. Niemand hat die Katastrophe nach all den Jahren hinter sich gelassen. Wir stehen am Anfang unserer Nachforschungen, sagt Brigitte Bukszpan nach dem Tod des Vaters im September 2020, der so spät und so wenig erzählt hat. Die Mutter, die schon früher gestorben ist, hat überhaupt nichts über ihre Verfolgung erzählt. Sie wollte einfach nicht mehr darüber reden.

Doch so wie die Vergangenheit nicht aus dem Kopf von Chaim Heinrich Bukszpan rausgehen wollte, so geht sie auch bei Maximilian und Brigitte Bukszpan nicht aus dem Kopf. Sie leben mit der Geschichte ihrer Eltern, sie wollen mehr herausfinden, wollen mehr wissen, sie können nicht anders.

Der längst abgelaufene israelische Pass, den Heinrich Bukszpan in München den Passanten zeigte, war vermutlich so etwas wie die Eintrittskarte in ein anderes Leben, auf das er so gehofft hatte. Eine Eintrittskarte, die ihm später in Deutschland vor allem Schwierigkeiten gemacht hatte. Aber sie erinnerte ihn an seine Träume von einem besseren Leben.

Manchmal holt auch Manfred Friedländer seinen israelischen Pass aus der Schublade und träumt von einem Lebensabend im Kibbuz. Aber auch sein Israel-Pass ist seit vielen Jahren abgelaufen. Anfangs hatte er ihn immer wieder verlängern lassen, aber irgendwann ist ihm das zu teuer geworden, und eine Rückkehr nach Israel wurde ohnehin immer unwahrscheinlicher. Manfred Friedländer ist inzwischen weit über achtzig Jahre alt, seine Kinder sind in Deutschland verwurzelt, sein soziales Leben spielt sich in Berlin ab, er ist in der jüdischen Gemeinde engagiert, und in seinem Alter zieht man auch nicht mehr so einfach um. Aber wenn er so in seiner Wohnung im jüdischen Altersheim am Berliner Stadtring sitzt, dann wäre er schon gern wieder im Kibbuz in Israel. Das wäre schön, sagt er, weil er dann unter seinesgleichen wäre und nicht dieses komische Gefühl hätte, irgendwie anders zu sein.

Unten geht ein Polizist durch den Garten, einer dieser vom Land Berlin abgestellten Polizisten, die für Juden in Deutschland zum Alltag gehören. Synagogen, jüdische Schulen, jüdische Kultureinrichtungen, selbst jüdische Altersheime – was jüdisch ist, muss in Deutschland geschützt werden vor den ewigen Judenhassern, die nie aussterben. Auch das ist einer der Gründe, warum Friedländer lieber in Israel wäre als in Berlin, so wie schon sein Vater immer wegwollte aus Berlin und irgendwie immer wieder zurückgespült wurde.

Das fing schon zwei Jahre nach seiner Geburt an. Manfred Friedländer wurde 1934 in Königsberg geboren. Sein Vater war dort Geschäftsführer des EPA-Kaufhauses. EPA, Einheitspreis-Aktiengesellschaft, das war die Billig-Kette von Karstadt. Die Nazis mochten EPA nicht, sie mochten weder EPA noch Karstadt, zu viele Juden in der Geschäftsleitung. Deshalb stand das Kaufhaus unter verschärfter Beobachtung, und als Hitler 1936 nach Königsberg reiste, da verlangten die örtlichen Nazis, dass die Stadt für den Besuch des »Führers« judenfrei sein sollte. Also zog die Familie erst nach Plauen im Vogtland und dann nach Berlin, wo die Mutter herkam, eine Berlinerin, die für die Heirat zum Judentum konvertiert war.

Für den Vater war klar, dass dieses Hitler-Berlin nur eine Übergangsstation sein konnte. Er plante für Palästina und ließ sich in einem jüdischen Ausbildungscamp am Stadtrand von Berlin zum Landwirt umschulen, vom Kaufmann zum Bauern. Er mochte das Arbeiten mit Pflanzen, vor allem mit Bäumen, das Gefühl für den Boden und für alles, was darauf wächst. Solche Umschulungslager, organisiert von zionistischen Organisationen, gab es damals etliche. Ihre Mission war, vor allem Berliner Stadtjuden auf die Ausreise nach Palästina vorzubereiten. Doch die Familie verpasste den richtigen Moment für den Absprung. Plötzlich war es zu spät, in Berlin brannten die Synagogen, die jüdischen Geschäfte lagen in Scherben, und Juden mussten um ihr Leben fürchten. Die Ausreise war nicht mehr möglich.

Um ihren Sohn zu schützen, ließen sich die Eltern pro forma scheiden. Mutter und Sohn konvertierten mithilfe eines Pfarrers der Bekennenden Kirche zum Protestantismus. Die Bekennende Kirche war eine innerkirchliche Oppositionsbewegung, die sich gegen die Zusammenarbeit der evangelischen Kirche mit den Nationalsozialisten stellte. Die evangelische Kirche unterhielt in der NS-Zeit sogar ein eigenes Zwangsarbeitslager für Friedhofsarbeiten, gleich hinterm Tempelhofer Flughafen. Rund 100 Ukrainer arbeiteten dort als Totengräber, wenn neue gebraucht wurden, kümmerte sich die SS darum. Heinrich Grüber hieß der Pfarrer, der diese Zusammenarbeit brandmarkte und mehr als 600 jüdische Kinder christlich taufte, um sie vor der Deportation zu retten. Manfred Friedländer war einer von ihnen. Bekannt geworden ist Grüber vor allem wegen seiner kirchlichen Unterstützung vieler Juden bei der Auswanderung, als es schon schwierig und gefährlich war.

Die christliche Taufe war keine Garantie dafür, von den Nazis in Ruhe gelassen zu werden. Aber sie erhöhte die Überlebenschance, vor allem weil sich die Familie offiziell vom jüdischen Vater trennte und damit aus Sicht der Nationalsozialisten die Rassenideologie akzeptierte. Manfreds Vater war mit jedem dieser Schritte einverstanden, er akzeptierte sogar, dass die Mutter zur besseren Tarnung einen nichtjüdischen Freund ins Haus nahm. Er selbst tauchte bei einem Förster im Wald bei Rüdnitz im Norden Berlins unter, half bei Waldarbeiten und traf von Zeit zu Zeit seinen Sohn am S-Bahnhof Rüdnitz. Doch eines Tages, als er zum Forsthaus zurückkehrte, standen dort fremde Fahrzeuge auf der Einfahrt mitten im Wald. Polizisten durchsuchten das Forsthaus. Der Vater drehte sofort um, wartete die Nacht ab und fuhr trotz aller Gefahren mit der S-Bahn nach Berlin. Er hat den Krieg im Keller seiner Frau überlebt.

Sein Sohn leistete ihm die meiste Zeit Gesellschaft. Manfred Friedländer wurde wegen seines jüdischen Vaters von keiner Schule mehr aufgenommen. Da half auch die christliche Taufe nichts. So verbrachten Vater und Sohn die Zeit im Keller mit Privatunterricht. Doch das Lernen fiel dem Jungen schwer. Ihm fehlten vier Jahre lang die Klassenkameraden, die Gleichaltrigen.

Als der Krieg zu Ende war und Berlin in Trümmern lag, kamen etwa 6000 Juden aus den Kellern und Gartenlauben. Friedländers Eltern zogen wieder ganz offiziell zusammen, und der elfjährige Manfred machte sich auf, endlich Freunde zu finden. Im jüdischen Gemeindehaus im Osten der Stadt schloss er sich einem Jugendklub an. Unter den Betreuern war ein ehemaliger Soldat der jüdischen Brigade der britischen Armee. Er kümmerte sich um jüdische Waisenkinder, deren Eltern im KZ umgekommen waren. Das waren Kinder, die meist in Klöstern und nichtjüdischen Familien überlebt hatten. Manfred war kein Waisenkind, aber er hatte das Gefühl, sonst nirgends so recht dazuzugehören. Und mit diesen neuen Freunden fühlte er sich wohl.

Von Zeit zu Zeit nahm der ehemalige Soldat einige Kinder mit in den britischen Sektor von Berlin, und eines Tages fragte er den inzwischen dreizehnjährigen Manfred, ob er nicht auch nach Palästina auswandern wolle. Manfred wollte. Er wollte weg aus diesem Deutschland und hatte Hunger nach Abenteuer. Er musste sich sofort entscheiden, im Rosinenbomber war gerade ein Platz frei geworden, weil ein Kind nicht gekommen war. Er konnte nicht einmal mehr den Eltern Bescheid sagen.

Das Flugzeug war ein Kohlentransporter, schwarze Wände, keine Fenster, Kohlenstaub überall, und es flog nur bis Frankfurt.

Von dort ging es weiter mit dem Zug nach Wolfratshausen, dann zu Fuß den Hang hoch, ins Haus Buchenwinkel, eine riesige Villa oben auf der Hügelkuppe, mit schönem Blick ins Isartal. Buchenwinkel war eines der Außenlager von Föhrenwald, eine Art Kinderheim mit Hachschara, also mit Vorbereitung auf Palästina. Ein Vierteljahr lang lernte Manfred hier Hebräisch, machte Ausflüge zu den umliegenden Seen und wartete auf die große Reise. Er war entschlossen, während seine Mutter in Berlin verzweifelt versuchte, ihren Sohn von der Polizei zurückholen zu lassen. Aber was Frauen wollten, zählte damals in der Nachkriegszeit nicht, und der Vater verstand seinen Sohn. Der Vater wollte selbst nach Palästina und sah nun die Chance, irgendwann gemeinsam mit seiner Frau dem Sohn nachzureisen.

Als Manfred Friedländer am 15. Mai 1948 zusammen mit 24 Waisenkindern auf dem Flughafen von Tel Aviv ankam, befand sich das Land im Freudentaumel. Am Vorabend hatte Ben Gurion im Kunstmuseum am Rothschild-Boulevard von Tel Aviv den Staat Israel ausgerufen. 600 000 Juden feierten, sangen auf den Straßen, schwenkten Fahnen – und hatten Angst. Denn nicht nur die etwas mehr als eine Million palästinensischen Araber, auch die Regierungen von Jordanien, Ägypten, Syrien, Libanon und Irak hatten für diesen Schritt Krieg angekündigt.

Friedländer war zu allem bereit. Aber er war zu jung für den Kriegsdienst und wurde in einen winzigen Kibbuz ganz im Norden Israels gebracht. Sie waren zwölf Jugendliche, die in einem kleinen Haus zusammenlebten, betreut von Pflegeeltern, die regelmäßig vorbeikamen und alles regelten, was zu regeln war. In einer nahen Werkstatt lernte Friedländer Autoschlosser, holte mit dem Traktor Orangenkisten aus den Plantagen, hütete Schafe und landete schließlich als Helfer in einem Chemielabor der Technischen Hochschule in Haifa, wo ihn ein freundlicher Professor als Student in seine Chemievorlesungen mitnahm. Friedländer hatte das Gefühl, er habe es geschafft, er habe die Vergangenheit abgeschüttelt und seinen Weg gefunden.

Denn inzwischen waren auch seine Eltern nachgekommen, er

wohnte wieder bei ihnen. Der Vater war viel unterwegs, er arbeitete für die Aufforstungsprogramme, die Israel fruchtbar machen sollten. Doch irgendwann kam der Vater nicht zurück, er war auf eine Giftschlange getreten, schwebte in Lebensgefahr. Er überlebte, aber seine Gesundheit war so schwer angeschlagen, dass ihm die Ärzte die Rückkehr nach Deutschland nahelegten. Israels Gesundheitssystem sei solchen langwierigen Krankengeschichten noch nicht gewachsen.

Manfred Friedländer blieb mit seiner Mutter in Israel. Das heißt, sie blieb für ihn, obwohl sie sich nicht wohlfühlte. »Sie war ein Stadtmädel«, sagt Friedländer, »mit ihren Stöckelschuhen war sie im Kibbuz schon optisch fremd.« Irgendwann nahm ihn sein Chemieprofessor zur Seite und empfahl ihm, ebenfalls nach Deutschland zurückzugehen. Er sei intelligent und geschickt, keine Frage, aber man merke, dass ihm die systematische Schulbildung fehle. Er solle das in Deutschland nachholen. Manfred Friedländer war inzwischen fast volljährig und hatte gerade mal ein Jahr in einer Schulklasse verbracht.

In Berlin versuchte er sich dann an verschiedenen Schulen, aber er fühlte sich zu alt für die Schulbank, brach immer wieder ein, wie er sagt, und musste frustriert feststellen, dass manche Versäumnisse in der Kinderzeit später nur sehr schwer nachzuholen sind. Er fand Arbeit, gründete eine Familie, lebte sein Leben und wurde doch das Gefühl nie los, dass ihm die Nationalsozialisten nicht nur seine Kindheit, sondern auch einen Teil seines späteren Lebens gestohlen hatten. Manfred Friedländer ist Berliner geworden, der er nie sein wollte, ein Berliner, der vom Leben im Kibbuz träumt.

Das Gefühl der Zerrissenheit zwischen Deutschland und Israel kennt auch Robbi Waks, nur genau umgekehrt. Waks ist als Ruwen Waks im DP-Lager Ziegenhain im Hessischen geboren und in Föhrenwald aufgewachsen. Seine Eltern stammten aus Lodz in Polen, sein Vater hatte in Föhrenwald einen Betrieb für Herrenhosen aufgebaut, wurde zum Arbeitgeber für viele Juden im Lager und übernahm bald die Leitung der jüdischen Selbstverwaltung. Die Waks waren wer in Föhrenwald: gebildet, wohlhabend, elegant. Als das Lager aufgelöst wurde, zogen sie nach Düsseldorf. Die Eltern eröffneten zwei Textilgeschäfte in bester Lage, Robbi, wie er sich inzwischen nannte, steuerte auf das Abitur zu – und wäre im letzten Moment fast gescheitert. Denn als in Israel 1967 der Sechstagekrieg losbrach, ließ er die letzte Prüfung sausen und zog in den Krieg. Jedenfalls hatte er das vor, er flog nach Israel, um dem Land zu helfen, und wurde in einen Kibbuz gesteckt und zur Arbeit auf einer Bananenplantage eingeteilt. Robbi Waks blieb dann in Israel, kehrte nur nochmal kurz für die fehlende Abiturprüfung nach Düsseldorf zurück, studierte dann in Tel Aviv Geschichte und Politische Wissenschaften und lebt seither als Historiker in Israel. Aber eben nicht ganz. Seine Eltern sind in Deutschland geblieben, trotz der polnischen Wurzeln und der ständigen Sehnsucht nach Israel, trotz Holocaust und gelegentlich aufloderndem Judenhass. Die Familie hat sich an Deutschland gewöhnt, und Robbi Waks irgendwie auch. Selbst nach dem Tod seiner Eltern pendelt er regelmäßig nach Berlin, nach Düsseldorf, nach Föhrenwald. Er sei nie ganz aus Deutschland weggekommen, sagt er, und nie richtig in Israel angekommen. »Ich bin der typische Jid«, meint er, »der Jid dazwischen, der 2000 Jahre Diaspora mit sich herumschleppt.«

Die Lauten und die Leisen

Machtkampf in den deutschen Behörden

»Man schüttet kein schmutziges Wasser aus,
ehe man reines hat.«
Konrad Adenauer

Als Föhrenwald am 1. Dezember 1951 von US-amerikanischer in deutsche Verwaltung überging, brodelte die Stimmung unter den Bewohnern. Schon zwei Monate vorher hatte eine aufgeregte Volksversammlung einen geharnischten Protest verfasst: »Wir wollen weder politisch noch rechtlich unter dem Schutz der Mörder unserer Eltern, Kinder, Schwestern und Brüder stehen.«[45] Vier Wochen später schickte die bayerische Landesregierung Beamte nach Föhrenwald, um die Juden dort fein säuberlich zu registrieren, und das kam nicht gut an. Viele erinnerten sich noch daran, wie sie das letzte Mal von deutschen Beamten registriert worden waren – als Grundlage für die kurz danach folgende Deportation.

Bis zu diesem Dezember 1951 standen die Juden vollständig unter dem Schutz der US-Militärverwaltung und unter der Kuratel der internationalen Hilfsorganisationen. 3000 Juden lebten noch im Lager, für viele war Föhrenwald so etwas wie ein Raumschiff, weit außerhalb Deutschlands. Es war das Raumschiff der Traumatisierten, der Alten und Kranken, die den Ausstieg verpasst hatten, weil sie zu schwach waren. Neun von zehn Familien bezogen Sozialhilfe, viele der Erwachsenen verstanden kaum die deutsche Sprache. Ihre Kinder regelten den Schreibkram. Zehnjährige vertraten Vater und Mutter bei den Elternversammlungen in der Schule und übersetzten und dolmetschten auch sonst jeden Tag für ihre überforderten Eltern. Der Kontakt vieler Familien mit den Deutschen außerhalb des Zauns beschränkte sich auf das Allernötigste, der Rest war oft nur gegenseitige Verachtung.

Staatsregierung und Landratsamt erteilten die Anweisung, die Übernahme des Lagers mit größtmöglichem Takt und Einfühlungsvermögen zu gestalten. Man war sich der heiklen Aufgabe bewusst und wollte möglichst wenig Unruhe schaffen. München schickte für die neue Lagerleitung drei erklärte Gegner des Nationalsozialismus, von denen einer selbst im Konzentrationslager gewesen war. Die neuen Leiter redeten ausführlich mit den Bewohnern und garantierten, dass die jüdische Selbstverwaltung nicht angetastet werde und auch die bislang von den Hilfsorganisationen betriebenen Berufsschulen weitergeführt würden. Selbst Erwachsene würden wie bisher Zugang zu diesen Berufsschulen haben. Die Aufregung legte sich erst einmal, nicht zuletzt, weil die US-Besatzungsbehörden und die Hilfsorganisationen versicherten, dass sie auch künftig Föhrenwald genau im Blick haben würden.

Die deutschen Behörden wussten, dass sie weiterhin unter Aufsicht standen. Auf einer Konferenz im Juli 1949 in Heidelberg, bei der es um die Zukunft der Juden in Deutschland ging, hatte US-Militärgouverneur John Jay McCloy die Lebensbedingungen der Juden in diesem Land zur Messlatte für die Rückkehr Deutschlands in den Kreis der zivilisierten Völker erklärt. Der Umgang mit den jüdischen Gemeinden werde »einer der wirklichen Prüfsteine für den Fortschritt Deutschlands sein«.[46]

Historiker sind uneins, bis zu welchem Grad der Wandel von Politik und Gesellschaft in Deutschland nach dem Krieg durch Einsicht zustande kam – und zu welchen Teilen durch den Druck der Besatzungsmächte. Schon die Geschwindigkeit, mit der die deutsche Bevölkerung zum Kriegsende die Waffen wegwarf und die weißen Fahnen hisste, gab den Alliierten Rätsel auf. Sie hatten mit mehr Widerstand gerechnet, mit Heckenschützen, mit Hinterhalten, mit Werwolfaktionen. Stattdessen wurden die Sieger in manchen Gegenden fast schon freundlich begrüßt. Oft war Erleichterung zu spüren über das Ende der Zerstörung und der Lebensgefahr.

Die Kriegsziele waren in weiten Teilen der Bevölkerung schneller vergessen, als man sich das noch kurz vorher hätte vorstellen können. Lebensraum, Sieg über den Bolschewismus, Vorherrschaft in Europa, davon wollte niemand mehr etwas wissen, und kaum jemand wollte damit jemals etwas zu tun gehabt haben. War das Opportunismus? Oder Einsicht? War es Gleichgültigkeit? Oder bedeutete es einfach, dass es in den Jahren davor gar nicht so viele überzeugte Nationalsozialisten gegeben hatte? Jeder achte Deutsche war zum Ende des Krieges in der Partei. Aber was war mit den anderen 87 Prozent? Wie viele waren profitierende Mitläufer, wie viele waren Fähnchen im Wind? Wie viele stramm dafür, wie viele strikt dagegen? Bis heute gibt es keine verlässlichen Zahlen dazu. Was es reichlich gibt, sind pauschalisierende Behauptungen: Im Grunde seien doch fast alle Deutschen Nazis gewesen. Oder auf der anderen Seite: Hitler und seine Clique waren schuld, die große Mehrheit machte nur gezwungenermaßen mit. Man wäre ja sonst an die Wand gestellt worden.

Wofür es relativ eindeutige Zahlen gibt, das ist die Judenfeindschaft. Noch 1952 waren 37 Prozent der Deutschen der Ansicht, dass es besser wäre, wenn es in Deutschland keine Juden gäbe.[47] Aber auch hier ist unklar, wie viele tatsächlich etwas gegen Juden hatten – und wie viele die Juden loswerden wollten, um nicht immer wieder an die Vergangenheit erinnert zu werden. Für die Juden lief das auf dasselbe hinaus: Mehr als jeder dritte Deutsche wollte ein Deutschland ohne Juden.

In den Behörden war der Anteil beträchtlich höher. Vor allem in der Polizei und in der Justiz hatten viele während des Krieges mit den Wölfen geheult, um ihre Karriere zu sichern, und waren dabei selbst Wölfe geworden. Als Föhrenwald in deutsche Hände überging, schien es, als hätten einige Beamte der Sicherheitsorgane nur darauf gewartet, endlich Zugriff zu haben. Bislang hatte die deutsche Polizei das Lager nur in Begleitung von US-Soldaten betreten dürfen. Die Razzien, die es nun plötzlich gab, zeigten die ganze Verachtung gegen Juden, die in deutschen Behörden noch immer kochte. Überdeutlich wurde das an jenem 28. Mai 1952, als 115 Zoll- und Steuerbeamte mit 33 Polizisten in Föhrenwald einfielen, um ein paar Geschäfte zu kontrollieren. Der völlig überzogene Einsatz endete im Fiasko. Aufgebrachte Juden warfen Steine, deutsche Beamte antworteten mit Hinweisen auf Gaskammern und Krematorien.

Dass die ganze Aktion ergebnislos abgebrochen wurde, zeigte immerhin, dass sich in den sieben Jahren seit dem Ende der Judenvernichtung doch etwas geändert hatte. Es gab genügend besonnene Beamte, denen die Maßlosigkeit solcher Einsätze irgendwann bewusst wurde. Der Konflikt zog sich durch die gesamte Nachkriegszeit: Auf der einen Seite die Vertreter von Aussöhnung und Wiedergutmachung, auf der anderen Seite die Anhänger eines Deutschlands ohne Juden, die trotz der militärischen Niederlage und des völligen Zusammenbruchs des Nazi-Systems in der alten Spur weiterfahren wollten.

In der bayrischen Landesregierung, die nun für Föhrenwald zuständig war, standen zwei Politiker exemplarisch für die beiden Strömungen: Philipp Auerbach und Theodor Oberländer. Allerdings: Auerbach, der für die Wiedergutmachungspolitik zuständige »Staatskommissar für rassisch, religiös und politisch Verfolgte«, war zum Zeitpunkt der Übernahme Föhrenwalds gerade aus der Regierung entlassen worden und sollte sich ein paar Monate später nach einem skandalösen Gerichtsurteil das Leben nehmen. Auf den geschmeidigen Theodor Oberländer dagegen, Ex-Nationalsozialist, Ex-SA-Mann, Ex-Geheimdienstler und nun Staatssekretär für Flüchtlingsfragen im Innenministerium, warteten größere Aufgaben in der Bundesregierung in Bonn.

Die beiden Männer hätten unterschiedlicher kaum sein können. Der SPD-Politiker Philipp Auerbach, Jude und Auschwitz-Überlebender, war 1946 vom ersten bayerischen Ministerpräsidenten Wilhelm Hoegner aus Düsseldorf nach München geholt worden. Der Sozialdemokrat Hoegner hatte bereits während des Krieges in seinem Schweizer Exil Gesetzesentwürfe geschrieben, wie NS-Täter enteignet und NS-Opfer entschädigt und rehabilitiert werden sollten. Er wollte unbedingt jemanden wie Auerbach in der Regierung haben, schon um zu zeigen, dass es ihm ernst war mit Versöhnung und Wiedergutmachung. Sein Nachfolger, der CSU-Ministerpräsident Hans Ehard, hielt an dieser Linie und auch an Auerbach fest, trotz der zunehmenden Querschüsse aus den Reihen der CSU.

Auerbach war kein einfacher Mensch. Er war machtbewusst, zupackend, cholerisch und durchsetzungsstark. Er war überall und kämpfte an vielen Fronten gleichzeitig. Er wollte die Opfer entschädigen und Alt-Nazis wie NS-Profiteure juristisch und finanziell zur Verantwortung ziehen. Er kämpfte nicht nur in München, sondern auch bei der Bundesregierung in Bonn für alle, die unter den Nationalsozialisten im Gefängnis und im KZ gewesen waren. Juden, Homosexuelle, Sinti und Roma, sie alle sollten für jeden Tag in Haft zehn Mark Entschädigung bekommen. Nicht nur in der Politik, auch in weiten Teilen der Bevölkerung wurden die Forderungen als überzogen, anmaßend und geldgierig kritisiert. Es war die Zeit, als die materielle Not in den zerstörten Städten groß und die ersten Schrecken nach der Öffnung der Konzentrationslager schon wieder abgeklungen waren. Viele Deutsche beklagten vor allem das eigene Elend und sahen sich selbst als Opfer von irgendwas. Selbst gestandene Nationalsozialisten wie der Wolfratshauser NS-Bürgermeister Heinrich Jost hatten sich längst zu Verführten umdefiniert und jammerten, dass man wie immer die Kleinen zur Verantwortung ziehe.

In Föhrenwald wie auch unter vielen Münchner Juden wurde Auerbach als Held gefeiert, als einer, der sich für die wirklichen Opfer einsetze und für die Gerechtigkeit auch mal hart hinlange. Charlotte Knobloch, Präsidentin der Israelitischen Kultusgemeinde in München, erinnert sich an die großen Hoffnungen, die viele Juden an Auerbach knüpften. Er war in der Regierung, er hatte ein Amt, er wurde gehört und konnte etwas erreichen. In München und auch in Bonn gab es eine Reihe Beamte und Politiker, die ihn unterstützten. Seine Forderung, nicht nur die Nazis, sondern alle Profiteure der NS-Raubzüge juristisch und finanziell zur Verantwortung zu ziehen und das Geld an die Opfer zu verteilen, fanden sie fair und angemessen.

Doch damit machte sich Auerbach viele Feinde und verlor auch noch den Rückhalt in der US-Militärverwaltung. Die stand zwar hinter den Entschädigungsgesetzen, die sie teilweise selbst auf den Weg gebracht hatte. Aber Auerbachs Kompromisslosigkeit beunruhigte die Amerikaner. Sie wollten, dass die Deutschen zahlten, aber vier Jahre nach dem Krieg wollten sie auch, dass wieder Ruhe einkehrte in Deutschland. Auerbach wurde zum Störfaktor. Zudem gab er sich Blößen mit seiner hemdsärmeligen Art, Politik zu machen. Er hasste die Klauseln in den Gesetzen, die eingeflochten wurden, um den Kreis der Berechtigten möglichst klein und die ausgezahlten Beträge niedrig zu halten. Dass die Opfer eine bestimmte Zeit nach dem Krieg in Bayern gelebt haben mussten, um Entschädigung zu bekommen, solche Einschränkungen fand er unerträglich. Was zählte, war doch einzig und allein, wie lange die Unglücklichen unter den Nazis eingesperrt gewesen waren.

Doch solche Klauseln standen nun mal in den Gesetzen und waren damit selbst Gesetz. Auerbach schien sich zu verheddern. Gerüchte häuften sich, dass der Staatskommissar gefälschte Aufenthaltsbelege akzeptierte. Der bayerische Justizminister Josef Müller sah seine Chance und stellte einen Staatsanwalt ab, der Auerbach Verfehlungen nachweisen und ihn zu Fall bringen sollte. Müller war ein mächtiger Mann, Mitgründer der CSU und bis 1949 ihr Vorsitzender. Der »Ochsensepp«, wie er genannt wurde, war sein eigenes Programm. Im Dritten Reich war er selbst im KZ, hatte Kontakte zum Widerstand, aber er hatte sich als Anwalt auch an den Raubzügen beteiligt, mit denen sich arische Unternehmer jüdische Firmen billig unter den Nagel rissen. Auerbachs Verfolgungseifer bedrohte Müllers alte Kundschaft.

Am 10. März 1951 stoppte die bayerische Polizei in einer spektakulären Aktion auf der Autobahn vor München eine schwarze Limousine. Auf dem Rücksitz der prominenteste jüdische Politiker in Deutschland. Auerbach, der gerade aus Bonn kam, wurde verhaftet, in Untersuchungshaft gesteckt und nach 13 Monaten vor Gericht gestellt. Die Anklage listete 130 Verfehlungen auf, von Unterschlagung, Betrug, Untreue bis zu Erpressung. Die massiven Vorwürfe lesen sich wie eine Musterliste antisemitischer Klischees. Im Verlauf des fünfmonatigen Prozesses brachen bei den Zeugenvernehmungen fast alle Anklagepunkte in sich zusammen.

Aber Auerbach hatte dennoch keine Chance. Alle drei Richter hatten NS-Vergangenheit und empfanden keinerlei Reue über ihren Dienst am Nazi-Staat. Der Vorsitzende war auch noch ein Freund vom Ochsensepp. Der Jude Auerbach wurde zu zweieinhalb Jahren Gefängnis verurteilt, unter anderem, weil er einen falschen Doktortitel führte. In der Nacht nahm sich Auerbach, der 80 000 Displaced Persons finanzielle Hilfe gebracht hatte, mit einer Überdosis Schlaftabletten das Leben. Er habe sich niemals persönlich bereichert, schrieb er in seinem Abschiedsbrief an seine Frau, er könne das entehrende Urteil nicht ertragen.

Auerbach wurde später rehabilitiert, der Hauptbelastungszeuge wegen Meineids verurteilt, und der Ochsensepp musste als Justizminister zurücktreten, weil er eine größere Geldspende im Zusammenhang mit dem Fall Auerbach nicht erklären konnte. Das Gift des Nationalsozialismus verlor in den 50er-Jahren dann doch ganz langsam seine Wirkung. Demokratie und Rechtsstaatlichkeit setzten sich mühsam, aber beharrlich durch. Für die Juden in Föhrenwald kam das zu spät. Sie hatten einen wichtigen Anwalt verloren und machten gleichzeitig Bekanntschaft mit einer neuen Spielart der Judenfeindschaft, dem höflichen Antisemitismus. Professor Theodor Oberländer war seit Januar 1951 Staatssekretär für Flüchtlingsfragen im bayerischen Innenministerium. Er war zuständig für Betrieb, Unterhalt und Auflösung des letzten DP-Lagers in Deutschland. Ausgerechnet Oberländer.

Theodor Oberländer war während des Krieges häufig in Osteuropa unterwegs gewesen, erst als Agrar- und Ost-Experte der Nationalsozialisten, dann als Offizier der Wehrmacht und schließlich als Mitarbeiter der Abwehr. Er war kein brüllender Nazi, kein Schlächter, kein Freund der verbrannten Erde. Mit den Kriegszielen war er einverstanden, Lebensraum, deutsche Vorherrschaft, Beseitigung des Judentums in Europa, das waren auch in seinen Aufsätzen zentrale Themen. Aber er wollte einen anderen Stil, nicht den brutalen Besatzungsfuror. Oberländer wollte eine schlaue Eroberung des Ostens. Die Wut der Ukrainer auf Stalin, ihre teilweise Begeisterung beim Einmarsch der Deutschen – das musste man doch nutzen. Als ein deutsch geführtes Bataillon aus ukrainischen Kriegsgefangenen das sowjetisch besetzte Lemberg stürmte, ließ der Verbindungsoffizier Oberländer diese Einheit im Glauben, sie kämpften für eine unabhängige Westukraine. Kurz danach wurde Lemberg Teil des deutschen Generalgouvernements, die deutsch-ukrainische Einheit wurde unter Mitwirkung Oberländers aufgelöst, entwaffnet und interniert.

Nach dem Krieg machte sich Oberländer für die Vertriebenen aus dem ehemaligen deutschen Osten stark. Er war einer der Gründer des Bundes der Heimatvertriebenen und Entrechteten (BHE), wurde BHE-Landesvorsitzender und BHE-Landtagsabgeordneter sowie schließlich Staatssekretär für Flüchtlingsfragen. Sein Engagement galt den Vertriebenen, die Zuständigkeit für die Juden von Föhrenwald fiel eher zufällig in sein Ressort. Er kümmerte sich um sie, so wie er sich um das ukrainische Bataillon gekümmert hatte: Freundlich, zugewandt und mit dem klaren Ziel, sie für immer loszuwerden.

Als der Bundestag im April 1951 im »Gesetz über die Rechtsstellung heimatloser Ausländer« die ehemaligen Displaced Persons deutschen Staatsbürgern weitgehend gleichstellte, wusste auch Oberländer, dass das mit dem Loswerden nun nicht mehr so einfach sein würde. Das Gesetz betraf auch die Juden in Föhrenwald und war nicht zuletzt auf Drängen der US-Militärverwaltung in Deutschland zustande gekommen. Der amerikanische

Hochkommissar John Jay McCloy wollte Deutschland politisch und wirtschaftlich wieder in die Spur bringen. Er stoppte die Demontage deutscher Industriebetriebe, koordinierte den US-Marshallplan zum Wiederaufbau, förderte deutsche Universitäten und unterstützte die Bemühungen der Adenauer-Regierung um internationale Anerkennung. Gleichzeitig bemühte er sich, den deutschen Wiederaufstieg moralisch abzusichern. Deutschland sollte nicht rückfällig werden können. Teil dieser Bemühungen war es, Gesetze wie das zum Schutz heimatloser Ausländer anzuschieben.

Dass es in den Reihen der deutschen Abgeordneten heftige Diskussionen gab, lässt sich schon aus dem Begriff »heimatlose Ausländer« ablesen. Die Internationale Flüchtlingsorganisation IRO forderte damals, Displaced Persons mit heimatlosen *Flüchtlingen* oder *Verschleppten* ohne Heimat zu übersetzen. Doch das hätte die deutsche Schuld durchschimmern lassen. Heimatlose Ausländer klang dagegen nach purem Schicksal, für das es keine Verantwortlichen gab.

Für den Flüchtlingsstaatssekretär Oberländer bedeutete die weitgehende Gleichstellung der heimatlosen Ausländer mit deutschen Staatsbürgern, dass nun auch die Juden in Föhrenwald Häuser kaufen konnten. Nach der Auflösung des DP-Lagers hätte man die Siedlungshäuser im Grunde direkt an einzelne Interessenten verkaufen oder der Marktgemeinde Wolfratshausen überlassen können. In beiden Fällen hätten interessierte Juden berücksichtigt werden müssen. Staatliche und kommunale Stellen sind an das Gesetz zur Gleichstellung der heimatlosen Ausländer gebunden. Wann Oberländer den Deal mit der katholischen Kirche eingefädelt hat, ist unklar. Das katholische Siedlungswerk übernahm den gesamten Wohnungsbestand von Föhrenwald und konnte sich als nichtstaatliche Institution ihre Käufer aussuchen. Und genau das tat sie auch. Katholisch mussten die neuen Hausbesitzer sein, verheiratet und am besten kinderreich. Vertriebene aus den ehemaligen deutschen Ostgebieten hatten Vorrang. Juden kamen nicht zum Zug, kein Einziger, obwohl es einige jüdische

Familien gab, die gerne gekauft und aufgrund ihrer unternehmerischen Initiativen auch die Mittel gehabt hätten.

Die Verhandlungen des Freistaates mit der Kirche verliefen geräuschlos, so wie alles, was Oberländer machte. Nach außen gab er sich keine Blöße als Judenfeind. In den späteren Briefwechseln mit den deutschen Großstädten, denen Oberländer einige Dutzend Föhrenwalder Familien andiente, wimmelt es dagegen von judenverachtenden Klischees und Unterstellungen. Man fühlte sich offensichtlich unter sich. In einem Schreiben zwischen zwei Frankfurter Behörden taucht mit Verweis auf Oberländer die seltsam verschraubte Formulierung auf, dass Bayern Entlastung erwartete, weil sich dort sonst »die Ansammlung jüdischer Ausländer zu einem Gefahrenherd von eminenter Tragweite für das Ansehen im Ausland entwickeln könnte«.[48] Der alte Geist waberte noch durch die Amtsstuben, aber er drang immer weniger nach draußen. In den Behördenbriefen finden sich zudem von Jahr zu Jahr auch immer mehr Hinweise auf Beamte, denen es tatsächlich um Anerkennung des Leids und um Wiedergutmachung ging. So wies der Vizepräsident des Landesentschädigungsamt, Heinrich Pflüger, seine Mitarbeiter schriftlich darauf hin, bei unklaren Entschädigungsvoraussetzungen die großzügigere Auslegung zu wählen. Der Katholik Pflüger wurde kurz danach CSU-Geschäftsführer und Landtagsabgeordneter.[49]

Schätzungen gehen davon aus, dass Anfang der 50er-Jahre noch gut die Hälfte der Staatsdiener eine braune Vergangenheit hatten. Bundeskanzler Adenauer pflegte darauf hinzuweisen, dass er mit den Leuten arbeiten müsse, die da seien: »Man schüttet kein schmutziges Wasser aus, ehe man reines hat.« Adenauer vertraute darauf, dass die besonders Belasteten auch ein besonderes Interesse hätten, möglichst nicht negativ aufzufallen und sich auf die neuen Spielregeln einzustellen. Sein engster Mitarbeiter im Kanzleramt, der Kommentator der Nürnberger Rassengesetze Hans Globke, galt ihm als Paradebeispiel. Adenauer beriet sich mit Globke selbst über so heikle Themen wie die Verträge mit Israel, bei denen es um Wiedergutmachung, um Wirtschaftshilfe und um Waffenlieferungen ging. Globke schien seine NS-Vergangenheit abgeschüttelt zu haben.

Doch unter der Oberfläche zogen Leute wie Globke und Oberländer gelegentlich weiter an ihren alten Strippen. So wie Oberländer Föhrenwald schließlich judenfrei machte, so gibt es auch bei Globke und vielen anderen immer wieder Hinweise, dass sie beispielsweise die Strafverfolgung von NS-Verbrechen behinderten. Vor allem bestärkten sie mit ihrer neuen Karriere viele einfache Beamte in deren Glauben, dass in der NS-Zeit ja nicht alles falsch gewesen sein könne.

In Föhrenwald bekamen das vor allem die sogenannten Illegalen zu spüren, die Rückkehrer aus Israel. »Unser Vater wurde selbst nach seiner Heirat mit einer Deutschen nicht in Ruhe gelassen«, erinnert sich Brigitte Bukszpan, »sie verlangten, dass er Deutschland verlässt, sie haben einfach nicht aufgehört.« Doch es blieb bei den Drohungen, niemand traute sich in den 50er-Jahren, einen KZ-Überlebenden abzuschieben. Die Behörden machten nicht ernst, weder bei den Illegalen noch bei irgendwelchen anderen. Eigentlich sollte das DP-Lager Föhrenwald bereits 1952 geschlossen werden, spätestens aber 1953. Immer wieder wurden die jüdischen Familien aufgefordert, endlich wegzuziehen. Die Ämter drängten, warnten, drohten. Aber sie taten nichts. Der Termin wurde immer wieder verschoben.

Erst im Februar 1957 schlossen die Behörden das Regierungslager für heimatlose Ausländer. Die Katholische Kirche hatte immer vehementer darauf gedrängt, und die Lokalzeitung hetzte, dass es nun an der Zeit sei, »das berüchtigte und verwahrloste Nachkriegslager« zu schließen. Die meisten jüdischen Familien hatten sich inzwischen mit dem Abschied abgefunden, hatten Sozialwohnungen in München, Frankfurt, Düsseldorf und anderen Großstädten akzeptiert. Etwa 150 Juden sträubten sich bis zuletzt, wollten unter Juden bleiben und den geschützten Ort nicht verlassen. Sie wurden gegen ihren Willen in kleinere Flüchtlingslager in München gebracht.

Boris Gerczikow erinnert sich, dass es ihm anfangs schwergefallen sei, Föhrenwald zu verlassen, dass seine Familie aber sehr schnell in Frankfurt Fuß gefasst habe. Die größere Wohnung, die neue Umgebung, nach dem ersten Schock habe er das alles als überaus spannend empfunden. Auch die Nachbarfamilien hätten sich schnell zurechtgefunden. Eine Umfrage zwei Jahre später kam zu dem Ergebnis, dass sich die meisten in Deutschland umgesiedelten Föhrenwalder rasch eingelebt hatten. Nur eine Handvoll sei tatsächlich vereinsamt.

Charlotte Knobloch, Präsidentin der israelitischen Kultusgemeinde in München, hat damals ähnliche Erfahrungen gemacht.[50] »Wir haben uns aus Angst lange Zeit selbst gettoisiert«, sagt sie, deshalb habe sie erst spät gemerkt, dass sie in der deutschen Gesellschaft gut zurechtkommen konnte. Doch selbst dann sei sie wie alle Holocaust-Überlebenden immer auf gepackten Koffern gesessen, jederzeit bereit, Deutschland zu verlassen. Erst 2006, erzählt sie, habe sie anlässlich der Wahl zur Präsidentin des Zentralrates der Juden in Deutschland plötzlich gemerkt, »dass die Koffer nun ausgepackt sind«. Mehr als ein halbes Jahrhundert war also nötig, um nach der Judenvernichtung in Deutschland wieder heimisch zu werden.

Warum habt ihr nichts gesagt?

Über das alte Schweigen und das neue Reden

»Mein Vater war kein Faschist, aber das war einfach zu viel Schuld, das konnte nicht verarbeitet werden, da konnte man nicht dazu stehen.«

Josef Brustmann, in Föhrenwald und Waldram aufgewachsen

Das Altersheim Elisabethinum in Regensburg ist ein helles, freundliches Gebäude am Rande der malerischen Altstadt. Am Eingang blüht der Flieder, und in den großzügigen Fluren riecht es ganz leicht nach Bohnerwachs und einen Hauch stärker nach Bohnensuppe. Die Klosterschwester im schwarzen Habit schickt mich in den dritten Stock. Ich klopfe an eine der Massivholztüren und warte, bis mich Dr. Karl Braun mit seiner Stimme, die an ein schweres Motorrad erinnert, eintreten lässt: »Kommen Sie herein, und sagen Sie, wer Sie sind.« Er sitzt an seinem Schreibtisch mit dem Rücken zur Tür und dem Blick nach draußen. Drei Bücher liegen aufgeschlagen auf dem Tisch, davor ein Block, auf dem er sich Notizen macht. Neben dem Schreibtisch wartet der Rollator. Dr. Karl Braun hat inzwischen die Hundert überschritten.

Dr. Braun war mein Schuldirektor und Griechischlehrer in Waldram, er begleitete uns bei den Klassenfahrten nach Rom und nach Südtirol. Es war eine kleine Schule, sieben Klassen, lauter Erwachsene, jeder kannte jeden. Er war der erste Schuldirektor am Spätberufenen-Kolleg. Ich will erfahren, was er damals von den Juden wusste, die nur wenige Jahre vor uns in den Räumen saßen, und warum er mit uns Schülern nie darüber gesprochen hat.

Als er anfängt, von seiner Zeit als junger Lehrer in München zu erzählen, wird sofort deutlich, dass er noch glasklar im Kopf ist. Er habe damals eine fünfte Klasse unterrichtet, in der ein jüdischer Schüler war. 1956 war das, der Junge war elf und freute sich, dass er mit diesem Lehrer jemanden gefunden hatte, der sich für sein jüdisches Leben interessierte. Sie unterhielten sich regelmäßig, der Junge brachte manchmal jüdische Speisen mit, ungesäuertes Pessachbrot zum Beispiel. Und er erzählte von einem Auffanglager namens Föhrenwald, von seiner Familie dort, von den drei Synagogen und vier Gebetsstuben, jede für eine andere Glaubensströmung innerhalb des Judentums. Er erzählte vom Laubhüttenfest, von den Sportfesten und von den Feiern zum Jom-Kippur-Tag. Dr. Braun hörte zu. Je mehr ihm der Junge erzählte, desto mehr wurde aus dem Lager vor seinen Augen ein jüdisches Schtetl, wie er es aus seinen Büchern kannte.

Ein Jahr später fragte ihn das Erzbistum München-Freising, ob er Schuldirektor in Waldram werden wolle, Gründungsdirektor. Er sagte zu, trotz der vielen Arbeit, die das bedeutete, und zog nach Waldram, damals bald ein schmucker Ort mit kleinen Häuschen und blühenden Vorgärten. Die neue Schule mittendrin hatte mit dem Ort lange Zeit wenig zu tun. Die Schüler kamen von überallher, die meisten wollten Priester werden und lebten im Seminar neben der Schule. Zu Waldram hatten sie meist keine Beziehung. Viel später wurde sogar eine zweite Kirche gebaut, weil die Waldramer und die Seminaristen nicht miteinander beten wollten.

Irgendwann erwähnte der kirchliche Direktor des Seminars, dass Waldram früher Föhrenwald geheißen habe. Erst da begriff Karl Braun, wo er gelandet war. Er fing an nachzuforschen, aber er kam nicht recht weiter. Die Leute aus dem Ort wollten nicht über die Juden reden, damit hätten sie nichts zu tun. Und Karl Braun war wohl auch nicht besonders hartnäckig, er hatte als Schulleiter genug um die Ohren. Er fand auch keinen Draht zu den Menschen. So erzählt er das heute. Später, als die ersten wissenschaftlichen Bücher über Föhrenwald erschienen seien, da habe er sich vieles angelesen. Lesen, das war seine Welt.

Ich frage ihn, warum er uns, seinen Schülern, nichts von den Föhrenwalder Juden erzählt hat. Das hätte sich doch aufgedrängt, im Geschichtsunterricht zum Beispiel?

Seit 20 Jahren stelle er sich genau diese Frage, antwortet er: »Da klopfe ich mir selbst an die Brust, ich hätte das zum Thema machen müssen und weiß nicht, warum ich das nicht getan habe?«

Das ist nun eine Antwort, mit der ich mich schwer zufriedengeben kann. Ich bohre nach. Ob ihm das Thema unangenehm gewesen sei?

Er reagiert leicht empört. Nein, er habe keine Altlasten im Gepäck. Er sei Soldat gewesen, weil er musste. Der Nationalsozialismus habe ihn angeekelt, schon allein die Religionsfeindlichkeit, das Gebrüll, die Sprache. Die Gefangennahme durch die Amerikaner, das sei der glücklichste Tag in seinem Leben gewesen, weil Krieg und Nationalsozialismus damit für ihn zu Ende waren. Er habe dann im Kriegsgefangenenlager in den USA Sprachkurse gegeben, bevor ihn die US-Truppen in Italien als Dolmetscher eingesetzt hätten. Er habe oft mit Juden gearbeitet und nie ein Problem mit Juden gehabt. Er wisse einfach nicht, warum er Föhrenwald nie zum Thema gemacht habe. »Mit einzelnen Schülern habe ich schon darüber geredet, aber nicht im Unterricht und nicht an den Jahrestagen der Schule, bei denen sich das angeboten hätte.« Dr. Braun hat keine Erklärung. Er macht sich Vorwürfe, schürft in seiner Seele, findet aber nichts, was ihn selbst zufriedenstellen würde.

Ich fahre von Regensburg nach Augsburg, zu einem ehemaligen Mitschüler, der damals im Badehaus gewohnt hat. Dass im Badehaus ein paar Jahre vor ihm eine Mikwe war, ist ihm neu. Dass Juden dort waren, das hat er erst vor Kurzem erfahren. Auf der Weiterfahrt nach Waldram rufe ich nacheinander einige ehemalige Mitschülerinnen und Mitschüler an. Ich möchte herausfinden, ob irgendjemand mehr wusste als ich. Ob es vielleicht an mir lag, dass ich nichts mitbekommen habe in all den Jahren. Ob ich einfach nicht aufmerksam genug war oder meine Sensoren nicht empfindlich genug eingestellt waren.

Ich finde tatsächlich einen, der Bescheid wusste. Matthias Röttig wohnt noch in Wolfratshausen. Matthias war damals einer dieser Gewaltsportler, wie man sie in Bayern öfter findet. Er ist mit dem Fahrrad in den Sudan gefahren, von der Haustür weg, und ein andermal nach Casablanca, und auf halber Strecke hat er einen Bergsteiger getroffen, mit dem er erst mal auf den Mont Blanc stieg. Er hat in unserer Abiturzeit nebenher noch eine Kneipe mit Kulturveranstaltungen aufgemacht. Wir waren gelegentlich zusammen in den Bergen, Brauneck, Benediktenwand, einmal auch auf dem Olymp in Griechenland.

Ich treffe Matthias in einer Gastwirtschaft, 200 Meter von Waldram entfernt. Mir fällt auf, dass ich so gut wie nichts über ihn weiß. Dass er eine Schwester und neun Brüder hat, dass er in Waldram aufgewachsen ist, das habe ich abgespeichert. Aber sonst? Ich habe keine Ahnung, welchen Beruf er hatte, bevor er ins Spätberufenenseminar gekommen ist, wir hatten doch fast alle vorher schon gearbeitet. Ich weiß nicht, was seine Eltern gemacht haben, wo sie herkamen, wann sie nach Waldram zogen. Ich nehme an, dass sie katholisch waren und aus dem Sudetenland vertrieben wurden. Sicher bin ich mir nicht, und damals wusste ich es ganz bestimmt nicht. Ich frage mich, worüber wir all die Jahre geredet haben? Wie lange müssen Lebensereignisse zurückliegen, damit sie kein Thema mehr sind?

Matthias erzählt als Erstes die Geschichte von den drei KZ-Anzügen, die sie als Kinder im Speicher gefunden hatten. Die gestreiften Hosen und Hemden mit den Nummern auf dem Rücken waren irgendwo zwischen den Dachsparren eingeklemmt. Jemand wollte sie ganz offensichtlich nicht wegwerfen, sie aber doch so tief verstecken, dass sie ihn oder sie nicht täglich an etwas erinnern konnten. Matthias' Mutter hat die Sachen sofort weggeräumt und ihren Kindern erzählt, wo die Anzüge herkamen und was sie bedeuteten. Es war nicht das erste und nicht das letzte Mal, dass sie über die Judenvernichtung sprach, über das DP-Camp und über die Schuld der Deutschen. »Die Mutter hat das öfter angesprochen, der Vater nie«, sagt Matthias, sie sei in Waldram vermutlich eine der ganz wenigen gewesen, die ihren Kindern die unbequeme Wahrheit erklärt habe.

Nicht nur bei den Röttigs, sondern auch in vielen anderen Häusern sind damals KZ-Anzüge aufgetaucht. Eine Clique Jugendlicher trug die gestreiften Jacken einen ganzen Sommer lang als Erkennungszeichen. Niemand hatte sie darüber aufgeklärt, was es mit den langen Rückennummern auf sich hatte, nicht die Eltern, nicht die Verwandten und auch nicht die Lehrer. In der Waldramer Schule sei Föhrenwald nicht vorgekommen.

Wenige Straßen weiter ist Josef Brustmann aufgewachsen. Er ist ein paar Jahre älter als Matthias, lebt heute als Musiker und Kabarettist im nahen Icking. Von seinem Wohnzimmer aus sieht man schön übers Isartal auf die blaue Kette der Alpen. Irgendwo unten im weiten Tal liegt Waldram, das noch Föhrenwald hieß, als er als Baby mit seinen Eltern dort ankam. An die vielen jüdischen Nachbarn erinnert er sich nicht mehr. Darüber wurde auch in seiner Familie nicht geredet, was ihn wundert, weil seine älteren Brüder noch mit Juden im selben Klassenzimmer saßen. Nachmittags gab es die üblichen Bandenkämpfe, Straße gegen Straße. Solche Raufereien müssen damals prägende Veranstaltungen in Föhrenwald gewesen sein. Alle Zeitzeugen reden davon. Dabei ging es nicht um Juden gegen Nichtjuden, sondern um Rivalitäten zwischen den Kinderbanden der verschiedenen Straßen. Kinder haben manchmal solche geheimnisvollen Freizeitbeschäftigungen. Weil die Juden in anderen Straßen wohnten als die katholischen Vertriebenen, gingen eben manchmal jüdische und katholische Kindergruppen aufeinander los. Aber Josef war damals noch zu klein, und seine Brüder haben ihm das alles erst Jahrzehnte später erzählt.

Dabei sei zu Hause schon über Juden gesprochen worden, fällt ihm plötzlich ein, aber eben so, wie man über Winnetou und Old Shatterhand spricht: Menschen aus einer anderen Welt, weit weg, irgendwo. So habe ein Freund der Eltern einmal geschildert, dass die Juden ihre eisernen Bettgestelle im Winter regelmäßig an den Strom aus der Steckdose anschließen würden, bis die Eisengestelle glühten und die Wohnung warm wurde. An solche unglaublichen Geschichten erinnert er sich schon. Aber niemand hat ihm damals gesagt, dass sich das alles in den Nachbarstraßen abspielte.

Seit Jahren macht sich der Kabarettist Josef Brustmann Gedanken, warum die jüdische Zeit in Waldram so konsequent verdrängt wurde. Einige Erklärungsansätze findet er in der eigenen Familie. Als Jugendlicher habe er mit seinem Vater oft über Auschwitz gestritten: »Er hat immer gesagt, Auschwitz, das waren ja nicht wir Deutschen, das war ja in Polen.« Der Vater habe damit immerhin anerkannt, dass da Schreckliches passiert war mit den Juden, habe aber einen Ausweg gesucht, eine Entlastung, um damit leben zu können. »Mein Vater war kein Faschist, aber das war einfach zu viel Schuld, das konnte nicht verarbeitet werden, da konnte man nicht dazu stehen.« Da sei dann auch noch das Gefühl dazugekommen, dass er ja selber Opfer war, weil er die Heimat verloren hat und die Frau und zwei der Kinder. Die eigene Opferrolle sei dann wichtiger gewesen, die grauenvollen Erlebnisse der Juden habe man ausgeblendet und wollte einfach nicht daran erinnert werden.

In Waldram, wo nach den Juden fast ausschließlich Vertriebene lebten, viele davon aus dem Sudetenland, war das Opfergefühl offenbar besonders stark verbreitet. Viele Juden kamen nach ihrem Abschied aus Föhrenwald regelmäßig zurück, um die Orte ihrer Kindheit noch einmal zu sehen. Sie alle erzählen von einer Ablehnung, die über das hinausging, was sie sonst in Deutschland erlebt hätten. Esther Alexander-Ihme, in Föhrenwald geboren, wurde noch in den 70er-Jahren an der Tür ihrer ehemaligen Wohnung brüsk abgewiesen: »Wir sind selbst Heimatvertriebene, wir hatten ja nichts.« Der Frankfurter Friedhofsverwalter Majer

Szanckower hat solche Erfahrungen auch später noch in Waldram gemacht. Besonders traurig fand er, dass es bis vor 2010 nicht einmal ein Denkmal oder eine Info-Tafel gab, die an zwölf Jahre jüdisches Leben erinnert hätten.

»Opferrivalität«, diagnostiziert Sybille Krafft, »und Rivalität der Religionen.« Sybille Krafft ist so etwas wie der Seismograf für die aktuellen Stimmungen und antisemitischen Strömungen rund um Föhrenwald. Seit gut zehn Jahren verhandelt die Vorsitzende des Badehausvereins mit der Kirche, mit dem Wolfratshauser Bürgermeister, mit den Stadträten, mit Interessensgruppen und mit allen, die mitzureden haben, wenn es um die Finanzierung des kleinen Museums im ehemaligen Badehaus geht.

Wir sitzen an einem kleinen Bistrotisch im Erdgeschoss des Museums, hinter uns der Orts-Plan von Föhrenwald mit dreifachen Straßennamen, einmal nach den Provinzen und Größen der Nazizeit, dann nach den amerikanischen Bundesstaaten und schließlich nach den katholischen Würdenträgern, die bis heute den Waldramern den Weg weisen. In den umliegenden Räumen und im Obergeschoss sind die Ausstellungen. Im Keller, ziemlich genau unter unseren Füßen, erinnert eine Installation der Künstlerin Michaela Merian an die Mikwe.

Vor einigen Jahren entspann sich in den Lokalzeitungen ein seltsamer und lang anhaltender Streit um die Frage, ob dort unten tatsächlich auch ein jüdisches Ritualbad war oder doch nur Duschen, wie sie etwa der Münchner Arzt Beno Salamander in seinem Erinnerungsbüchlein über Föhrenwald beschreibt. Beno Salamander und seine Schwester Rachel Salamander, Gründerin der jüdischen Literaturhandlung in München, sind in Föhrenwald aufgewachsen. In seinem Buch schildert er, wie er als heranwachsender Junge jede Woche mit seinem Vater ins Badehaus ging und das warme Wasser genoss. Der hagere Mann, der das Wasser aufheizte, war einer der wenigen Nichtjuden in Föhrenwald. Nach seinem Tod fand man unter seiner Achsel die Blutgruppe eintätowiert, wie es bei der SS vorgeschrieben war.

Ich habe den Streit um die Mikwe nie ganz verstanden. Es

hätte doch gereicht, die Salamanders und andere ehemalige Föhrenwalder zu fragen, ob im Badehaus neben den Duschen auch ein rituelles Tauchbad war oder nicht. Abraham Ben in Frankfurt zum Beispiel kann sich noch sehr genau an die Mikwe erinnern. Von Sybille Krafft erfahre ich nun, dass ein paar Anrufe nicht gereicht hätten. Es bestanden ohnehin keine vernünftigen Zweifel an der Mikwe im Keller. Es ging um etwas ganz anderes. Es ging um den schriftlichen Beweis, es ging darum, eine religiöse Erinnerung zu zementieren, um das Badehaus vor dem Abriss zu retten.

Denn das Erzbischöfliche Ordinariat in München plante, das Gebäude abtragen zu lassen und den Boden als Baugrund zu verkaufen. Das Ordinariat brauchte Geld für ein weiteres Schulhaus neben dem Spätberufenenseminar. Als Eva Greif davon erfuhr, schlug sie Alarm. Seit ihre Mutter nach Jahrzehnten des Schweigens die Geschichte von Föhrenwald erzählt hatte und ihre Tochter für eine Facharbeit an der Schule einige jüdische Zeitzeugen ausfindig gemacht hatte, seitdem versucht Eva Greif, Föhrenwald in die kollektive Erinnerung zurückzuholen. Zusammen mit drei anderen engagierten Frauen durchstöberte sie jahrelang Archive, sammelte Informationen, schrieb Artikel und gab Interviews in den Lokalzeitungen. Der Abriss des Badehauses hätte weitere Spuren zerstört.

Bei den Verhandlungen mit der katholischen Kirche war die Journalistin Sybille Krafft als Vorsitzende des Historischen Vereins dabei, eine eloquente und resolute Frau, die sich nicht so leicht abschütteln lässt. Die Gespräche zogen sich zäh in die Länge, erzählt sie, den Ausschlag habe schließlich das Tauchbad gegeben. Als genügend Belege für die Mikwe auf dem Tisch lagen, lenkte das Ordinariat ein. »Das wäre einfach zu weit gegangen«, meint Krafft, »wenn eine Religion den spirituellen Ort einer anderen Religion weggeschoben hätte.«

Das Erzbistum hat das wuchtige Gebäude im NS-Alpenstil dann tatsächlich für einen symbolischen Euro an den eigens dafür gegründeten »Bürger-fürs-Badehaus«-Verein übergeben. Aber mehr könne es nicht tun, ließ das Bistum wissen, für die Ausstattung der Erinnerungsstätte sei jetzt kein Geld mehr da. Ganz leer ging die katholische Kirche bei der Schenkung nicht aus: Die Stadt Wolfratshausen legte im Gegenzug die Bebauungsvorschriften für die umliegenden, ebenfalls zum Verkauf stehenden Grundstücke offensichtlich sehr großzügig aus. Die Häuser sind jedenfalls höher gebaut worden als in der ursprünglichen Planung vorgesehen und brachten damit auch mehr Geld ein.

Vorausgegangen waren ebenfalls sehr zähe Gespräche des Bürgervereins mit dem Bürgermeister und den Stadträten, bei denen sich die promovierte Historikerin Krafft manchmal an Adenauers Wiedergutmachungsgesetze im Bundestag in den 50ern erinnert fühlte: Nur ganz wenige waren offen für den Erhalt des Badehauses, die Mehrheit im Herzen dagegen. Aber zum Schluss stimmte dann doch eine breite Mehrheit dafür, weil keiner laut sagen wollte, dass jetzt mal Schluss sein müsse mit dem Erinnern an die NS-Zeit und an die Juden. »Das waberte so im Hintergrund«, sagt Krafft, »im Stadtratsprotokoll findet man da nichts.« Niemand traue sich heute noch, Argumente vorzubringen, die eine antisemitische Grundhaltung entlarven könnten.

Nur beim Geld wäre es fast passiert. Als es um die Finanzierung des künftigen Föhrenwald-Museums ging, da tauchte sowohl im Stadtrat als auch in der Bevölkerung immer wieder die Frage auf, wo denn die jüdischen Gelder blieben. Schließlich gehe es um das Andenken an die Juden, da könnten sich doch auch jüdische Organisationen beteiligen. An dieser Stelle zögert Sybille Krafft kurz und räumt dann ein, dass sie selbst ganz am Anfang auch den Gedanken hatte, dass die jüdische Gemeinde in München vielleicht etwas beisteuern könnte. »Wir haben dann sehr schnell gelernt, dass das Gedenken an die Verbrechen der Nazis, einschließlich aller Folgen, nicht von den Opfern mitfinanziert werden kann. Das muss schon das Tätervolk leisten.«

Und noch etwas hat sie gelernt: Dass es sehr unterschiedliche Gründe für die anfänglichen Widerstände auch in der Bevölkerung gab und dass einige, aber bei Weitem nicht alle, mit Antisemitismus zu tun hatten. Manche Stadträte und viele Einwohner wussten in der Tat nichts von Föhrenwald, manche wollten nichts wissen, weil sie Angst hatten, braune Flecken in der Familiengeschichte zu finden. Aber es gibt inzwischen auch sehr viele, die das Leid der Juden anerkennen, denen das Thema aber unangenehm ist, weil sie nicht wissen, wie sie damit umgehen sollen. Der Waldramer Alois Brustmann, der die Juden als Kind noch entfernt miterlebt hat, sagt, dass es heute für ihn schon extremer Stress ist, neben einem Juden zu stehen: »Nicht, weil ich etwas gegen ihn hätte, sondern weil da in mir sofort ein Amalgam entsteht aus Schuld und Scham und Unsicherheit und Hilflosigkeit.« Das ganze Schicksal der Juden und der ungeheure deutsche Anteil daran, das komme in diesen Momenten alles zusammen hoch und sei schwer zu bewältigen. Das Schuldgefühl trage sicher dazu bei, dass viele das ganze Thema auch heute noch lieber wegschieben wollten.

Damit ist Brustmann ganz sicher nicht allein. Kaum ein Deutscher kann das Wort Jude aussprechen, ohne dass im Kopf die Verbindung zu Nationalsozialismus und Judenvernichtung aufleuchtet. Doch wie weit hat diese Verknüpfung schon damals, vor 60 Jahren, in den Köpfen existiert? Wie weit hat sie zur Verdrängung und zum Verschwinden des Schtetls Föhrenwald aus dem öffentlichen Bewusstsein beigetragen? Die Berichte der US-Militärs und der UNRRA aus dieser Zeit scheinen ziemlich eindeutig dagegen zu sprechen. Die Deutschen hätten keinerlei Schuldbewusstsein erkennen lassen, heißt es da fast durchgehend. Selbst hartgesottene Nazis hätten sich als Unschuldige gebärdet und behauptet, von einer Handvoll Verbrecher um Adolf Hitler verführt worden zu sein.

Vor einigen Jahren habe ich zwei meiner Tanten, damals 90 und 97 Jahre alt, vor eine Kamera gesetzt und über die Zeit vor und nach dem Kriegsende ausgefragt. Sie erzählten von der Munitionsfabrik, die Schokoladenfabrik hieß, von den Zwangsarbeitern mit den gelben Haaren und den gelben Flecken im Gesicht, von den Juden, die danach zwölf Jahre in Föhrenwald lebten und in Wolfratshausen nicht zu übersehen waren. Sie hatten keinen

Kontakt zu den Juden dort, obwohl die ältere der beiden, Tante Maria, lange Zeit gehofft hatte, dass dort vielleicht ihre Schulfreundin Herta Spatz wiederauftauchen könnte. Herta war vor dem Krieg als Jüdin von einer höheren Schule verwiesen und in die Volksschule zurückversetzt worden. Sie saß dann neben meiner Tante, aber schon bald musste die Familie ihr Haus verkaufen und zog nach München. Jahre später sind sich die beiden Schulfreundinnen durch Zufall in München am Sendlinger Tor begegnet. Sie haben sich umarmt, erzählt meine Tante, bis sie von einem SS-Mann grob auseinandergerissen wurden. Erst da habe sie gemerkt, dass Herta mit einer jüdischen Arbeitsbrigade unterwegs war. Sie haben sich danach nie wiedergesehen.

Wenn man den beiden alten Frauen zuhört, gibt es keinen Zweifel, dass sie zumindest ahnten, was während des Krieges mit den Juden passierte. Aber es wird auch klar, dass sie nicht wussten, was sie hätten tun können. Und dass sie damals mit anderem beschäftigt waren. Das deckt sich auch mit meinen Kindheitserinnerungen. Für meine Familie wie für die meisten Familien meiner Freunde war das größte Verbrechen der Nationalsozialisten die Unterdrückung der katholischen Kirche und vielleicht noch, »dass der Hitler den Krieg angefangen hat.« Dass die Nazis das Läuten der Kirchenglocken verboten haben, dass sie Klöster und katholische Vereine auflösten, dass sie Priester einsperrten und die Kirchgänger schikanierten, darüber wurde bei uns viel und lange geredet. Hitler, der Anti-Christ. Die Verfolgung der Juden war kein Thema.

Wie in vielen katholischen Gemeinden war der Pfarrer wichtiger als der Bürgermeister und hatte auch deutlich mehr Autorität. Wo sich der Pfarrer mit den Nationalsozialisten arrangierte, da arrangierten sich auch die meisten Gemeindemitglieder. Der Wolfratshauser Pfarrer arrangierte sich nicht, und noch weniger arrangierte sich sein Kaplan. Karl Schuster wetterte in seinen Predigten offen gegen Hitler.

Anfangs hielten sich die lokalen Nationalsozialisten noch weitgehend zurück. Man kannte sich schließlich im Ort, und auch wenn die Meinungsverschiedenheiten immer schärfer wurden: Man brachte seine früheren Freunde nicht ins Gefängnis und auch nicht den Religionslehrer seiner Kinder oder seiner Geschwister. Als die NSDAP den lokalen Nazibürgermeister durch einen ortsfremden ersetzte, der keine Rücksichten nehmen musste, wurde der Wind rauer.

Pfarrer Kern listete in seinem später veröffentlichten Tagebuch[51] Monat für Monat auf, wie das katholische Leben immer mehr unter Druck kam; wie der Religionsunterricht schrittweise verboten wurde, obwohl die Mehrheit der Eltern dagegen protestierte. Wie der Kaplan erst für zwei Tage, dann für Jahre ins Gefängnis gesteckt wurde. Wie der Vorstand des Katholischen Gesellenvereins nachts überfallen und verprügelt wurde, wie die Versammlungen des Vereins verboten wurden und wie das stramm linientreue lokale Tageblatt gegen den Gesellenverein Partei ergriff und daraufhin die Hälfte seiner Abonnenten verlor. Es ist eine durchaus beeindruckende Liste von Schikanen und Reaktionen, die der Geistliche über die Jahre dokumentiert hat.

Nur die Verbrechen an den Juden finden in dem Tagebuch des Pfarrers keine Erwähnung. Kein Wort über die Arisierung des Anwesens der jüdischen Familie Spatz. Kein Wort über die vom Bürgermeister verhängte und von seinen Parteifreunden kontrollierte Ächtung und Vertreibung der angesehenen Familie. Kein Eintrag auch über den Tag, als die über hundert Mädchen der jüdischen Hauswirtschaftsschule verjagt wurden.

Juden hätten in den Augen sehr vieler eben nicht zu Deutschland gepasst, meint die jüngere meiner Tanten, das habe sich auch mit dem Ende des Nationalsozialismus nicht sofort geändert. Sie erinnert sich, dass sie selbst gerne mehr erfahren wollte über die Juden in Föhrenwald, über die Synagogen und die jüdischen Feiertage und die jüdischen Rituale. Da wäre sie als junges Mädchen schon sehr neugierig gewesen, sagt sie. Aber das sei weder in der Familie noch in der Umgebung gut angekommen. Der Kontakt zu Juden sei nicht gern gesehen worden.

Meine Tanten versichern aber, dass sie nie ein Problem hatten, über Föhrenwald und die Juden zu reden. Sie haben auch heute kein Problem damit. Es habe nur damals, als Föhrenwald aufgelöst worden war, irgendwann keinen Grund mehr gegeben, darüber zu reden. Was da in Föhrenwald und später in Waldram passiert war, das habe mit ihrem Leben nichts zu tun gehabt. Föhrenwald sei in Vergessenheit geraten.

Ich denke an den Bauern von Königsdorf, den ich zum Schluss unseres Gesprächs über das Hochlandlager gefragt habe, was er seinen Kindern über die Juden erzählt hat, die sich nur ein paar Hundert Meter von seinem Haus entfernt auf das Leben in Israel vorbereitet hatten. Die Antwort war knapp und lapidar: Die Kinder seien da noch nicht auf der Welt gewesen. Und auf meine Nachfrage, ob er vielleicht später darüber gesprochen habe: »Über die Vergangenheit ist nicht viel geredet worden. Ich hab' meinen Kindern gesagt, aus welchem Ort mein Vater kam, sonst nichts.« War wohl insgesamt ein eher informationsarmes Milieu.

Wie viele Menschen Föhrenwald einfach nur aus den Augen verloren und wie viele das jüdische Lager absichtlich verdrängt haben, das lässt sich heute nur noch grob schätzen. Zum Ende des Krieges hatte die NSDAP in Wolfratshausen rund 400 Mitglieder. Das war etwa jeder Achte und damit etwas weniger als in vergleichbaren Orten in Deutschland. Wolfratshausen war ein Verwaltungszentrum mit vielen Beamten, die ohne Parteibuch ihren Job verloren hätten. Mitgejubelt haben deutlich mehr, vor allem am Anfang, aktiv mitgemacht deutlich weniger als die 400. Wirkliche Hardcore-Nazis, die denunziert und schikaniert haben, dürften es einige Dutzend gewesen sein. Als ein paar von ihnen am Haus von Kaplan Schuster ein Schild »Volksfeind« anbrachten, genügte ein Anruf des Pfarrers beim Bezirksamt, damit die Polizei das Schild sofort entfernte.

Der Graben zwischen Nationalsozialisten und Katholiken war nicht so tief, dass er nach dem Krieg nicht hätte zugeschüttet werden können. Je kleiner der Ort, desto kürzer waren offensichtlich die moralischen Verjährungsfristen. Cousin blieb schließlich Cousin, Nachbar blieb Nachbar, und die alten Freundschaften lebten zwar in den meisten Fällen nicht wieder auf, aber wer Hilfe brauchte, bekam sie. Bei den Entnazifizierungen etwa wurden viele soziale Bindungen reaktiviert, wie mir der frühere Nachbar Max Roderer schilderte. Sein Vater, der wegen seiner politischen Gesinnung gleich nach der Machtübernahme seinen Job als Drucker verloren und sich bis 1945 als Hilfsarbeiter durchgeschlagen hatte, war für die US-Militärs deshalb ein glaubwürdiger Kronzeuge bei der Entnazifizierung. Reihenweise hätten frühere Freunde um Entlastungsschreiben gebeten: »Ich hab ihm Vorwürfe gemacht, dass er denen auch noch geholfen hat. Die haben im Krieg in Saus und Braus gelebt und danach sollte das alles wieder vergessen sein.«

Man lebte wieder zusammen, auch wenn das Gift noch lange nachwirkte. Beide Seiten hatten wenig Lust, in den alten Wunden zu rühren. Umso mehr störte das Lager Föhrenwald, das sich zwölf Jahre lang Tag für Tag gegen das Vergessen und Verdrängen stellte. Als das Lager dann 1957 endgültig aufgelöst wurde und die katholische Kirche einzog, da versprach Prälat Anton Maier vom Ordinariat, dass in kürzester Zeit nichts mehr an die Juden erinnern werde, wie mir Zeitzeugen erzählt haben. Katholische Judenverachtung traf sich damals mit der Sehnsucht vieler Bürger nach Ruhe im Ort.

Seit 2018 ist das Museum im Badehaus geöffnet. Juden aus aller Welt kommen seitdem nach Waldram, um nach Spuren ihrer Kindheit oder der Kindheit ihrer Eltern zu suchen. Für sie ist Föhrenwald ein Teil ihrer Familiengeschichte, ein eher positiver Teil. Föhrenwald, das wird in der Ausstellung schnell klar, steht für das Ende des Schreckens und für die mühsame Rückkehr ins Leben.

Zunehmend kommen auch Besucher aus dem Ort und aus der näheren Umgebung, und nicht mehr nur die ganz jungen, wie das am Anfang war. Die Grundstimmung gegenüber Föhrenwald hat sich spürbar gedreht. Vor allem das Misstrauen ist gewichen, die Angst vor den Dämonen einer düsteren Vergangenheit, die unbestimmte Angst, da könnte etwas Unangenehmes aufgewühlt werden, wenn man mit dem Erinnern erst mal anfängt. Das ist nicht passiert, im Gegenteil. Die Ausstellung gibt den Bewohnern von Föhrenwald und Waldram Gesichter und Stimmen. Sie nimmt der bislang verdrängten Geschichte das Ungewisse und das Bedrohliche.

Die Skepsis im Ort sei gewichen, bestätigt die Historikerin Sybille Krafft, ein großer Teil der Bevölkerung unterstütze inzwischen die Erinnerungskultur. Natürlich gebe es nach wie vor Leute, die das Museum ablehnten, aber sie werden weniger, und die wenigen werden leiser. »Selbst viele Waldramer und auch der Bürgermeister räumen offen ein, dass sie anfangs dagegen waren und jetzt hinter dem Projekt stehen.« Gut 65 Jahre nachdem Föhrenwald von der Landkarte gelöscht wurde, gibt es wieder Schilder an den Straßen, die auf Föhrenwald hinweisen. Das lange vergessene und verdrängte jüdische Schtetl ist jetzt Teil der offiziellen Stadtgeschichte.

Als dem Badehaus-Verein 2022 im Berliner Parlament der US-amerikanische Obermayer-Award verliehen wurde, für den beispielhaften Einsatz gegen Vorurteile und Antisemitismus, da waren sie auch im Wolfratshauser Rathaus mächtig stolz.

Danksagung

Besonders bedanken möchte ich mich beim Team und bei der Vorstandschaft der Erinnerungsstätte Badehaus, die mir immer wieder hilfreich zur Seite standen. Michael Bergius, Anke Plättner und Lea Berger haben das Manuskript vorab gelesen und mich auf schwache Formulierungen und Ungenauigkeiten hingewiesen, ohne die Hilfe von Susanne Stephan und Sabine Conrad wären mir einige Fehler bei der Beschreibung und Einordnung jüdischer Traditionen unterlaufen. Und ohne den überaus anregenden Austausch mit meinen Lektoren Ulrich Wank und Martin Janik und ihr geduldiges Drängen wäre ich wahrscheinlich nie fertig geworden.

Anmerkungen

1 Manche Quellen sprechen von 5300 Bewohnern, andere von fast 6000. Fast alle Zahlen über Juden aus dieser Zeit schwanken je nach Quelle.

2 DLF-Interview mit der Historikerin Ulrike Goeken-Haidl am 25. 1. 2010

3 DP-Files des YIVO Institute for Jewish Research, New York, Series IV: Camp Foehrenwald

4 Wolfgang Benz, Judenfeindschaft ohne Ende, in: Wolfgang Benz, Brigitte Milnok (Hrsg.), Juden unerwünscht, Berlin 2016, S. 19

5 David Nasaw, The last Million, New York 2020, S. 495 f.

6 Rudolf Baumgartl ist im November 2021, wenige Wochen nach dem Gespräch in seiner Waldramer Wohnung, im Alter von 93 Jahren gestorben.

7 Auf der »Konferenz über die Zukunft der Juden in Deutschland«, zit. In: Einleitung, Michael Brenner, in: Die Geschichte der Juden in Deutschland, Michael Brenner (Hrsg.), München 2012, S. 10

8 Zit in: Razzia im DP-Lager Föhrenwald, in: Juden unerwünscht, Wolfgang Benz und Brigitte Mihok (Hrsg.), Berlin 2016

9 Das erste Gespräch mit Abraham Ben fand am 19. 12. 2019 in seiner Wohnung in Frankfurt/Main statt, ein zweites am 31. 3. 2022 im Zentrum für Flucht und Vertreibung in Berlin.

10 Das Gespräch mit Boris Gerczikow fand am 23. März 2021 in Frankfurt/Main in seiner Wohnung statt. Später folgten einige Telefongespräche.

11 Mit Helene Berger habe ich am 22. März 2021 in Düsseldorf gesprochen.

12 Das Konzept Ehrenjüdin und Ehrenjude ist in jüdischen Kreisen äußerst umstritten und wurde von der jüdischen Gemeinde in Belgrad offensichtlich großzügig ausgelegt.

13 Anton Jakob Weinberger habe ich am 22. April 2020 in Offenbach getroffen. Wenn beim Schreiben Fragen auftauchten, konnte ich ihn jederzeit anrufen und habe das auch immer wieder getan.

14 Jim G. Tobias, Sie sind Bürger Israels, Nürnberg 2007, S. 46 f.

15 Harrison Report, Washington, August 1945; verfügbar unter Jewish Virtual Library, Harrison Report, dort auch die Antworten von Eisenhower und Truman

16 Harrison Report, IV, 2. Absatz
17 Wörtlich: »... a national home for the Jewish people ...«
18 Jim G. Tobias, Ihr seid alle Bürger Israels, Nürnberg 2007, S 46 ff.
19 Zitiert in Jim G. Tobias, Ihr seid alle Bürger Israels, Nürnberg 2007, S. 46
20 Aus einem Brief, den Klausner im August 1945 an einen amerikanischen Freund geschrieben hat, abgedruckt in: Jutta Fleckenstein und Tamar Lewinsky (Hrsg.), Von da und dort – Überlebende aus Osteuropa, Katalog der Ausstellung »Juden 45/90« im Jüdischen Museum München, Berlin 2011, S. 64 f.
21 Nürnberger Institut für Zeitgeschichte, https://www.talmud-thora.de/jakusiel-jehuda-halberstam-der-klausenburger-rebbe/
22 Zitiert in der Jerusalem Post, 18. 10. 2018
23 Die Rede »The Anguish of the Holocaust Survivors – Camp Foehrenwald«, die Henri Cohen am 13. April 1996 in New York hielt, ist in voller Länge nachzulesen auf der Website: https://remember.org/witness/cohen
24 Shai Lachman hat mir am 26. 11. 2022 in Jerusalem geduldig alles über seinen Vater Gedalyahu Lachmann erzählt und mir darüber hinaus noch einen Stapel Texte von und über seinen Vater gegeben, darunter auch einige englische Übersetzungen der auf Hebräisch geführten Interviews durch Yad Vashem.
25 Gedalyahu Lachman, Zionist Activity and Leadership of the Föhrenwald DP Camp 1945–1947, personal testimony, recorded by Yad Vashem, Jerusalem, März 1972
26 Vgl. Jim G. Tobias, Ihr seid Bürger Israels, S. 164
27 Atina Grossmann, Juden, Deutsche, Alliierte, Begegnungen im besetzten Deutschland, Göttingen 2012, S. 256
28 Gedalyahu Lachman, Zionist Activity and Leadership of the Föhrenwald DP Camp 1945–1947, personal testimony, recorded by Yad Vashem, Jerusalem, März 1972
29 Ari Shavit, Mein gelobtes Land, München 2015, S. 380 f
30 Das Gespräch mit Majer Szanckower fand am 17. 9. 2019 in Frankfurt/Main statt, ein zweites längeres Gespräch haben wir an selber Stelle am 23. 3. 2021 geführt.
31 Skorneck, Report on Berlin, 21. Februar 1946, YIVO LWS 294.1/516/MK488/R45; Bericht über die Lage in Polen, 1. Juli 1946, enthält solche Bescheide, CJA 5A1/39, S. 1–3. Zit. in: Atina Grossmann, Juden, Deutsche, Alliierte, Begegnungen im besetzten Deutschland, Göttingen 2012, S. 203
32 Hans-Peter Föhrding, Heinz Verfürth, Als die Juden nach Deutschland flohen, Köln 2017, S. 68

33 Jan T. Gross, The Kielce Pogrom, S. 115 ff, in: Wolfgang Benz, Brigitte Mihok (Hrsg.), Juden Unerwünscht, Berlin 2016

34 Vgl. Der Spiegel Geschichte, Pogrom in Polen 1946 – Das alarmierende Signal von Kielce, 04.07.2021 und: Zwischen den Zeiten, von Dan Diner, in der Neuen Züricher Zeitung, 10.05.2008

35 Jim G. Tobias, » Sie sind Bürger Israels «, Nürnberg 2007, S. 57 f.

36 Ebda.

37 Dina Porat, » Die Rache ist Mein allein «: Vergeltung für die Shoa: Abba Kovners Organisation Nakam. Aus dem Hebräischen übersetzt von Helene Seidler. Ferdinand Schöningh, Paderborn, 2021, S. 275

38 Jim G. Tobias, » Sie sind Bürger Israels «, Nürnberg 2007, S. 87

39 Der Palmach war eine 1941 gegründete Unterorganisation der paramilitärischen Haganah in Palästina, die sich auf die Ausbildung Jugendlicher für militärische Führungspositionen fokussierte und ab 1945 nebenher Juden aus Europa nach Palästina schleuste.

40 Zum Tagebuch von David Chatkiewicz siehe weiter hinten im Buch.

41 Insgesamt internierten die Briten 53 000 Juden in den beiden Lagern auf Zypern. Manche blieben Monate, manche Jahre eingesperrt, bevor sie entweder nach Europa zurückgeschickt oder nach Palästina gelassen wurden.

42 Das Gespräch mit Cwi Chatkiewicz fand am 30. 11. 2021 in Haifa statt.

43 Assaela Weinstein sprach englisch, ich habe die Aufnahme selbst ins Deutsche übersetzt, an manchen Stellen etwas gekürzt, zusammengefasst und vorsichtig ergänzt mit Erklärungen und Details, die ich in dem Buch von Peter Duffy gefunden habe und die manches verständlicher machen: Die Bielski-Brüder, Die Geschichte dreier Brüder, die in den Wäldern Weißrusslands 1200 Juden vor den Nazis retteten, Frankfurt am Main 2013

44 Zit. In » Rückkehr nach Föhrenwald «, in: Der Spiegel, 2. 6. 1953

45 Zit. in Angelika Königseder, Juliane Wetzel, Lebensmut im Wartesaal, Frankfurt/Main 2004

46 Atina Grossmann und Tomar Lewinsky, Zwischenstation, in: Geschichte der Juden in Deutschland, Michael Brenner Hrsg., München 2012, S. 146

47 Michael Brenner, Nach der Tat, in: Geschichte der Juden in Deutschland, Michael Brenner (Hrsg.), München 2012, S. 251

48 Iris Bergmiller-Fellmeth, Elisabeth Leuschner-Gafga, Initiative 9. November (Hrsg.), Displaced Persons, Vom DP-Lager Föhrenwald nach Frankfurt am Main, Frankfurt a. M. 2019, S. 124

49 In einem Schreiben des Landesentschädigungsamtes Bayern an die Zweigstellen, 15. 2. 1950, Archiv des YIVO-Institute for Jewish Research, New York

50 Mit Charlotte Knobloch habe ich am 28.4.2022 ein langes Interview am Telefon geführt.

51 Matthias Kern, Tagebuch 1922–1942, Schriftenreihe des Stadtarchivs Wolfratshausen, 2003

52 Sämtliche Unterlagen und Dokumente des YIVO-Institute zu den DP-Lagern in Deutschland sind im Archiv des Zentrums für Antisemitismus-Forschung der Technischen Universität in Berlin auf Mikrofilm einsehbar.

Bildnachweis

[1] Erinnerungsort BADEHAUS, Wolfratshausen
[2] JDC Archives/United States Holocaust Memorial
[3] Alois Berger
[4] Privat
[5] Yad Vashem Archives
[6] Helen Berger, Erinnerungsort BADEHAUS, Wolfratshausen
[7] Boris Gerczikow, Erinnerungsort BADEHAUS, Wolfratshausen
[8] Chava Fuchs, Erinnerungsort BADEHAUS, Wolfratshausen
[9] Shai Lachmann, JDC Archives/United States Holocaust Memorial
[10] Bella Rubin, Erinnerungsort BADEHAUS, Wolfratshausen
[11] Shai Lachmann, Erinnerungsort BADEHAUS, Wolfratshausen
[12] Hebrew Immigrant Aid Society
[13] Stadtarchiv Wolfratshausen
[14] Birgit Bukszpan, Erinnerungsort BADEHAUS, Wolfratshausen
[15] bpk (Bildarchiv Preußischer Kulturbesitz)

Quellen- und Literaturverzeichnis

Das Buch ist keine wissenschaftliche Abhandlung. Es ist die persönliche Suche nach der verschwiegenen Vergangenheit meiner Heimatstadt und meines Heimatlandes. Ich habe dazu sehr viele Zeitzeugengesprächen geführt in Wolfratshausen, München, Frankfurt, Düsseldorf, Berlin und in Israel, habe mit Historikern in Deutschland und in den USA gesprochen und darüber hinaus viele Informationen in Archiven und in Büchern gefunden und in den Text eingearbeitet. Auf detaillierte Nachweise habe ich meist verzichtet. Dazu verweise ich auf das Quellen- und Literaturverzeichnis. Aus all dieser Recherchen habe ich Schlussfolgerungen gezogen, die mir plausibel erschienen. Für eventuelle Fehler sind selbstverständlich meine Gesprächspartner nicht verantwortlich.

Quellen

Meine wichtigsten Quellen sind Zeitzeugen, die sich allesamt sehr viel Zeit genommen und mir tiefe Einblicke in die damaligen Ereignisse gegeben haben. Manche habe ich mehrfach getroffen, andere konnte ich wegen Covid-19-Vorsichtsmaßnahmen nur am Telefon sprechen. Fast alle haben mir angeboten, sie bei neuen Fragen jederzeit anzurufen, ein Angebot, auf das ich sehr häufig zurückgegriffen habe. Dass mir so viele Menschen mit solcher Offenheit ihre Geschichten erzählt haben, empfinde ich als großes Geschenk. Ich bin allen sehr dankbar dafür.

Interviews mit ehemaligen Föhrenwaldern und anderen jüdischen Zeitzeugen

Shoshana Bellen am 24. 11. 2021 in Netanya/Israel.

Abraham Ben am 19. 12. 2019 in Frankfurt/Main und am 23. 3. 2021 in Berlin.

Helene Berger am 23. 3. 2021 in Düsseldorf.

Heinrich Chaim Bukszpan am 18. 3. 2020 am Telefon, die ausführliche Familiengeschichte haben mir Tochter Brigitte Bukszpan und Sohn Maximilian Bukszpan am 18. 3. 2020 in München erzählt.

Cwi Chatkiewicz am 30. 11. 2021 in Haifa/Israel.

Manfred Friedländer am 17. 5. 2021 in Berlin.

Boris Gerczikow am 23. 3. 2021 in Frankfurt/Main.

Lea Goren, geb. Bardyga, am 30. 11. 2021 in Kiryat Ti'won bei Haifa/Israel.

Esther Alexander-Ihme am 7. 3. 2022 telefonisch (Frankfurt/Main).

Charlotte Knobloch am 28. 4. 2022 telefonisch (München).

Shai Lachman am 26. 11. 2021 in Jerusalem/Israel.

Shira Leibowitz am 24. 11. 2021 in Kiryat Sanz/Israel.

Rabbi Andreas Nachama am 25. 3. 2022 in Berlin.

Bella Rubin am 24. 11. 2021 in Tel Aviv/Israel.

Majer Szanckower am 17. 9. 2019 und am 23. 3. 2021 in Frankfurt/Main.

Robbi Waks am 22. 12. 2021 in Tel Aviv/Israel.

Anton Jakob Weinberger am 22. 4. 2020 in Offenbach/Main.

Assaela Weinstein am 3. 12. 2021 in Tel Aviv/Israel.

Interviews mit Zeitzeugen und Nachfahren von Zeitzeugen aus Wolfratshausen und Umgebung

Marianne Balder

Rudolf Baumgartl

Rainer Berchtold

Karl Braun

Alois Brustmann

Josef Brustmann

Amalie Gehring

Eva Greif

Ingrid Henschelchen

Roland Herzog

Sybille Krafft

Maria Mannes

Meine Tanten Maria Aschauer und Kathi Streicher

Gottfried Noske

Sophie Scholz

Christian Steeb

Max Roderer
Matthias Röttig
Karin Schölderle
Uli Schölderle
Claus Steigenberger
Georg Weinbuchner

Interviews mit Historikern

Wolfgang Benz
Michael Brenner
Jutta Fleckenstein
Jim G. Tobias
Rafael Seligmann
Jutta Königseder
Cilly Kugelmann
Jessica Posel
Thomas Wagner

Archive

Stadtarchiv Wolfratshausen
Stadtarchiv Geretsried
Yad Vashem, Jerusalem
Bayerisches Hauptstaatsarchiv
YIVO Institute for Jewish Research[52]

Literatur

Abarbanell, Stephan: Morgenland, München 2017.
Bergmiller-Fellmeth, Iris/Elisabeth Leuschner-Gafga/Initiative 9. November (Hrsg.), Vom DP-Lager Föhrenwald nach Frankfurt am Main, Frankfurt am Main 2019.
Bernstein, Sara Tuvel: Die Näherin. Erinnerungen einer Überlebenden, München 2000.
Biber, Jacob: Risen from the Ashes. A Story of the Jewish Displaced Persons in the Aftermath of World War II, Studies in Judaica and the Holocaust, San Bernardino (California) 1990.
Braun, Joachim: Ende und Neubeginn. Die NS-Zeit im Altlandkreis Wolfratshausen, Wolfratshausen 1995.
Brenner, Michael (Hrsg.): Geschichte der Juden in Deutschland, München 2012.

Damals hier und heute. Dokumentation zur geschichtlichen Entwicklung der Jugendsiedlung Hochland, Königsdorf 2007.

Duffy, Peter: Die Bielski-Brüder. Die Geschichte dreier Brüder, die in den Wäldern Weißrusslands 1200 Juden vor den Nazis retteten, Frankfurt am Main 2013.

Fleckenstein, Jutta/Tamar Lewinsky (Hrsg.): Von da und dort – Überlebende aus Osteuropa, Katalog der Ausstellung »Juden 45/90« im Jüdischen Museum München, Berlin 2011, S. 64 f.

Fleischmann, Lea/Chaim Noll: Meine Sprache wohnt woanders. Gedanken zu Deutschland und Israel, Frankfurt am Main 2006.

Föhrding Hans-Peter/Heinz Verfürth: Als die Juden nach Deutschland flohen. Ein vergessenes Kapitel der Nachkriegsgeschichte, Köln 2017.

Grossmann, Atina: Juden, Deutsche, Alliierte. Begegnungen im besetzten Deutschland, Göttingen 2012.

Haag, Anna: Denken ist heute überhaupt nicht mehr in Mode. Tagebuch 1940–1945, Ditzingen 2021.

Herbert, Ulrich: Wer waren die Nationalsozialisten?, München 2021.

Jörgensen, Kirsten/Sybille Krafft: »Wir lebten in einer Oase des Friedens«. Die Geschichte einer jüdischen Mädchenschule 1926–1938, München/Hamburg 2009.

Kern, Matthias: Tagebuch 1922 bis 1942. Schriftenreihe des Stadtarchivs Wolfratshausen, Band 1, 2003.

Königseder, Angelika/Juliane Wetzel: Lebensmut im Wartesaal. Die jüdischen DPs im Nachkriegsdeutschland, Frankfurt am Main 2004.

Krafft, Sybille/Erinnerungsort Badehaus (Hrsg.): Lebensbilder, Porträts aus dem jüdischen DP-Lager Föhrenwald, Wolfratshausen 2020.

Nasaw, David: The Last Million. Europe's Displaced Persons from World War to Cold War, New York 2020.

Petiss Susan T./Lynne Taylor: After the Shooting Stopped. The story of an UNRRA welfare worker in Germany 1945–1947, St. Victoria Canada 2004.

Porat, Dina: »Die Rache ist Mein allein«. Vergeltung für die Shoa: Abba Kovners Organisation Nakam, Paderborn 2021.

Sager, Michael: Jugend in der Mühle des Krieges. Russlandfeldzug und Gefangenschaft 1941–1949, Erlebnisse, Tagebuch und Briefe des Soldaten Michael, München 2001.

Salamander, Beno: Kinderjahre im Displaced-Persons-Lager Föhrenwald, München 2011.

Schwarberg, Günther: Die letzte Fahrt der Exodus. Das Schiff, das nicht ankommen sollte, Göttingen 1988.

Shavid, Ari: Mein gelobtes Land. Triumph und Tragödie Israels, München 2013.

Senger, Ionka/Regula Weil/Ruth Zeifert: Väter unser ... Vaterjüdische Geschichten, Göttingen 2021.

Stadt Wolfratshausen (Hrsg.): Heimatbuch, Wolfratshausen 2000.

Steeb, Christan: Der erste und der letzte Tag des Dritten Reiches in Wolfratshausen, Wolfratshausen 2021.

Tobias, Jim G.: »Sie sind Bürger Israels«. Die geheime Rekrutierung jüdischer Soldaten außerhalb von Palästina/Israel 1946 bis 1948, Nürnberg 2007.

Tobias, Jim G.: Nakam. Jüdische Rache an NS-Tätern, Hamburg 2000.

Welsch, Marion: Die Waschmaschine in Haifa, Leipzig 2021.

Wodin, Natascha: Sie kam aus Mariupol, Hamburg 2018.